बनें परफैक्ट कपल

मेरे लाइफ पार्टनर
अक्षय को......

बनें परफैक्ट कपल

लेखिका

उषा जैन 'शीरीं'

गुप्ता प्रकाशन

ISBN–978-93-82031-44-4

संस्करण
प्रथम, 2017

मूल्य
495.00

प्रकाशक

गुप्ता प्रकाशन

1393, सेक्टर–16, फरीदाबाद (हरियाणा)

मुद्रक

पराग प्रिंटिंग सर्विस, नई दिल्ली–48 द्वारा शब्द संयोजन एवं
बालाजी ऑफसेट, दिल्ली–110032 में मुद्रित ।

BANE PERFECT COUPLE

by Usha Jain 'Sheereen'

भूमिका

CHAINS DO NOT HOLD A MARRIAGE TOGETHER. IT IS THREADS, HUNDREDS OF TINY THREADS WHICH, SEW PEOPLE TOGETHER THROUGH THE YEARS.

–Simone Signoret

वर्तमान युग में सफल वैवाहिक जीवन एक चुनौती बनकर रह गया है । तेज रफ्तार जिंदगी में जहां अन्य रिश्ते-नाते पारिवारिक मूल्य प्रभावित हुए हैं वहीं पति-पत्नी के रिश्ते पर भी खासा प्रभाव पड़ा है। ऐसे में पति पत्नी के समक्ष अपने रिश्ते को सफल परफैक्ट बना पाना आसान नहीं है ।

प्रकृति ने स्त्री-पुरुष को एक दूसरे का पूरक बनाया है । सफल वैवाहिक जीवन का आधार भी यही है इसलिए उनमें कांपीटीशन जैसी कोई बात नहीं होनी चाहिए ।

मनोवैज्ञानिक दृष्टि से स्त्री और पुरुष के सोचने का ढंग एक दूसरे से अलग होता है इस कारण से कभी-कभी दांपत्य-जीवन में कड़वाहट आ जाती है। अगर पति-पत्नी दोनों एक दूसरे के मनोविज्ञान को अच्छी तरह समझने की कोशिश करें तो इसमे उपजी आपसी समझ से झगड़े सिर्फ नौक-झौंक तक ही सीमित रहेंगे । उनमें कड़वाहट नहीं आयेगी और परिणाम स्वरूप प्यार की मिठास कुछ और बढ़ती नज़र आयेगी ।

सामाजिक ढांचे में आए बदलाव के कारण आज महिलाओं का वैवाहिक जीवन के प्रति नज़रिया बदला है । आधुनिक जीवन शैली अपने साथ अनेक समस्याऐं लिए है इसमें मुख्य है नौकरीपेशा होने के कारण महिला का घर

बाहर दोनों फ्रन्ट को संभालना ।

पुरुषों के लिए भी समस्याऐं कम नहीं हैं । इसका सीधा असर दाम्पत्य जीवन पर भी पड़ा है। सम्बंधों में टकराव से रिश्तों में ऊपजी तल्खियां आज की ज्वलंत समस्या है। लेकिन, समस्याऐं हैं तो उन्हें सुलझाने के उपाय भी हैं ।

पढ़िए इस पुस्तक में वे सब बातें, मंत्र, टिप्स जिनसे बन सकता है आपका जीवन एक सफल खुशहाल नीयर परफैक्ट दाम्पत्य ।

अनुक्रम

1. साझेदारी का रिश्ता है : सुखी दाम्पत्य 11
2. नौकरी-पेशा स्त्री, पति को कैसे रखे खुश 15
3. दाम्पत्य से लुप्त हो रहा है प्यार का जज़्बा 18
4. पति को खोने का डर औरत को भीरू बनाता है............................ 21
5. विवाहोपरांत अतृप्ति से भटकते जोड़े 23
6. दाम्पत्य में टकराव न आने दें 26
7. पत्नी पर अविश्वास 29
8. दाम्पत्य में विघटन न आने पाए 32
9. दाम्पत्य की खुशियां संदेह को भेंट न करें............................ 35
10. कहीं आप पति की हाँ में हाँ तो नहीं मिलाती............................ 38
11. दाम्पत्य : स्वप्न नहीं हकीकत है 41
12. पति जब सुनते हों आपकी बात ज़रूरत से ज्यादा 44
13. बलमा नादान : प्यार की न जाने पहचान 47
14. पति को नीचा न दिखाएं............................ 49
15. क्या आप दूसरा विवाह करने जा रही हैं ?............................ 52
16. उचित नहीं, आधुनिकता की आड़ में विवाह संस्था को चुनौती देना 55
17. वैवाहिक जीवन को मधुर बनाएं 58
18. विवाहेत्तर सम्बंध: कितने सही कितने गलत 60

19. केवल प्यार नहीं दाम्पत्य का आधार कुछ और भी है 62
20. सूखने न दीजिए प्यार की बेल.. 65
21. कब करता है पुरुष-स्त्री का परित्याग.................................. 68
22. पत्नी की प्रशंसा का चमत्कार.. 71
23. क्या हो आपका पार्ट ताकि पति लगे स्मार्ट 75
24. अपने पति से परेशान पत्नियां 78
25. पसंद अपनी-अपनी... 80
26. न विवाह न बच्चे, हम अकेले अच्छे 83
27. प्रेम प्रसंगों की उलझन... 86
28. कभी तुम झुको, कभी हम 89
29. मजा उस लड़ाई में है कि सुलह हो जाए 92
30. क्यों नहीं निभ पाती हैं उनमें... 95
31. पति के सम्बंधी आपके सम्बंधी भी हैं 97
32. गैर औरतों से वे क्यों प्रभावित रहते हैं 100
33. पति क्यों शक करते हैं 103
34. बाहर वालों से प्यार, घर में तकरार 105
35. जब पत्नी के पास पति से ऊंची डिग्री हो 108
36. युवतियां ससुराल की सम्पत्ति का लालच न करें 111
37. काल्पनिक सौत का डर क्यों ? 114
38. क्या आपके पति दब्बू है ? 117
39. आलोचक नहीं सहयोगी बनें पति की.................................. 119
40. सुखी दाम्पत्य के लिए पत्नी को खुश रखिये 122
41. एक दूजे के जिगरी दोस्त भी बनिए 124
42. बदले बदले वो नजर आते है.. 127
43. क्या आप अपने दाम्पत्य जीवन से दु:खी हैं ?........................ 130

44. नजरों से दूर, दिल से दूर न हो जाए........................ 133
45. फरमाइश करें मगर सोचकर........................ 136
46. जब पति ज्यादती पर उतर आयें........................ 139
47. बेरोजगार पति की उपेक्षा न करें........................ 143
48. घरेलू काम पत्नी की जिम्मेवारी........................ 145
49. विवाहेत्तर सम्बंध : ऊब का विकल्प........................ 148
50. न उड़ने दे गलतफहमियों की चिंगारियां........................ 150
51. पत्नी के मन को भी समझिए........................ 153
52. जिन्दगी संवर जाती है प्यार सच्चा हो तो........................ 156
53. पति का काम सिर्फ रीझना ही क्यों ?........................ 159
54. क्या आप अपनी पत्नी के पति दिखाई देते हैं ?........................ 161
55. कैसा है आपका लाइफ पार्टनर ?........................ 163
56. विवाह से पूर्ण होती है जीवन की सार्थकता........................ 165
57. जीवन साथी एक दूसरे को मधुर साहचर्य दें........................ 167
58. पति को प्रेमिका के चक्कर में पड़ने से बचाएं........................ 171
59. जीवन साथी से बढ़कर दोस्त नहीं........................ 173
60. पति-पत्नी एक ही छत के नीचे अजनबी क्यों ?........................ 176
61. रौब गालिब न करें पत्नी पर........................ 179
62. विवाहित पुरुष से प्रेम खतरनाक खेल है........................ 181
63. कैसे रखें दाम्पत्य को खुशहाल ?........................ 183
64. नहीं चाहते सुपर सक्सेसफुल वाइफ........................ 186
65. पति की महिला मित्र........................ 188
66. वैवाहिक जीवन का आकर्षण........................ 191
67. क्यों जरूरी है मैरिज काउंसिलिंग........................ 194
68. पति को चाबी वाला गुड्डा न समझें........................ 197

69. फासले उम्र के 200
70. न पुरुष एकनिष्ठ है न स्त्री 203
71. रोमांटिक पति और नीरस पत्नी 205
72. तलाक के बाद पुनर्विवाह में कोई हर्ज नहीं 207
73. नामी गिरामी हस्तियों के विवाहेत्तर सम्बंध............................ 210
74. प्रेम विवाह करें पर सोच समझकर.. 213
75. कैरियर और विवाह क्या चल सकते हैं साथ-साथ ? 216
76. कितना मेल कराते हैं बेमेल विवाह 219
77. विवाह के लिए नैतिक सौन्दर्य भी देखें................................ 222

साझेदारी का रिश्ता है : सुखी दाम्पत्य

विलास आज दफ्तर से आया तो बेहद उखड़ा हुआ था । रोज की तरह आते ही उसने न टुन्नू को गोद में उठाकर प्यार किया, न सुलभा से गर्मा-गर्म चाय की फरमाइश की । सीधे बेडरूम में जाकर बगैर जूते उतारे ही वह पलंग पर लेट गया । सुलभा जब चाय नाश्ता लेकर कमरे में आई तो वह गहरे सोच में डूबा छत की ओर टकटकी लगाये देख रहा था । माथे पर पड़ी सलवटें उसके तनावग्रस्त होने का परिचायक थी । सुलभा ने जब प्यार से उसका सिर सहलाते हुए पूछा–'क्या बात है आज आप परेशान लग रहे हैं ? तो विलास ने एकाएक उसका हाथ कसकर पकड़ अपने गालों से सटाते हुए चूम लिया और उसके साथ ही जैसे उसका सारा तनाव छंट गया ।

प्यार के दो मीठे बोल जहां पति-पत्नी के आपसी सम्बंधों को पुख्ता करते हैं, जीवन को जीने योग्य भी बनाते हैं । एक सफल-सुखी वैवाहिक जीवन बिताने वाले दम्पति प्यार की अभिव्यक्ति में हिचकिचाहट महसूस नहीं करते । यह अभिव्यक्ति तो स्पांटेंनियस होती हैं । इसके लिये किसी प्रयत्न की आवश्यकता नहीं होती । वैवाहिक जीवन में जहां सेक्स की महत्ता है वहां स्पर्श, चुंबन, आलिंगन, प्रेम की रसभीनी मधुर बातचीत का महत्त्व भी कम नहीं । ये शारीरिक और मानसिक दोनों स्तर पर प्रेमी युगल को असीम तृप्ति से भर देती है ।

वैवाहिक जीवन में पति-पत्नी द्वारा एक दूसरे की समय-बेसमय टोका-टाकी जीवन में कटुता भर देती है इसलिये इस बात का उन्हें विशेष ध्यान रखना चाहिए कि आलोचानात्मक नेगेटिव रुख न अपनाये। वास्तव में देखा जाये तो आलोचना करना ही सारे झगड़े-फसाद की जड़ है । हां, स्वस्थ आलोचना का अपना महत्त्व है लेकिन उसके लिये हमेशा उचित मौका देखा जाना चाहिए

तथा अत्यंत ही कुशलतापूर्व बात कही जानी चाहिए, जिससे आपके जीवन साथी को बुरी न लगे और उसे यह अहसास हो कि आप उसके वेल-विशर हैं, भला चाहने वाले हैं ।

सफल दम्पत्ति एक दूसरे की प्रशंसा करने में कभी कंजूसी नहीं बरतते। प्रशंसा से जहां मनोबल बढ़ता है अहं की तुष्टि होती है, स्वयं पर आत्मविश्वास बढ़ता है, वहीं वैवाहिक जीवन प्रशंसा के फूलों से सदाबहार बना रहता है। उम्र के चालीसवें वर्ष में भी मीना जी का खिला हुआ चेहरा और आंखों की चमक उनके सुखी दाम्पत्य जीवन का सबूत हैं। मेरे यह पूछने पर कि क्या उनका अपने पति से कभी झगड़ा या मनमुटाव नहीं होता, उन्होंने हंसकर कहा—भई वो पति-पत्नी ही क्या जो कभी झगड़े ही नहीं। छोटी-छोटी तकरार से तो प्यार और बढ़ता है नहीं तो एक ही लीक पर चलता हुआ जीवन नीरस और उबाऊ बन जायेगा लेकिन हां, इतना जरूर है कि हम दोनों ही इन्हें कभी तूल नहीं देते और एक-दूसरे से कुछ ही मिनटों के बाद बोलकर वातावरण बोझिल नहीं होने देते। मुख्य बात है कि हम कभी अपने अहं को आगे नहीं आने देते ।

आज की शिक्षित पत्नी मानसिक स्तर पर पति से किसी तरह भी कम नहीं है। वह पारंपरिक अनपढ़ पत्नी की तुलना में पति से बेहतर कम्युनिकेट कर सकती है। अपने ज्ञान और परिपक्व समझ से पति की बाहरी समस्याओं को समझकर उन्हें सुलझाने में उसकी मदद कर सकती है। दाम्पत्य के अंतरंग रिश्ते में दुराव-छिपाव के लिये स्थान नहीं होना चाहिए ।

एक-दूसरे के आचार विचार, गहनतम भावनाओं से उन्हें अच्छी तरह परिचित हो जाना चाहिए । यह एक-दूसरे को समझने के लिये अति आवश्यक है। उसी तरह एक-दूसरे में अटूट विश्वास का होना भी जरूरी है क्योंकि संदेह का घुन वैवाहिक जीवन को खोखला कर देता है ।

दाम्पत्य का प्यार कॉलेज जीवन के रोमांस की तरह 'प्रथम निगाह वाला प्यार' नहीं होता। यह बरसों में एक-दूसरे को अच्छी तरह समझते-बूझते हुए विकसित होता है। त्याग, सहनशीलता, उदारता व समझदारी सफल दाम्पत्य के लिये जरूरी है। वास्तव में गुण-दोष से परे कोई भी इंसान नहीं होता। समझदार दम्पत्ति अपने जीवन साथी को वह जैसे भी हैं—सम्पूर्ण रूप से अपनाते हैं। उनकी कमजोरी पर सहानभूतिपूर्ण विचार कर उसे समझने की

कोशिश करते हैं। न कि इसके लिये उससे नफरत कर उससे झगड़ा करते हैं ।

प्यार की शिद्दत यहां भी लैला-मजनू से कम नहीं होती । पति केवल पति ही नहीं, वह एक प्रेमी भी होता है । सुखी दांपत्य के लिये यौन-सम्बंधों की उष्णता बरकरार रहनी चाहिए । पति-पत्नी के सारे मन-मुटाव और झगड़े दैहिक सुख की तृप्ति में घुल जाते हैं और जीवन पुनः मधुरता से भर जाता है । सहवास जहां पति-पत्नी में अंतरंगता स्थापित करता है वहीं उनके जीवन में उत्साह उत्तेजना और जीवंतता भी भर देता है । सेक्स के प्रति रूचि एक स्वस्थ दृष्टिकोण वाले सफल दाम्पत्य की निशानी है ।

सुभाष के दौरे से लौटकर आने पर जब शिल्पा उनके लिये शीतल पेय लेकर पहुंची तो उन्होंने शिल्पा को बांहों में जकड़ते हुए सांकेतिक भाषा में एक आंख दबाकर रसिकता से पूछा—क्या ख्याल है ? शिल्पा ने लजाते हुए मुस्कराकर अपने को छुड़ाते हुए कहा—'आप भी बस, अरे रात तो होने दीजिए ।'

सैक्स के पूर्व दम्पति को तनावमुक्त रहना चाहिए अर्थात सारी चिंता और परेशानी भूलकर एक-दूसरे में सम्पूर्ण रूप से खो जाने का, समर्पित होने का भाव होना चाहिए । पति या पत्नी को सिर्फ अपनी ही तृप्ति के बारे में नहीं सोचना चाहिए बल्कि अपने साथी के सुख का भी ध्यान रखना चाहिए ।

इसे वैवाहिक जीवन की विडम्बना ही कहना चाहिए जहां कई युगल मृत्युपर्यंत तक एक-दूसरे के लिये अजनबी ही बने रहते हैं, एक छत के नीचे रहते हुए भी मानसिक रूप से वे कोसों दूर होते हैं, उनके बीच सिर्फ काम की बातें होती हैं और बच्चे पैदा करना महज एक बायलॉजिकल प्रक्रिया । उनका जीवन ऊब का पर्याय बन जाता है। इससे छुटकारा पाने के लिये [illegible] कोई रास्ता सुझाई नहीं देता और अपना जीवन निरर्थक जान पड़ता है । [illegible] सार्थक जीवन जीने वाले दम्पति भी हैं जिनके लिये वैवाहिक जीवन एक लम्बे हनीमून से कम नहीं होता। सालों साथ रहने पर भी वे एक दूसरे से ऊबते नहीं बल्कि जीवन की परिपूर्णता से तृप्त रहते हैं । उनका सफल दाम्पत्य जीवन उनके सुखी होने की पहचान है । यूं तो सुख-दुःख हर जीवन के साथ लगे रहते हैं लेकिन सुख जब तक कोई बांटने वाला न हो, अधूरा रहता है । [illegible]

तरह दु:ख की तीव्रता साथी के बांट लेने से कम हो जाती है । दाम्पत्य एक साझेदारी का रिश्ता है जो उम्र भर के लिये होता है। आपसी प्रेम और विश्वास ही इसे मधुर बनाये रह सकता है, इसलिये प्रेम और विश्वास का बनाये रखना, उसे पोषण देना जरूरी है ताकि दाम्पत्य का पौधा हरा-भरा व जीवित रह सके ।

●●

नौकरी-पेशा स्त्री, पति को कैसे रखे खुश

सायमा एक एडवरटाइजिंग कम्पनी में पब्लिक रिलेशन का कार्य देखती थी। घर और बाहर दोनों संभालते हुए जीवन व्यस्त रहता। वह पति के लिए बहुत कुछ करना चाहती थी लेकिन वक्त की कमी इच्छा पूर्ण करने में बाधक थी। उधर उसकी सखी सर्जना जो कि केवल गृहिणी थी, पति को खुश रखने के लिए जी-जान लड़ाए हुए रहती थी। दोनों का विवाह-साथ ही हुआ था। सर्जना पति प्रिया बन चुकी थी मगर सायमा के लिए पति के दिल की दिल्ली दूर थी।

'व्हेयर देयर इज ए विल देयर इज ए वे' कहकर सर्जना उसे अक्सर पति का दिल जीतने के टिप्स दिया करती। नौकरीपेशा औरत के लिए फाइनेंस प्रॉब्लम नहीं होता। बस सही जगह सही वक्त पर खर्च करना आना चाहिए पति का दिल जीतने के वास्ते।

अब जैसे फूलों से किसे प्यार न होगा। ऑफिस से आते हुए कभी बुके लाकर पतिदेव को प्रेजेन्ट करें। अब लद गए वे जमाने जब फूल देना पति का ही प्यार के इजहार का तरीका समझा जाता था।

उनके शौक को भी सराहें भले ही वह अपना शौक न हो उसमें उनके लिए ही इन्ट्रैस्ट दिखाए। उनकी खुशी के लिए अपने स्वार्थ के दायरे से बाहर निकलना होगा। क्रिकेट से आपको भले ही एलर्जी हो जब पतिदेव इस खेल को टीवी पर दीवानावार देखते हैं तो इसके लिए उनका उपहास न उड़ाएं न ही उन पर रोक-टोक लगाएं, बल्कि बीच-बीच में पूछती रहें किसने कितने रन बनाए, कौन आउट हुआ। आपकी यह इन्वॉल्वमेंट पतिदेव को अच्छी लगेगी।

व्यस्तता ऐसी भी न हो कि जिन्दगी ही अस्त व्यस्त होकर रह जाए। टाइम

मैनेमेंट यहां बहुत काम आयेगा । कई बार जो काम घंटों में किया जाता है अगर उसे कम समय में करने का तरीका सीख लें तो जीवन सुखी हो जाए, इसके लिए पुरातपंथी विचारधारा से बाहर आना होगा । आज भी पढ़ी–लिखी कई गृहिणियां किचन में ही हर समय घुसे रहने की बात बड़ी शान और अपनी बड़ाई मारते हुए करती हैं । इस सोच से ऊपर उठकर देखें । आज का पति मल्टीडायमेंशनल पर्सनेलिटी वाली बीबी पसंद करता है ।

पति को तनावरहित रखने में पत्नी का सहयोग बहुत मायने रखता है । काम के प्रेशर से आज की फास्टलाइफ को लेकर अक्सर महानगरों में लोग तनावग्रस्त रहने लगते हैं । इसके लिए रोज का एक–सा उबाऊ रूटीन भी कम जिम्मेदार नहीं । डायवर्जन के लिए आउटिंग का प्रोग्राम बनाएं । फॉरेन टूअर ही खुशियां नहीं देता, आपके आपने शहर में भी ऐसी बहुत सी जगहें होंगी जो आपने विजिट नहीं की होंगी । मौसम सुहाना हो, छुट्टी का दिन हो तो पतिदेव को भी यह आइडिया लुभाएगा । यह बैट्री रिचार्ज करने का बेहतरीन तरीका है । पतिदेव भले ही सिंगर न हों लेकिन घर में बजती संगीत की मधुर स्वर लहरी के पॉजीटिव इफेक्ट को वे जरूर महसूस कर पाएंगे । उन्हें बताएं कि इसे आदत बना कल्टीवेट करके तो देखें, शर्तिया उनकी नब्ज पर इसका अच्छा प्रभाव उन्हें महसूस होगा ।

अक्सर पढ़ी एवं सुनी गई कहावत है कि पति के दिल का रास्ता पेट से होकर जाता है । इसमें कोई शक नहीं, पतिदेव ही नहीं बल्कि हर स्त्री–पुरुष बूढ़े, जवान, बच्चे की खाने–पीने की अपनी पसंद होती है और टेस्टी चीजें खाकर वे तृप्ति महसूस करते हैं । ऐसे में आप अगर एक्सपर्ट कुक हों तो क्या कहने लेकिन अगर आपको ज्यादा कुछ बनाना न भी आता हो तब भी आपकी सहायता इंटरनेट, रेसिपी बुक्स, टी.वी. पर खाना खजाना जैसे शो करेंगे । टू मिनट्स नूडल्स के जमाने में इंस्टेंट फूड की कमी नहीं । एक से एक बढ़िया चीजें मिनटों में बहुत कम मेहनत से तैयार की जा सकती हैं । पतिदेव का टेस्ट जान लें बस उन्हें वैरायटी खिलाएं, प्रशंसा पाएं । उनका दिल लुभाएं और खुद निहाल हो जाएं । पति को समय–समय पर यह अहसास दिलाना भी जरूरी है कि वे कितने खास और महत्त्वपूर्ण हैं । खासकर आपके लिये । अपने को मेंटेन करके रखें । ब्यूटी पार्लर जाकर अपनी ओवरहॉलिंग कराती रहें । फिगर का ध्यान रखें, बेडौल होने से बचें । अपने स्वास्थ्य की केयर करें ।

हर समय बीमारी का रोना रोते रहने की आदत अच्छी नहीं, जब तक कि बात गंभीर न लगे। सुखी वैवाहिक जीवन का आधार आपसी प्यार और विश्वास है। ऐसा कुछ न करें जिससे पति का विश्वास दरक जाए और आपसी प्यार को ठेस लगे। पतिदेव से आपके सम्बंध बैटर से बेस्ट हों इसके लिए सतत प्रयत्न करती रहें। यह निहायत जरूरी है।

●●

दाम्पत्य से लुप्त हो रहा है प्यार का जज़्बा

आज कितनी लड़कियां हैं जो शिद्दत से प्यार करना जानती हैं ? आज की लड़कियां खुदगर्ज और महत्वाकांक्षी है । कुछ बनने के फेर में, कम्पीटिशन की पागल चूहा दौड़ में त्याग, दया, मोह, प्यार जैसी फालतू की बातों के लिए अब उनके पास वक्त ही कहां है ? यही आलम लड़कों का भी है लेकिन जिम्मेदारी लड़कियों की ज्यादा है जिसे वे गलत तर्कों का सहारा लेकर झुठलाना चाहती हैं ।

आज की लड़कियां के संस्कारों में पहला सिद्धांत है–लड़कों से बराबरी की यह धुन जो अपने साथ सिर्फ बरबादी ही लाने वाली है । खैर, यह एक लम्बी बहस का विषय है । यहां हम बात कर रहे हैं कि दाम्पत्य समझौते करना सिखाता है मगर जब प्यार ही न हो तो समझौता कैसा ।

आज ऐसे कई जोड़े मिल जाएंगे जो किसी न किसी कारण एक दूसरे से दूर अलग-अलग शहरों में रह रहे हैं । उनका सारा जीवन ऐसे ही बीत जाता है । मामला पैसे का ही होता है या फिर बच्चों की पढ़ाई के लिए वे अलग-अलग रह रहे होते हैं । कई बार यह अलगाव 'आउट आफ साइट' 'आउट आफ माइंड' बनकर रह जाता है । जिस्मानी जरूरत कभी पत्नी के कदम भटकाती है तो कभी पति के ।

पति-पत्नी के बीच सम्बंधों में दरार का कारण कई बार उनके कुछ आपसी मामलों में लड़की के मां-बाप की दखलंदाजी भी होता है । कई बार यह एक ईर्ष्यालु असुरक्षित दिमाग वाले पति का वहम् भी हो सकता है । लेकिन हमेशा ऐसा नहीं होता । आलकल के एकल परिवारों में जहां एक या दो बच्चे होते हैं यह समस्या और भी गहरी है । मां-बाप के लिए खासकर मां से बेटी का मोह नहीं छुटता । उसके लिए उसकी लाडली, जो आज किसी

की पत्नी बन चुकी है आज भी बबली, पिंकी, गुडडी व बेबी ही है जिसके हर कार्य की वो चिन्ता करती आई है ।

शोभना का मायका इसी शहर में ही था, इसलिए जब तक सास-ससुर उसके साथ रहे, शोभना और उसके पति के बीच सब कुछ ठीक-ठाक चलता रहा । सास बहू के लाड़-चाव करती खुद ही किचन संभाले रहती लेकिन जैसे ही वे वापस दूसरी बहू के पास इन्दौर चली गई तो शोभना को मनमानी करने की पूरा आजादी मिल गई । वह हर समय अपने मायके में ही टिके रहना चाहती थी । जब घर आती तो उसकी मम्मी टिफिन में नाना प्रकार के व्यंजन और दो दिन का खाना पैक करके दे देती ताकि उनकी लाड़ली को खाना बनाने की जहमत न उठानी पड़े । बेटी को विदा करते हुए वह दहाड़े मार-मारकर रोते-रोते बेहोश हो गई थी । शोभना के पति ने इसे उनका इकलौती संतान के प्रति अत्यधिक प्रेम समझा था लेकिन उसे क्या पता था कि मां का यही अनुचित मोह उसकी गृहस्थी को ही उजाड़ कर रख देगा ।

शोभना का पति भी हर नवविवाहित पति की तरह पत्नी के साथ एकांत चाहता था लेकिन शोभना की मां वक्त-बेवक्त फोन करती रहती । रात में भी फोन पर मां-बेटी का वार्तालाप घंटों चलता रहता, तब तक पति महोदय अपने प्यार का उफान शांत होने पर खींझ और गुस्से में मुंह फेरकर सो जाते ।

मां ही बेटी को अच्छे संस्कार दे सकती है । जब वह खुद ही नासमझी का बर्ताव करेगी तो बेटी से क्या उम्मीद की जा सकती है ।

मां-बाप को चाहिए कि वे यह देखें कि उनकी बेटी एक सुरक्षित, स्वतंत्र और स्वस्थ व्यक्तित्व में ढले, उसमें इतना विवेक हो कि वह अच्छे-बुरे की पहचान कर सके और सही निर्णय लेने में सक्षम हो । हर बात के लिए उन्हीं से भावनात्मक सहारे की उम्मीद न रखे, खासकर जब वह विवाहित हो ।

दाम्पत्य में प्यार पर आज कुछ ज्यादा ही कहर ढाया जा रहा है । नारी के 'इगो' ने, उसके बराबरी के झूठे दावों ने, मां-बाप द्वारा जाने-अनजाने में बोए गए उन बीजों ने जो उसे पुरुष की बराबरी का दावा करने जैसी बातों के लिए उकसाते हैं, इस दिशा में अहम भूमिका निभाई है ।

समझौता (एडजेस्टमैंट) जैसी बातें आज अधिकांश मां-बाप अपनी लड़कियां को नहीं सिखाते । यह है सिक्के का एक पहलू । सिक्के का दूसरा पहलू है वे जालिम पुरुष जो स्वयं लालची हैं अथवा मां-बाप के उकसाने

पर पत्नी को और ज्यादा दहेज लाने के लिए प्रताड़ित करते हैं, यहां तक कि कुछ तो निर्ममता से उसका वध करने से भी नहीं हिचकिचाते ।

दाम्पत्य में प्यार तभी पनप सकता है जब औरत-औरत बनकर रहे और पुरुष-पुरुष बनकर । उलटफेर होने पर समझौता जरूरी हो सकता है लेकिन ऐसे में बाह्य तौर पर दाम्पत्य की गाड़ी चलती दिखाई देगी परन्तु भीतर कुछ खाली-खाली-सा, कुछ कमी-सी महसूस होती रहेगी जिसके कारण दम्पति के चेहरों पर वो नूर नहीं दिखाई देगा जो प्यार में आकंठ डूबे, पुरसुकून जीवन जीते दम्पतियों के चेहरों पर दिखाई देता है ।

●●

पति को खोने का डर औरत को भीरू बनाता है

कंचना को इधर कुछ दिनों से अपने पति जितेन में कुछ बदलाव-सा महसूस होने लगा था । बस जितनी बात पूछो, उसका ही उत्तर देकर शेष समय चुप-चुप सा रहता । घर में रहते हुये भी जैसे उसे घर से कोई लगाव नहीं था । पहले जहां हम बिस्तर होते ही वह उसे अपने नजदीक खींच लेता था अब दूसरी तरफ करवट लेकर सोता रहता । पहल करने पर उसके स्पर्श में वह पहले सा उत्साह नहीं मिलता, ज्यादा कुरेदने पर वह झल्ला उठता । कंचना के भीतर धीरे-धीरे पति को खो देने का भय सताने लगा, क्या पता इनके जीवन में कोई दूसरी औरत आ गयी हो, रात-दिन तो ऐसे किस्से सुनने में आते हैं, विवाहोत्तर सम्बंधो को लेकर पत्नी से बेवफाई का सिलसिला सदियों से चला आ रहा है ।

वह पति को प्रसन्न रखने की हर तरह से कोशिश करने लगी, वह यह जान गयी थी कि जितेंन का सम्बंध उसी के ऑफिस में कार्यरत एक तलाक शुदा औरत से है । एक दिन ऐसा भी आया कि कंचना का पति उसे छोड़कर दूसरी औरत के साथ ही रहने लगा ।

कंचना की कहानी किसी भी औरत की कहानी हो सकती है । यह उस पर स्वयं ही निर्भर करता है कि वह ऐसी परिस्थिति का सामना कैसे करती है । हमारे समाज शास्त्रों की इस विषय को लेकर विभिन्न राय है, एक मत यह है कि समय हमेशा पत्नी के पक्ष में रहता है इसलिये वह सबकुछ जानते बुझते हुए भी सामान्य रहे परन्तु यह हर स्त्री को मान्य न होगा ।

दूसरा मत है कि बेवफाई की शिकार नारी को अपना घर संसार बचाने की जीजान से कोशिश करनी चाहिये । पति खुश रहे उसके लिये पूर्ण रूप से जुटे रहना चाहिये ।

यह नारी के संयम और आत्मसम्मान की कठिन परीक्षा है । अगर वह संयम बरतती भी है तो स्वयं इस संघर्ष में अपना संतुलन खो सकती है । कडवाहट से भरकर अपनी मानसिक शांति खो सकती है, क्योंकि उसे व्यवहार कुछ और करना पड़ता है और उसका दिलों दिमाग कुछ और कहता है ।

देखा जाय तो सेक्स सम्बंधी नैतिकता स्त्री और पुरुष दोनों पर समान रूप से लागू होती है । फिर ऐसा क्यों होता है कि पुरुष के लिये विवाहोत्तर सम्बंध मामूली बात समझी जाती है । लेकिन यही अनैतिकता स्त्री का जीवन बरबाद कर देती है । यह तर्क की पुरुष को प्रकृति ने ऐसा ही बनाया है कि वह भ्रमर प्रकृति के होते है और वे प्यार और सेक्स में फरक कर सकते है और अनुवांशिक रूप से वे पॉलिगेमस होने के उपयुक्त है—निरर्थक है । इनका ज्यादा समर्थन कोई भी सुसंस्कृत, समझदार व्यक्ति कभी नहीं करेगा ।

बदलाव की इच्छा रखना स्वभाविक है । किन्तु बदलाव की यह चाह स्त्री पुरुष में समान रूप में होती है फिर क्यों स्त्री ही संयम बरतती आयी है ? सहन करने की प्रक्रिया उसकी विवशता थी, आर्थिक रूप से वह पूर्णतया पति पर निर्भर हुआ करती थी । लेकिन आज स्थिति भिन्न है । स्त्री में शिक्षा के प्रसार के साथ जागरूकता आयी है और इसका परिणाम हुआ तलाक के बढ़े आंकड़े ।

यह सच है तलाक कोई आसान हल नहीं है यह कष्टप्रद तो है ही, इससे तलाक लेने वाले दम्पत्तियों के बच्चों का भविष्य अंधकार में डूब जाता है । शायद आज भी यही कारण है कि अधिकतर स्त्रियां पति को खोने के भय से मुक्त नहीं ।

इससे निपटने का सबसे सही उपाय पति को अपने प्रेम और आकर्षण में बांधे रखना है लेकिन अनचाहा होता ही रहता है । जीवन में मनुष्य की फितरत आज तक कौन समझ सका है । इसके लिये हर स्त्री को तैयार रहना चाहिये । अपने आप को इतना सक्षम तथा आत्मनिर्भर बनाये कि पति इस मुगालते में न रहे कि उसके बगैर आप जी नहीं सकती । जिंदगी से हार बुजदिल मानते है और बुजदिल होना किसी के लिये भी शर्मनाक है ।

●●

विवाहोपरांत अतृप्ति से भटकते जोड़े

कोई भी व्यक्ति सम्पूर्ण नहीं होता । इसी उसूल को सामने रख कर शादी को निभाना सीख लें तो कोई भी प्रॉब्लम इतनी बड़ी नहीं लगेगी कि उसका सामना न किया जा सके ।

लेकिन ऐसा होता कहां है । सबके जीवन साथी को लेकर अपने मापदंड होते हैं जिस पर साथी पूरा उतरे, ये संभव नहीं । कहीं न कहीं, कोई-न-कोई कमी तो लगेगी ही । बस उसी को लेकर बात का बतंगड़ बन जाता है और फिर शुरू हो जाती है एक कभी न खत्म होने वाली जंग ।

कई पुरुष पत्नी को अपने अनुरूप ढालने में विश्वास रखते हैं, कई स्त्रियां पति को लेकिन उनकी मानसिकता में अंतर है । महिलाएं चाहती हैं कि उनका पति खूब धनवान हो ताकि उनकी हर ख्वाहिश को पूरा कर सके । इसीलिए वे बेहद कुरूप, उम्रदराज, या अडरवर्ल्ड से जुडे व्यक्ति से विवाह करने से परहेज नहीं करती क्योंकि उनकी कमियों को पूरा करने के लिए उनके पास अपार धन है ।

पुरुषों की मानसिकता इससे भिन्न पत्नी में सैक्स अपील चाहती है । सैक्स अपील के हर एक के अपने पैमाने होते हैं । इसलिए इसके लिए हार्ड एंड फास्ट रूल नहीं है । किसी को मोटी भारी नितंबो वाली स्त्री अपील करती है तो किसी को इकहरी, लंबी, छरहरी स्त्री लुभाती है ।

जोडियां कहते है ऊपर बनती है । ऐसे में ऊपरवाले ने सोच समझ कर जोडी मिलाई हो, ऐसा नहीं कहा जा सकता । कई बार शादी हो जाने पर पति-पत्नी दोनों ही एक दूसरे से असंतुष्ट रहते हैं हालांकि उनके बच्चे भी हो जाते हैं । वे पारिवारिक जिम्मेदारियां कुशलतापूर्वक निभाते हैं, फिर भी असंतुष्टि व अतृप्ति का जज्बा उन्हें भटकाव के मार्ग पर पहुंचा देता है ।

इस बात का साक्षी इतिहास है कि इस तरह की भूख स्त्री-पुरुष में हर काल और हर देश में रही है जिसका नतीजा था बहुपत्नी प्रथा। मुसलमानों में तो चार पत्नियां तक जायज है। हालांकि हिन्दुओं में कानूनन एक पत्नी के रहते दूसरे विवाह की इजाजत नहीं है फिर भी खुले आम लोग दो पत्नियां रख रहे हैं।

फिल्म वाले इसमें सबसे आगे हैं। कानून वैसे भी पहुंच वाले, वी आई पीज के लिए नहीं होता और कानून को चकमा देने के तरीके भी है। सबसे आसान है धर्म परिवर्तन कर लेना। पुरुषों के लिए कई इजी टारगेट्स में हैं घर की जवान नौकरानी, साली या कोई और अविवाहित कमसिन स्त्री। ये कभी भाभी हो सकती है तो कभी कोई और घर में रहने वाली आश्रिता।

ऐसा नहीं कि दोषी हमेशा पुरुष ही होता है। गरीबी में रहने वाली, विस्थापित दूसरे देश से आई निम्न वर्गीय स्त्रियां भी पैसे के लालच में पुरुषों को फसाने में पूरा जोर लगा देती है। विवाहेत्तर सम्बंधों को न सिर्फ हमारे देश में बल्कि पूरे विश्व में अच्छा नहीं माना जाता। इसमें ज्यादातर स्त्रियों को ही सफर करना पड़ता है। विवाहेत्तर सम्बंधों के होने पर पति जब तनख्वाह का मोटा हिस्सा अपनी प्रेमिका पर लुटाने लगता है तो घर की आर्थिक स्थिति डावाडोल होने लगती है। पत्नी को मानसिक रूप से तो तकलीफ होती ही है। भौतिक स्तर पर भी उसे ही ज्यादा कष्ट उठाना पड़ता है।

वैसे सर्वेक्षण बताते हैं कि दुनिया के 60 प्रतिशत लोग शादी की पवित्रता में विश्वास करते हुए उसे स्थायी बंधन मानते हैं। दरअसल इस विश्वास के कारण ही दुनिया ठीक-ठाक चल रही है मगर एक सच यह भी है कि सैक्स और प्रेम पर वर्जनाओं का कोई असर नहीं होता जब ये अपने उदात्त रूप में आकर सभी बंधनों को तोड़ देते हैं।

रश्मि की खूबसूरती पर फिदा होकर ही वेदांत ने उससे ब्याह रचाया था लेकिन शादी के तीन माह ही बीते होंगे कि वेदांत का मन भटक गया। उसे अपने साथ काम करने वाली सॉफ्टवेयर इंजीनियर कृतिका में ज्यादा आकर्षण नजर आने लगा। अपने परिवार से दूर दिल्ली में अकेली रहने वाली कृतिका भी उसकी तरफ झुकती गई। वह किसी-न-किसी बहाने वेदांत को अपने फ्लैट पर ले जाती। शारीरिक सम्बंध बने तो उनमें और भी नजदीकियां बढ़

गई । अब वेदांत अपनी पत्नी से छुटकारा चाहने लगा था ।

रसिका जिस कॉलसेंटर में काम करती थी, रजत भी वहीं काम कर रहा था । रजत की अभी शादी नहीं हुई थी, रसिका दो बच्चों की मां थी । पति अक्सर टूर पर रहते थे । बच्चों की देखभाल तो खैर सास ननन्द मिलकर कर लेती थी । लेकिन पति के सान्निध्य को तरसती रसिका कॉल सेंटर से लौटते हुए रजत के फ्लैट पर कब उतरने लगी, इसका भान शायद दोनों को ही न था । रजत के लिए रसिका टाइम पास थी, रसिका के लिए रजत देह तृप्ति का साधन ।

जहां वेदांत के लिये कृतिका उसकी मानसिक तथा शारीरिक दोनों ही तरह की भूख मिटाने का जरिया थी, रसिका के लिये रजत केवल शारीरिक भूख मिटाने का साधन । इस तरह के विवाहेत्तर सम्बंधों की समस्या आज बडे शहरों में आम होती जा रही है । इससे गृहस्थी में बिखराव आ जाता है और इसके दूरगामी परिणाम भुगतते स्त्री पुरुष दोनों का ही जीवन अशांति में बीतता है ।

●●

दाम्पत्य में टकराव न आने दें

यह जरूरी नहीं है कि पति-पत्नी के विचार शत्-प्रतिशत मिलते ही हों। विचारों में भेद स्वाभाविक है क्योंकि दोनों की पारिवारिक पृष्ठभूमि अलग होती है। आपमें पढ़-लिखकर इतनी विचारशीलता तो आ ही जानी चाहिए कि सहमत न होने पर भी दूसरे की सोच का सम्मान करें। नेहा और मिलिंद की सोच में उत्तर-दक्षिण के ध्रुव जितना अंतर था लेकिन फिर भी उनके प्यार में कोई कमी नहीं आई। उनमें गजब का तालमेल था, जिसके कारण कभी एक दूसरे की बात के आगे झुक जाता तो कभी दूसरा पहले की बात को वरीयता देता।

कहते हैं रिश्ता बराबरी का ही अच्छा होता है। मगर यह भी कहा जाता है कि जोड़ियां ऊपर बनती हैं। बात चाहे कुछ भी हो जब रिश्ता जुड़ जाता है तो वे बराबरी के धरातल पर आ जाते हैं। उनकी पृष्ठभूमि चाहे जैसी रही हो। किसी एक की आर्थिक कमजोरी को लेकर दूसरे को उसे न कभी नीचा दिखाना चाहिए न किसी तरह का ताना देना चाहिए जैसा कि महेश अपनी पत्नी बीना के साथ किया करता था। बीना गरीब घर की लड़की थी उसकी सुंदरता और प्रतिभा देखकर अमीर घर के महेश ने उससे शादी तो कर ली, लेकिन बात-बात पर वह उसे उसके मायके वालों को कंगले, फटीचर कहकर उसका दिल दुखाया करता था। कभी बीना को कहता–'भिखारी को चाहे साम्राज्य दे दिया जाए फिर भी रहेगा वह भिखारी का भिखारी।' ऐसे में भला बीना, पति का मन से सम्मान करती भी तो कैसे! पत्नी अगर ज्यादा शिक्षित है पति से ज्यादा कमा रही है तो इस बात को लेकर न पत्नी में अहंकार होना चाहिए न पति को कुंठा। अगर उनमें प्यार और विश्वास पुख्ता है तो यह बातें कोई मायने नहीं रखेंगी। हां, कुछ लोग जरूर ऐसे मिलेंगे जो इस

बात को लेकर उन्हें ताना मारते हुए शर्मिंदा करने की कोशिश करेंगे। उनकी बातों से निर्लिप्त रहना ही आपके लिए श्रेयस्कर है । दूसरों के रेफरेंस में कमजोर मनोबल के लोग जीते हैं ।

पति-पत्नी के आपसी टकराव का प्रमुख कारण समर्पण की भावना में कमी आना है । जो दम्पति अपने स्व को एक-दूसरे को समर्पित कर देते हैं, उनके वैवाहिक जीवन में दरार की स्थिति नहीं आती । किसी एक का होकर उसे अपना बना लेने में जो सुख-संतोष है उसकी तुलना नहीं की जा सकती ।

पति-पत्नी का साथ जीवन भर का होता है । यह सफर मजे से कटे इसके लिए दोनों का एक-दूसरे को सहयोग देना जरूरी है । आज हर तीसरी महिला कामकाजी है । जब वह घर से बाहर निकलकर घर-बाहर दोनों की जिम्मेदारी का दोहरा बोझ उठा रही है ऐसे में पति का कर्त्तव्य बन जाता है कि वह गृहकार्यों में पत्नी को सहयोग दे । ऐसा न करने पर तनाव बढ़ता है, जिसका सीधा असर उनके दाम्पत्य और परिवार की खुशी पर पड़ता है ।

पति-पत्नी को कभी-कभी अपने समय की भी जरूरत होती है । इसलिये, साथ समय बिताने के अलावा एक-दूसरे की निजी जिन्दगी का भी ख्याल रखना चाहिये । ताकि वे एक-दूसरे पर पूरे समय हावी होने न लगें । रिश्ते में ताज़गी बनी रहे इसके लिए यह भी एक ध्यान देने वाली बात है । इस रिश्ते की उष्मा कुछ समय बाद जब कम होने लगती है तब कई बार विवाहेत्तर सम्बंध पनपने लगते हैं या कभी साथी से न मिलने वाली संतुष्टि की खोज में दूसरा बाहर कंधा खोजने लगता है । वैवाहिक जीवन के शुरूआती दिनों की दीवानगी, प्यार, दोस्ती और उमंग बनी रहे इसके लिये अपने को समय-समय पर तरोताजा करना होगा । दिमागी जाले साफ करने होंगे । इस रिश्ते में उष्मा बनी रहे इसके लिये पर्याप्त संवाद और जिंदादिली चाहिए ।

एक सफल सुखी वैवाहिक जीवन का आधार स्तंभ है अच्छे सैक्स सम्बंध । कार्यरत लोगों की जैविक बेसिक जरूरतों में कमी आने के कारण उनमें सैक्स के प्रति बढ़ती अरुचि भी दाम्पत्य में असंतोष और अवसाद का कारण है । मनोविश्लेषकों के अनुसार यह असंतोष कई बार तनाव व दरार पैदा कर टकराव का कारण बन जाता है ।

सारी बात आपसी प्यार, विश्वास और समझ पर आकर ठहर जाती है । प्यार बांटने से बढ़ता है । विश्वास से विश्वास मिलता है, आपसी समझ सुखी

वैवाहिक जीवन का नंबर वन फार्मूला है । इन पर चलकर ही पति-पत्नी सफल वैवाहिक जीवन गुजार सकते हैं ।

पति अपने अधिकारों की दुहाई न देकर पूरी सच्चाई के साथ कर्त्तव्यों का पालन करें । पत्नी के सेंटीमेंट्स को समझे उसकी परेशानियों को अपनी परेशानी समझें उसे सामाजिक, आर्थिक सुरक्षा जितनी हो सके देते हुए उसे इज्जत दें और पत्नी भी पति की रुचियों-अरुचियों को ध्यान में रखते हुए सुख-दुःख में साथ निभाये, पति की कमजोरियों का उपहास न करते हुए प्रेम से उन्हें दूर करने की कोशिश करे । उन्हें प्यार और मान दे । फिर भला क्यों कर हो उनके बीच टकराव ।

●●

पत्नी पर अविश्वास

समय के साथ-साथ पति-पत्नी में आपसी विश्वास और सुदृढ़ होना चाहिए, लेकिन ऐसा वास्तव में होता नहीं है । वैवाहिक-जीवन के आरंभिक दिनों में तो तीव्र शारीरिक आकर्षण के कारण एक दूसरे की कमियां नजरअंदाज कर दी जाती हैं, लेकिन जैसे-जैसे इसकी तीव्रता घटती जाती है, आपसी संघर्ष, टकराव और मनमुटव जोर पकड़ता जाता है । संघर्ष के कारण कोई खास नहीं होते । महज छोटी-छोटी बातें, जो कभी-कभी काफी बचकाना-सी होती हैं । बस, उन्हीं को लेकर 'तू-तू' 'मैं-मैं' हो जाती है और झगड़ा बढ़ते-बढ़ते उग्र रूप धारण कर लेता है ।

विवाह से पूर्व सिद्धार्थ और मल्लिका एक दूसरे को बेहद प्यार करते थे । एक को मिले बगैर दोनों को चैन नहीं मिलता था । किन्तु विवाह के दो साल बाद ही मल्लिका सिद्धार्थ को छोड़कर माता-पिता के घर चली गई । सिद्धार्थ का बेहद शक्की मिजाज मल्लिका से सहा नहीं गया । एक दिन तो हद ही हो गई जब सिद्धार्थ के दफ्तर से आने के समय ही उसका एक दोस्त किसी जरूरी कार्य से उससे मिलने आया और मल्लिका ने यह सोचकर बिठा लिया कि सिद्धार्थ आने ही वाले हैं । दोस्त के जाते ही सिद्धार्थ ने मल्लिका से मुंह बनाकर कहा, 'ये सब फ्लर्ट यहां नहीं चलेगा । मेरे साथ रहना है तो घर की मान-मर्यादा का ख्याल रखना पड़ेगा ।' मल्लिका के सफाई देने तथा जिरह करने पर सिद्धार्थ ने उस पर हाथ उठा दिया । पति की इस ज्यादती तथा संकीर्ण मानसिकता के कारण मल्लिका को घर छोड़ना पड़ा ।

आज के युग में जब स्त्री नौकरी करने लगी है तो स्वाभाविक है कि वह दूसरे पुरुषों के सम्पर्क में आयेगी ही । आखिर साथ काम करते हुए वह हर एक के साथ 'मुझे मत छूना' वाला रुख तो अख्तियार नहीं कर सकती । आज

इस बात की जरूरत है कि पति अपनी सोच का दायरा विस्तृत करे । खुला दिल और खुला दिमाग रखे । किसी पुरुष से हंसने-बोलने से औरत बदचलन नहीं हो जाती । व्यक्तित्व के विकास तथा अहम् की संतुष्टि और मूड को अच्छा बनाये रखने में पुरुष की प्रशंसा स्त्री के लिए चमत्कारिक सिद्ध होती है ।

यह एक निर्विवाद सत्य है कि एक पुरुष जितने खुले दिल से दूसरी औरत के रूप-गुणों की प्रशंसा करता है वैसा कोई औरत नहीं कर सकती । पति, पत्नी को आखिर इस खुशी और चमत्कारिक औषधि से क्यों महरूम रखना चाहता है ? कोई भी स्त्री अगर पुरुष की प्रशंसा करे या उस पर प्रशंसापूर्ण दृष्टि डाले तो वह पुलकित हो उठता है । फिर ये दोहरे मापदण्ड क्यों ? इस अर्थप्रधान युग में हर शख्स भौतिकवादी बन गया है । विवाह के समय अक्सर वर-वधू अपनी आर्थिक हैसियत बढ़-चढ़कर बताते हैं । पति समझता है कि मोटी तनख्वाह व ज्यादा आय बताने से वह पत्नी को प्रभावित कर सकेगा । अक्सर होता भी यही है । लड़कियां फिल्मों में दिखाई जाने वाली जैसी ऐशपूर्ण जिन्दगी देखती हैं, ठीक उसी तरह सपने भी देखती है । परिणामस्वरूप झूठ की बुनियाद पर टिका दाम्पत्य सच के आगे हिल उठता है ।

आज के बढ़ते हुए खर्च और आसमान को छूती मंहगाई भी दाम्पत्य में दरार पैदा कर रही है । आज हर स्त्री जीवन-संध्या में भी स्मार्ट और आकर्षक दिखना चाहती है, जिसके लिए वह विभिन्न तरीके अपनाती है । ब्यूटी केयर, ब्यूटी पॉर्लर, मंहगे कपड़े, परफ्यूम, हैल्थ क्लब, बढ़िया भोजन इन सबके लिए रुपया चाहिए । पत्नी की मांगें पति घर में शांति बनाये रखने के लिए पूरी करता है । लेकिन इस चक्कर में वह आर्थिक रूप से खोखला हो जाता है । पत्नी वस्तु स्थिति से अनजान रहती है । इससे घर में बेहद तनाव का माहौल उत्पन्न हो जाता है । आज 60 प्रतिशत दाम्पत्य सम्बंध टूटने के कारण आर्थिक मामले ही हैं ।

अच्छा यही है कि पति दिखावे, दुराव-छिपाव को छोड़कर पत्नी को सच्चाई से अवगत करा दे, वरना इसका अंजाम तो गहरी खाई ही है । भूल किसी से भी हो, एक दूसरे पर अविश्वास से पहले क्या ही अच्छा हो कि अपनी गलती का अहसास होते ही पति-पत्नी एक दूसरे से क्षमा याचना कर लें । अगर कोई मजबूरी हो, कोई समस्या हो तो उसे आपस में बैठकर सुलझा

लिया जाए। इन मामलों में चुप्पी गलतफहमी को जन्म दे सकती है, इसलिए चुप नहीं रहना चाहिए।

पत्नी अगर भूल सुधारना चाहती है तो इसके लिए उसे पूरा मौका देना चाहिए। व्यंग्य-बाण चलाकर, तानों से उसे बींधकर हो सकता है पति महोदय को क्षणिक-सुख मिल जाये पर भविष्य में इसके जो दुष्परिणाम होंगे वे भी उन्हीं को भुगतने पड़ेंगे। समझदारी इसी में है कि संयम का परिचय देते हुए पत्नी को अपने कोमल व्यवहार से अपने प्यार का विश्वास दिलाकर उसका विश्वास सदा के लिए जीत लिया जाए। पत्नी पर अविश्वास करके तो कुछ भी हासिल नहीं किया जा सकता।

●●

दाम्पत्य में विघटन न आने पाए

विवाह एक पवित्र बंधन जरूर माना जाता रहा है लेकिन यह एक ऐसा बंधन था जहां पत्नी अगर समझदार थी तो उसे पति को मुट्ठी में करने में देर नहीं लगती थी । कैसे जीत लेती थी वह पति का मन ? केवल दैहिक आकर्षण कितने समय तक रह सकता है यहां तो बात जीवन भर की है । अपने मधुर स्वभाव, सकारात्मक सोच और अडरस्टेडिंग, धैर्य ही वे गुण हैं जिनसे पति का मन जीता जा सकता है । अमीर घर की लड़की शैलजा साधारण घर में ब्याही गई थी लेकिन अपने एडजस्टिंग स्वभाव के कारण वह ससुराल वालों में ऐसी घुल मिल गई थी मानो वह वहीं पली बढ़ी हो । पति की पसंद नापसंद उसकी खानपान में रुचि अरुचि पहनावा आदि को ध्यान में रख कर चलती । इस तरह पति को उसने कभी शिकायत का मौका नहीं दिया । पति भी खुश रहते और वह स्वयं भी । पति-पत्नी चूंकि दोनों अलग परिवेश से है उनके विचारों, आदतों, खान-पान रहन-सहन में भिन्नता तो होगी ही । यह जानकर इस बात को उन्हें स्वीकारना होगा । उन्हें एक दूसरे की पसंद का सम्मान करना आना चाहिए । थोड़ा बहुत मतभेद जीवन को डलनेस से बचाता है यह ध्यान देने योग्य है । अगर वे एक दूसरे की भावनाओं को समझते है तो गलतफहमी की गुंजाइश कम होगी । अधिकतर झगड़ों की जड़ ही गलतफहमी होती है । इसलिए आपसी अंडरस्टेडिंग का इस रिश्ते में विशेष महत्व है ।

बातचीत की टोन याने की लहजा भी इसी तरह रिश्ते की मधुरता बनाए रखने के लिए सही होना चाहिए । हमेशा ऊंची आवाज में धमकाते हुए बोलना या हमेश दोषारोपण के लिए तैयार रहना, खीज निकालने के लिए सबसे सरल साधन पत्नी को समझने की भूल कर बैठना ये वे बातें है जो पत्नी के मन को आहत कर देती हैं । पुरुष आरम्भ से ही अपनी सुपरमेसी जताने का आदि

रहा है लेकिन सुपरमेसी जताने के लिए पत्नी को कमजोर समझकर दबाने की भूल कर बैठना उसे महंगा भी पड़ सकता है ।

एक दूसरे पर अधिकार जताना प्यार का ही एक रूप हो सकता है । लेकिन यह भी सीमा बद्ध रहे तभी तक ठीक है नहीं तो यह व्यक्तित्व का स्वामी बन जाएगा । किसी को दबोच लेना चूहे बिल्ली का खेल बन जायेगा । एक दबोचने को तत्पर तो दूसरा गिरफ्त से छूटने के लिए ।

स्त्रियां चूंकि स्वभावतः अधिक संवेदनशील होती हैं उन्हें बात अधिक लग जाती है । पति स्वभाव से कुदरती तौर पर रुखे और रफ टफ होते है । वे स्त्री के मन को कभी समझ ही नहीं पाते यही कारण है कि लाख हितेषी और पत्नी को मन से प्यार करने वाले होने के बावजूद वे पत्नी को इतना नाराज कर देते हैं कि वह खुन्दक में आकर पति से बदला लेने के इरादे से गेर मर्दों से रिश्ता कायम कर लेती हैं हालांकि यह उसका सोचा विचारा कदम नहीं होता । दूसरे पुरुष स्त्री की इस कमजोरी से खूब वाकिफ होने के कारण मौके का खूब फायदा उठाते हैं ।

पत्नी की हर समय की टोका टाकी पुरुष को बुरी लगती है । बाहर से थका मांदा जब वह घर लौटता है उसे सुकून की जरूरत होती है । खाली बैठी गृहिणी पति की जिस बात से दिन भर से कुढ़ रही थी उसके घर आते ही धैर्य की कमी होने पर बरस पड़ती है । भला पुरुष का अहम यह कैसे गवारा करेगा । फिर हर बात का समय होता है बेवक्त की शहनाई रिश्ते पर मर्सिया पढ़ती नजर आती है । नैगिंग वाइफ के कारण ही पति अगर हाई ब्लडप्रेशर या दिल का मरीज हो जाए तो कोई आश्चर्य की बात नहीं ।

जीवन भर का साथ होता है पति-पत्नी का । टकराव तो होगा ही । इसे हम एक्शन रिएक्शन मानकर चलें जिसके बगैर जीवन की कल्पना नहीं की जा सकती । इसे गभीरता से जीवन मरण का प्रश्न बनाकर न चलें, सूझबूझ से कई समस्यायें चुटकी में हल हो जाती है । एक दूसरे को आजादी भी दें । एक दूसरे की जायज स्वतंत्रता को सम्मानित करना सीखें, उसे स्वीकार करें । बस यह जरूर ध्यान रहे कि कहीं सीमाओं का उल्लंघन न हो । खासकर आज के दौर में जबकि नैतिक मूल्य तितर-बितर हो गये हैं । सैक्स के मामले में कोई भी स्त्री-पुरुष आसानी से यह स्वीकार नहीं करेगा कि उसका साथी विवाहेत्तर सम्बंध स्थापित कर ले ।

पजेसिव कभी न बनें। प्यार ऐसा न हो कि दमघोंटू बन जाए। प्यार के बदले ही प्यार मिलता है। पत्नी को हर समय झिड़कते रहेंगे– जैसा कि आम पतियों की आदत होती है खासकर जब पत्नी बासी और ऊबाऊ लगने लगती है तो उसके दिल में आपके लिए आदर, श्रद्धा, प्यार कैसे कायम रहेगा ? प्यार के इजहार के भी कई तरीके हैं मसलन एक दूसरे की रुचियों का ध्यान रखना, मीठा बोलना, प्रशंसा करना एक दूसरे पर पूर्ण विश्वास इत्यादि। जिस घर में नारी का सम्मान नहीं होता वहां सुख, चैन, शांति नहीं विराजती यह न भूले। ऐसे ही पति का सम्मान करना हर पत्नी का प्रथम कर्त्तव्य है यह उसे हमेशा याद रखना चाहिए।

●●

दाम्पत्य की खुशियां संदेह को भेंट न करें

संदेह इन्सान में क्या-क्या उत्पात मचा देता है, इसका अनुमन सहज नहीं लगाया जा सकता । संदेह के कारण जिन्दगी की खुशियां मातम में बदलते देर नहीं लगती ।

रतीश और नीना का दाम्पत्य जीवन सुख-चैन से बीत रहा था । रतीश एक बैंक मैंनजर था और नीना एयर होस्टैस । नीना को नौकरी के कारण अक्सर विदेश आना-जाना लगा रहता था । अपने एकांत क्षणों से ऊब कर रतीश ने दो-तीन लड़कियों से नाजायज ताल्लुक रखे हुए थे । नीना की गैरहाजिरी में वह अक्सर उन्हें कभी घर ले आता या कभी इधर-उधर गुलछर्रें उड़ाता । नीना को बतौर एयर होस्टैस के मोटी तनख्वाह मिलती थी । ऊपर से हर विदेश यात्रा के बाद वह ढेर-सा विदेशी सामान भी ले आती थी । इसलिए रतीश यह नहीं चाहता था कि नीना नौकरी छोड़े । नीना को जब इस बात का पता चला, उसका दिल टूट गया । जिसकी खुशियों के लिए वह खतरों से खेलती है, उसे उसकी जरा भी परवाह नहीं ।

नीना के दिल में बदले की आग जलने लगी । वह जब-तब अपने पुरुष मित्रों का जिक्र रतीश के सामने इस तरह करने लगी कि उसके मन में नीना के लिए संदेह जागृत हो जाए । 'जरा उन्हें भी तो पता चले, बेवफाई से मिलने वाला दर्द कैसा होता है ?' वह मन ही मन सोचती ।

इन सब बातों से उनके जीवन में कटुता पैदा हो गई और नौबत सम्बंध विच्छेद तक आ गई । इस प्रकार की घटनाएं हमारे सामाजिक जीवन में आम हैं । पति की बेवफाई, पत्नी की बेवफाई एक-दूसरे के प्रति अविश्वास और संदेह को जन्म देती है । इससे उनका दाम्पत्य जीवन नरक बन जाता है और जीवन दूभर हो जाता है ।

वास्तव में शादी एक समझौता है, जो परस्पर प्रेम और विश्वास की नींव पर टिका होता है । पति-पत्नी का एक-दूसरे पर संदेह कलह को जन्म देता

है । इससे दोनों का ही जीवन बर्बाद हो जाता है । और अगर उनके पास बच्चे भी हैं तो वे मासूम भी इसकी लपेट में आ जाते हैं । पत्नी के चरित्र पर मामूली-सा संदेह होने पर ही पति मारपीट कर कभी-कभी उसे घर से निकाल तक देता है । पत्नी अक्सर पति के चरित्र पर संदेह होने पर बेबसी, लाचारी में आंसू बहाती है । कुछ कह न पाने की स्थिति में मन ही मन घुट कर रह जाती है । स्थिति असहनीय होने पर वह कभी-कभी आत्महत्या तक कर बैठती है । यह तो है अशिक्षित स्त्रियों की स्थिति । पढ़ी-लिखी स्त्रियों की स्थिति भी कुछ ज्यादा अच्छी नहीं है । अगर वे नौकरी करती हैं तब तो वे और भी मुश्किल में आ जाती हैं । पुरुषों के प्रति उनके हर व्यवहार को शक की नजर से देखा जाता है । उनके उन्मुक्त व्यवहार का गलत अर्थ लगाया जाता है । यहीं से उनकी प्रताड़ना का सिलसिला शुरू होता है । पुरुष हमेशा दोहरे मापदंड से चलता है । वह स्वयं तो औरतों से छेड़छाड़, हंसी-मजाक का लुत्फ उठाता है, लेकिन पत्नी का गैर-मर्द से हंसना-खेलना उसे जरा नहीं सुहाता । पत्नी को किसी गैर-मर्द से हंसते-खेलते देखकर तुरन्त उसकी भृकुटि तन जाती है ।

संदेह एक तरह का मानसिक विकार है, बीमारी है, जिसके शिकार स्त्रियों की तुलना में पुरुष अधिक होते हैं । वैसे कई स्त्रियां भी बड़ी शक्की मिज़ाज की होती हैं । वे जितना संभव होता है, पति की निगरानी करती हैं । लेकिन यह एक मनोवैज्ञानिक तथ्य है कि पुरुष के मुकाबले में स्त्रियों में अधिक धैर्य और सहन शक्ति होती है ।

शक का रोग चरम अवस्था में पहुंच जाने पर 'पैरानायड' कहलाता है । इसके लिए रोगी को तुरन्त डाक्टर की सलाह लेनी चाहिए । डॉक्टर नींद की गोलियां व मनोविश्लेषण के द्वारा रोगी को ठीक करते हैं । रोग अगर काफी बढ़ गया हो तो बिजली के झटकों द्वारा भी इलाज किया जाता है ।

पति-पत्नी अगर सुलझे विचारों के परिपक्व व्यक्तित्व वालें हों तो उनकी सोच की दिशा अलग होगी । वे बेवजह एक-दूसरे को शक की नजरों से कदापि नहीं देखेंगे । अपनी समस्याएं वे स्वयं ही सुलझा लेंगे । बाहरी लोगों को हस्तक्षेप करने का वे मौका ही न देंगे क्योंकि इससे झगड़े के और बढ़ने तथा जग हंसाई का ही अंदेशा रहता है । अक्सर लोग महज मनोरंजन के लिए पति-पत्नी में फूट डालकर तमाशा देखते हैं । इस तरह के लोग 'नार्मल' नहीं होते बल्कि कुंठा ग्रस्त होते हैं । उनका अपना जीवन बेदह नीरस और उबाऊ

होता है । शायद इसीलिए वे औरों को सुखी नहीं देख सकते । जो लोग सोच को ताक में रखकर औरों के बहकावे में आकर अपने जीवन साथी को शक की दृष्टि से देखने लगते हैं, उन्हें उसकी हर सही बात भी गलत लगने लगती है । कल तक वह जिन बातों की तारीफ करते नहीं थकता था, आज वही बातें उसमें क्षोभ उत्पन्न करने लगती हैं । शक का जहर तेज़ी से नसों में व्याप्त होकर समग्र व्यक्तित्व को लील लेता है । शक करने पर पत्नी से मिली बेरुखी उसे और हवा देती है । इस तरह यह एक दुष्चक्र बन जाता है, जिससे उबरने का कोई रास्ता नजर नहीं आता ।

कई औरतों को दो-तीन बच्चे हो जाने के बाद यौन सम्बंधों से वितृष्णा होने लगती है । वैसे भी इन सम्बंधों में हमारे समाज में स्त्रियां काफी अंधेरे में हैं । यौन सम्बंधों पर बातचीत करना हमारे यहां वर्जित माना जाता है । परिणामस्वरूप स्त्रियां पुरुषों की जायज तथा प्राकृतिक मांग को भी अज्ञानवश ठुकरा कर अपने वैवाहिक जीवन में स्वयं ही दरार पैदा कर देती हैं । ऐसे में पुरुष का स्त्री पर शक करना कोई आश्चर्य की बात नहीं । उसे लगता है उसकी पत्नी को अब उससे प्यार नहीं । उसके जीवन में जरूर कोई दूसरा आ गया है । पत्नी की बेरुखी उसे दूसरी औरतों की तरफ धकेल देती है । इससे उनकी गृहस्थी बिखरने लगती है । पति में इतना साहस नहीं होता कि वह पत्नी के सामने अपने अवैध सम्बंधों को स्वीकार कर सके । उधर पत्नी संदेह के घेरे में कैद रात-दिन मन ही मन घुटती रहती है ।

संदेह होने पर खुलकर सामना करें :- मन ही मन घुटते रहने से तो जिंदगी का बेड़ा पार होने से रहा । पत्नी को चाहिए कि खुलकर पति का सामना करे । सामना करने का मतलब यह नहीं कि सीधे लड़ाई-झगडे पर उतर आए, बल्कि अपने विश्वास में लेकर उसकी समस्या को जानने का प्रयत्न करें । पति को भी चाहिए कि वह मन ही मन क्षुब्ध होने की बजाय अपनी बात सामने रखे । अपने अहं को त्याग कर जिंदगी को एक व्यापक दृष्टि से देखते हुए उन्हें अपनी भूल सुधार लेनी चाहिए ।

संदेह एक भ्रम-जाल की तरह ही इन्सान को भुलावे में रखता है । इस भ्रम-जाल के टूटते ही उसे संदेह के घेरे से मुक्ति मिल जाती है । वह फिर पहले की तरह स्वस्थ, सुखी जीवन में पदार्पण कर अपनी खोई हुई खुशियों को प्राप्त कर लेता है ।

●●

कहीं आप पति की हाँ में हाँ तो नहीं मिलाती

आदर्श भारतीय नारी इस विषय में सोचते ही जेहन में जो तस्वीर उभरती है, वह है—पति की शत-प्रतिशत हां में हां मिलाने वाली एक निहायत आज्ञाकारी स्त्री, पति परमेश्वर सही-गलत जो भी कहें 'हां जी' 'अच्छा जी' के अलावा और कुछ नहीं कहेगी। पति से किसी प्रकार का तर्क-वितर्क उसके लिए कुफ्र तोलने जैसा होता है।

छोटी-सी उम्र में पांच-पांच बच्चों की मां देविका की पति भक्ति देखते ही बनती है। पति के चरणों में बिछी रहने वाली देविका उनके एक इशारे पर जान तक न्यौछावर करने को तत्पर रहती है। और पतिदेव है कि सीधे मुंह बात ही नहीं करते। पांच बच्चे के लालन-पालन में देविका की सेहत चौपट हो ही गई है। अपने रख-रखाव पर ध्यान देने की भी उसे फुर्सत नहीं मिलती। उसके व्यक्तित्व का लिजलिजापन जब दूसरों में ऊब भर देता है तो क्या आश्चर्य कि पति भी उससे ऊबे रहते हैं। पति को पत्नी के रूप में एक साथी की जरूरत होती है, न कि एक गुलाम की जो हर पल चेहरे पर यह भाव ओढ़े रहे 'क्या हुक्म है मेरे आका।'

अंशुला एक पढ़ी-लिखी स्त्री है। अपने पति के साथ वह जब भी किसी के यहां जाती है तो उन्हें अच्छी तरह बोर करके आती है। होता क्या है पूरी बातचीत के दौरान वह अपने पति निखिल का मुंह जोहती और उसकी जबरदस्त हां में हां मिलाती रहती है। निखिल साधारण बुद्धि का साधारण-सा व्यक्ति है। मजा तो अब आया जब निखिल ने बातचीत के दौरान गलती से विरोधाभास लिए दो विरोधाभासी तर्क दिए। बात दहेज को लेकर चल रही थी। बहन की शादी सर पर थी। लड़के वालों की भारी मांग के कारण कहीं रिश्ता तय नहीं हो पा रहा था। 'मेरा बस चले तो दहेज मांगने वालों को तो

शूट कर दूं' उसने तैश में आकर कहा । अंशुला ने भी आदतन पति की बात का समर्थन किया । फिर कुछ ही देर बाद जब अपने इंजीनियरिंग में पढ़ रहे बेटे विशाल की चर्चा छिड़ी तो दांत निपोरकर चहकते हुए निखिल बोला 'अब आजकल इंजीनियर लड़के को मारुति वगैरह तो दहेज में ही मिल जाती है ।' अंशुला भी कहां पीछे रहने वाली थी तुरंत बात का समर्थन करके बोली 'अब देखो ना शांतनु भैय्या का साला भी तो इंजीनियर है, लड़की वालों ने कार के अलावा चार पांच लाख कैश और जरूरत की हर चीज दी है । दहेज में लड़की का रंग-रूप क्या देखना । लड़की के घर वालों की पोजीशन देखनी चाहिए ।'

अपनी अस्मिता की लड़ाई से पहले नारी को जो किसी की पत्नी भी है, सही को सही और गलत को गलत कह सकने की कूवत हासिल करनी होगी तभी पति भी उसकी इज्जत करेंगे । पति की छाया मात्र बन कर रह जाना ऐसी जिन्दगी के कोई मायने नहीं । व्यक्ति अपने सोच-विचार की शक्ति के कारण ही जानवरों से श्रेष्ठ है । उसी सोच को अगर ताक पर रख दिया जाए तो इंसान कहलाने को रहेगा ही क्या । जानवर और इन्सान में यही तो भेद है ।

अब यह भी नहीं कि सिर्फ अपने को श्रेष्ठ जताने के लिए बेवजह पति की बातों का विरोध किया जाए या उल्टे-सीधे तर्कों से पति की हर बात काटी जाए । इससे तो दाम्पत्य में अशांति हो जाएगी, पति विमुख हो जाएंगे और आपका जीवन नरक तुल्य हो जाएगा । अपनी बात समर्थन में हो या विरोध में कहने का पत्नी का अपना ढंग होना चाहिए जो सभ्य हो, मृदु हो और विश्वसनीय भी । इससे न सिर्फ पति बल्कि और लोग भी आपसे मुतास्सिर होंगे ।

पति भी इन्सान है । मानवीय गुण अवगुण दोनों उनमें भी होते है । हर व्यक्ति को अपने को सुधारने के लिए जो कि एक सतत् प्रक्रिया है, निष्पक्ष आलोचना की जरूरत होती है । यह कार्य पत्नी से बढ़कर और कौन कर सकता है । दूसरों की आलोचना ईर्ष्या मिश्रित, पक्षपातपूर्ण हो सकती है किन्तु समझदार पत्नी जो हमेशा पति का भला ही चाहती है कभी पति की गलत अलोचना नहीं करेगी । अपनी कमियां अक्सर हमें नजर नहीं आतीं, उसे तो दूसरा ही बता सकता है । पति-पत्नी के बीच अगर समझ और प्यार है तो उनमें अहम् का टकराव नहीं होता है । इस स्थिति में उन्हें एक-दूसरे की गलतियां बता सकने की पूरी स्वतंत्रता होनी चाहिए ।

अपूर्व और बेला की सुन्दर जोड़ी अपने जान-पहचान वालों में लोकप्रिय है। हंसमुख, स्फूर्तिवान, अधिकतम जानकारी रखने वाला अपूर्व सभ्य सुसंस्कृत युवक है। अपने मनमोहक व्यक्तित्व से वह हर मिलने-जुलने वाले को प्रभावित कर लेता है। आत्म-विश्वास उसकी हर बात से झलकता है। शादी से पहले अपूर्व ऐसा नहीं था। मोहल्ले में पैदा हुआ म्यूनिसिपलिटी के स्कूल में पढ़ा हुआ अपूर्व कॉलेज में बहुत झेपू किस्म का लड़का समझा जाता था। खासकर अपनी भाषाई गलत उच्चारण के कारण वह बोलते हुए बेहद सशंकित हो जाता था। यहां तक कि हकला कर बोलने लगता।

अपूर्व को बेला के रूप में एक अत्यंत समझदार पत्नी मिली थी। वह स्वयं कानवेंट में पढ़ी एक बड़े शहर की रहने वाली थी। पति का मूड देखकर उसकी भावनाओं की कद्र करते हुए हल्के मजाकिया लहजे को अपना कर धीरे-धीरे सब्र से काम लेते हुए उसने अपूर्व के व्यक्तित्व को संवार दिया। बेला भी अगर औरों की तरह सिर्फ पति की 'हां जी' वाली पत्नी बनकर रह जाती तो अपूर्व कदापि इस मुकाम तक नहीं पहुंच पाता।

पति की जी हुजूरी करने वाली औरतें यह क्यों नहीं समझ पातीं कि परोक्ष रूप से वे यह रवैय्या अपना कर पति का कितना अहित करती है क्योंकि तब पति जिनका अहम् संतुष्ट होता रहता है, अपने को सर्वगुण सम्पन्न समझने की भूल कर बैठते हैं और उनके सुधरने और अपने व्यक्तित्व को संवारने के सब रास्ते बन्द हो जाते हैं।

●●

दाम्पत्य : स्वप्न नहीं हकीकत है

फाल्गुनी जब सारा के यहां पहुंची उसे उम्मीद थी कि शादी के बाद सारा और भी निखर आई होगी सुंदर तो वो थी ही । विवाहिता का उल्लास से चमकता चेहरा नये लिबास और आभूषणों में सजी धजी वह कितनी प्यारी लगती होगी । मन ही मन सखी के बारे में कल्पना करती फाल्गुनी ने बड़े उत्साह से सारा के फ्लैट की घंटी बजाई । किन्तु यह क्या बुझा-बुझा चेहरा, अस्त-व्यस्त कपड़े सारा को इस रूप में देख फाल्गुनी का चौंकना स्वाभाविक था ।

चाय देते हुए उसने फाल्गुनी के आगे आंसुओं का सैलाब आंखों से बहाते अपनी व्यथा कथा सुना डाली । फाल्गुनी चूंकि उसके सपनों की राजदार थी वह उसका दु:ख समझ गई । अच्छे कपड़ों और घूमने फिरने सैर सपाटे का शौक किस लड़की को नहीं होता । लेकिन इसके लिए ढेर सा पैसा चाहिए जो हर किसी के पास नहीं होता । उसका पति विवाहित जीवन की शुरूआत में नई-नई पोशाकें खरीदने और सैर सपाटों पर पैसा खर्चने की स्थिति में नहीं था हालांकि, वह एक अत्यंत समझदार, शालीन, हमदर्द व्यक्ति था जो सारा पर जान छिड़कता था किन्तु नासमझ सारा उसकी कद्र करना नहीं जानती थी । वह स्वयं दु:खी रहती और पति को भी तानों से बिंधती रहती ।

शना अत्यंत चंचल एवं शोख किस्म की लड़की थी हर समय हंसने-हंसने वाली किन्तु पति उसे बिलकुल विपरीत स्वभाव का मिला । कॉलेज में दर्शनशास्त्र के प्रवक्ता मनोज मोटे शीशे के चश्में से जब पत्नी की ओर देखते तो उसका मन कह उठता 'यह तो मेरे सपनों का राजकुमार नहीं' ऐसे उबाऊ व्यक्ति के साथ कैसे बीतेगा सारा जीवन, सोच-सोच कर शना घुलती रहती उसकी हंसी गायब हो गई । जीवन उसे भार स्वरूप लगने लगा ।

शबनम ने जब नील की तस्वीर देखी उसके प्रभावशाली व्यक्तित्व पर वह मर मिटी। दो चार मुलाकतों हुई। सामने वह और भी ज्यादा हैंडसम लगता था पैसा उसके पास खुलकर लुटाने को था। बेयरर को जब नील ने दो सौ रुपये टिप दी शबनम ने तभी उससे शादी का फैसला कर लिया। शादी के दो दिन बाद ही जब पति को कारोबार के सिलसिले में हांगकांग जाना पड़ा तब शबनम को पहला झटका लगा। नील का लाखों का कारोबार था किन्तु साथ ही एक बड़ा परिवार जहां अनुशासन से रहना पड़ता था और लाखों के करोड़ों बनाने का जुनून उसे बीवी से दूर रखता। शबनम के मन में बिला वजह ही शक का बीज पनपने लगा। जरूर नील का किसी दूसरी औरत के साथ चक्कर है तभी वह उससे दूर रहता है।

अक्सर इसी तरह विवाहोपरांत लड़कियों के सपने हकीकत से टकरा कर बिखर जाते हैं। काश, कोई उन्हें समझा सकता कि सपने हकीकत नहीं होते, सपनों का आकर्षण भी तभी तक बना रहता है जब तक वे सपने हैं। उनके हकीकत में बदलते ही फिर जो ऊब का दौर शुरू होता है वह जीवन नीरस कर देता है। समझदारी तो तब है जब स्वप्न और हकीकत में सही तालमेल बिठा लिया जाये। सारा ने अपनी नादानी के कारण ही अपना जीवन दुःखमय बना लिया था। गहने कपड़ों का शौक सिर्फ शौक की तरह ही लिया जाये उन्हें जीवन का मकसद हीं नहीं मान लेना चाहिए। क्योंकि, इनसे मिलने वाली खुशी ज्यादा समय टिकने वाली नहीं होती। जबकि सच्चा प्यार जीवन भर साथ रहता है। इससे मिलने वाली खुशी की कोई होड़ नहीं, जीवन का असली सुख एक समझदार पति का साथ ही दे सकता है।

शना को यह समझ लेना चाहिए था कि स्वप्न पुरुष का निर्माण करना पड़ता है वह कभी बना बनाया नहीं मिलता है, यह नहीं कि मनोज को हंसना बोलना पसंद नहीं था दर-असल वो जो विषय पढ़ाता था वह था ही नीरस। लेकिन शना उसके मन के भीतर झाककर देखती तो समझ पाती कि वह शना को पाकर कितना खुश था उसकी कमजोरी यही थी कि उसे प्यार का प्रदर्शन करना नहीं आता था लेकिन थोड़े धैर्य और समझदारी और विवेक से यह बात उसे सिखाई जा सकती थी जिसे शना जैसी पत्नी पाकर वह जरूर सीख लेता। उनका जीवन खुशियों से भरते फिर देर न लगती।

शबनम को शादी के पहले ही यह तय कर लेना था कि वह पति से क्या

चाहती है । जाहिर है कि कारोबार में बुरी तरह फंसा हुआ व्यक्ति बीवी को बहुत समय नहीं दे पायेगा । जीवन में हर बात मन मुताबिक नहीं मिलती । कहीं-न-कहीं तो समझौता करना ही पड़ता है । भावुकता और जल्दबाजी में बिना सोचे समझे लिये गए निर्णय अक्सर सही नहीं होते । बगैर किसी सबूत के पति के चरित्र पर संदेह करना कितना गलत था । यह सच था कि नील का किसी दूसरी औरत के साथ कोई अनैतिक सम्बंध न था लेकिन बीवी की बेरुखी से तंग आकर वह ऐसा कोई कदम उठाता तो दोष किसका ज्यादा होगा ।

नेकी और बदी दोनों के मेल से ही इंसान बना है । तभी तो वह इंसान कहलाता है वर्ना वह या तो देवता होता या शैतान । जो जैसा है उसे वैसा ही स्वीकार किया जाये तभी विवाहित जीवन में सामंजस्य 'एडजस्टमेंट' संभव होता है ।

किसी बुरी लत के लिए पति को ताने मारने कोंचते रहने या हर समय उसकी बुराई करने से कुछ हासिल न होगा । हो सकता है आपकी सतत कोशिशें प्यार और थोड़ा-सा धैर्य आपको उन्हें इस लत से छुटकारा दिलाने में कामयाबी प्रदान करें ।

सबसे जरूरी है आपसी संवाद । आप बगैर कुछ कहे बहुत-सी आशायें बांध बैठती हैं । पति-पत्नी दोनों को ही एक दूसरे में आस्था होनी चाहिए, भरोसा होना चाहिए । विश्वास भी होना चाहिए कि वे एक दूसरे की बातों को गलत नहीं समझेंगे ।

●●

पति जब सुनते हों आपकी बात ज़रूरत से ज्यादा

सुप्रिया के पति इकहरे बदन के हायपरएक्टिव व्यक्ति कहे जा सकते हैं। ओवर एनर्जेटिक होने के कारण वे पल भर चैन से नहीं बैठ सकते। यही बेचैनी उनके स्वभाव से भी टपकती है।

जब तक सर्विस में थे, बॉस लोग उनकी यह कमजोरी जानते हुए उन्हें हर समय काम में पिलाए रखते थे लेकिन चूंकि अब माहशय रिटायर हो चुके थे, पत्नी की शामत आ गई थी। उनका यही सबसे बड़ा गुण था कि वे बेहद ईमानदार थे। उनकी ईमानदारी चेहरे से टपकती थी। पत्नी समझती थी, इसीलिए वह मन ही मन उनका आदर भी करती।

वे जरूरत से ज्यादा पत्नी की इसलिए सुनते क्योंकि उन्हें चिराग के जिन्न की तरह हर समय काम चाहिए था। शरीर के रखरखाव का ध्यान रखते। वे सुबह घंटा भर योगा, मेडिटेशन करते, शाम को लंबी सैर पर जाते। समय की फिर भी कमी न रहती।

मेडिटेशन का असर उन पर उल्टा होता। चित्त शांत होने के बजाय उनमें दुगनी ऊर्जा का संचार होने लगता। अब ऐसे पति को सुप्रिया कैसे कंट्रोल करे, यही प्रॉब्लम उसे परेशान करती। कभी-कभी उसे इस बात पर हंसी भी आती। दूसरी औरतें जिनके पति उनकी एक नहीं सुनते, वे इस बात को लेकर दुःखी रहती हैं और एक मैं हूं। रिटायरमेंट के बाद पति ने सुप्रिया की काफी जिम्मेदारी बांट ली थी। यह जहां सुप्रिया के लिए सुविधाजनक था वहां उसे खामियाजा यूं भुगतना पड़ा कि उसका वजन बढ़ने लगा। फोन की घंटी हो या कॉलबेल, पति महोदय तुरंत दौड़े भागे जाते। सुप्रिया को भी पति सेवा अच्छी लगती थी मगर पति महोदय मौका कम ही देते।

हर स्त्री की तरह सुप्रिया भी पति को मुट्ठी में रखना चाहती थी, इसलिए

पति आदतन जब औरों के लिए भी प्राणोत्सर्ग करने को तत्पर हो जाते, उसे लगाम खींचनी पड़ती ।

पुरुष का अहम्, अहंकार पूरे शोध का विषय है । यही उसका पुरुषत्व है जिस पर आधुनिक नारी वार करने पर तुली है बगैर यह महसूस किये कि अगर पुरुष से उसका अहम छीन लिया तो उसके पास बचेगा क्या ।

सुप्रिया के पति का अहम् अपने को पत्नी के लिए अनिवार्य बनाकर ही संतुष्ट था ।

कई बार ऐसा होता है कि पति का पत्नी की बात न सुनना उनके लिए वरदान साबित होता है । सिया ने पति से कहा, "आज आप हर हाल में फलां शेयर बेच दो । इस समय इसका मार्केट ऊंचा है । न जाने कब गिर जाए ।" सिया के पति कल्पेश उसकी बात कम ही सुनते थे सो इस बार भी नहीं सुनी । दो तीन दिन की छुट्टी के बाद शेयर के भाव जबर्दस्त उछाल पर थे ।

रीमा पति के पीछे पड़ी रही कि आप स्वयं ही कलकत्ते टूर पर जाएं, पटनायक अपने मातहत को न भेजे लेकिन रमेश ने पत्नी की बात नहीं सुनी । पटनायक जिस ट्रेन से जा रहा था उसका जबर्दस्त एक्सीडेंट हो गया था जिसमें पटनायक की मौत हो गई । रीमा ने जब सुना पति से लिपटकर वो रोती रही । बार-बार वो यही दोहराती थी "अच्छा हुआ जो आपने मेरी बात न सुनी ।"

वैसे ये सब है चांस की बातें । पति की जरूरत से ज्यादा बात मानना या बिलकुल न सुनना स्वभावगत बातें है । कई बार प्यार की शिद्दत में भी पतिदेव हुक्म के गुलाम बने रहते है । यह चूंकि पति पत्नी का आपसी मामला है, औरों की खासकर सास ननद की दखलअंदाजी उनमें झगड़े का कारण बन सकती है । किसी भी पारंपरिक सास ननद को यह बात नहीं सुहाती कि उनका बेटा, उनका भाई अपनी पत्नी का गुलाम बन कर रहे । बीवी की अच्छी बुरी हर बात मान उनके हिसाब से 'हेनपैक्ड हजबैंड' होने की निशानी है ।

अगर मियां बीवी में पति की इसी आदत के चलते अमन चैन रहता हो, प्यार बना रहता हो तो क्या हर्ज है यू पत्नी को खुश रखने में मगर पत्नी का ऐसे केस में समझदार होना जरूरी होता है । वहीं अगर पत्नी महामूर्ख, डॉमिनेटिंग, मगरूर हो, पति उसकी ही हर बात मानता रहे तो जीवन सुखी नहीं रह सकता । यहां पति को विवेक और समझदारी से काम लेना होगा, बगैर पत्नी को यह अहसास कराये कि वह उसके लिये क्या सोचता है या

वो उसकी बात को बिलकुल महत्व नहीं देता । उसे स्वयं सही निर्णय लेना होगा । पत्नी का स्वभाव रातों रात तो बदला नहीं जा सकता ।

बाहरी तौर पर पति की समझौतावादी नीति बहुत सही कदम लगेगा लेकिन गहराई से विश्लेषण करने पर इसके दूरगामी परिणाम जीवन उलझाने वाले होंगे । समझौता पति को वहीं करना पड़ता है जहां बीवी कुटिल बददिमाग, कर्कशा, असंवेदनशील होती है । कई बार ऐसी औरतें बियोन्ड रिपेयर होती हैं यानी होपलैस केस । ऐसे में पति अगर मजबूत इच्छा शक्ति वाला होता है तो तलाक की त्रासदी से बचने के लिए पत्नी के सभी दुर्गुणों को नजरअंदाज कर उसके कहने में चलता है । नतीजा क्या होता है ? यही कमजोर इच्छा शक्ति वाला केरेक्टर धीरे-धीरे पत्नी के रंग में रंगता चला जाता है उसकी सारी बुराईयां अपनाकर । समझौते के नाम पर किये एडजस्टमेंट का उसे भारी मूल्य चुकाना पड़ता है अपनी आत्मा को मारकर ।

समझदार, सहनशील, सुशील और स्वभाव से स्नेहिल पत्नी पति को अपना गुलाम बना सकती है । उसके प्यार, उसके चरित्र में इतनी शक्ति होती है । अपवाद छोड़ दें, यहां पर पत्नी समझदार है, वह पति के गुलाम बन जाने की स्थिति का कभी नाजायज फायदा नहीं उठाती ।

आदर्श स्थिति तो वही होती है जहां पति पत्नी दोनों की विभिन्न शख्सियत होती है । अपनी सोच, विचार करने की कुव्वत होती है । वे एक दूसरे की अस्मिता स्वीकार उसे सम्मान देते हैं मगर उनमें प्यार का सीमेंट इतना पक्का होता है कि छोटे-मोटे विवादों से उनके दाम्पत्य में मनमुटाव नहीं होता ।

●●

बलमा नादान : प्यार की न जाने पहचान

रमेश और सिद्धांत में अच्छी दोस्ती थी। एक दिन जब सिद्धांत टूर पर हैदराबाद गया हुआ था, रमेश ने उसकी पत्नी तूलिका को फोन पर बताया, "भाभी जरा अपने पति पर लगाम कस के रखिए। आपको पता नहीं आपके पीछे वह क्या गुल खिला रहा है। अच्छा हो आप स्वयं ही सिद्धांत से पूछ लें, बस मेरा नाम नहीं आना चाहिए।" पूछे जाने पर सिद्धांत ने स्वीकार कर लिया कि उसके जीवन में एक और औरत है जिसे वो उतना ही चाहता है जितना तूलिका को और यह बात उसके हक में अच्छी होगी कि वह चुपचाप बगैर बवाल बचाये यह बात स्वीकार कर ले। चूंकि वह उसके बच्चों की मां हैं उसे उससे नैतिक बल मिलता है इसलिए उसके यानी सिद्धात के जीवन में तूलिका का रोल भी अहम् है। "वाह ! क्या खूब स्थिति पैदा की है सिद्धांत, इश्क लड़ाने के लिए प्रेमिका और घर का सुख देने के लिए बीवी। जो कार्य पहले मांजी आपके लिए करती थीं यानी रोते हुए को तसल्ली देना, हमराज या दोस्त बनकर भावनात्मक सहारा देना, आप के कपड़ों आपको कमरे की साज-संभाल करना और वह भी बगैर किसी आशा के, वही सब आप मुझसे भी उम्मीद करते हैं।" तूलिका ने गुस्से में कहा। सिद्धांत ने समझाने की कोशिश की, "देखो समझने की कोशिश करो। हम आधुनिक हैं, पढ़े-लिखे लोग हैं, दकियानूसी बातें हमें शोभा नहीं देतीं। यह क्या कि विवाह को गया तो एक ही खूंटे से बंधकर रहा जाए और फिर ये अफेयर तो मर्दों की शान होते हैं। रोज एक ही तरह का खाना हो तो बेस्वाद लगने लगता है।" सिद्धांत जैसी मानसिकता वाले पुरुष दरअसल प्यार का मतलब ही नहीं जानते। वे सिर्फ स्वयं से प्यार करते हैं। उनके लिए प्यार और वासना में कोई फर्क नहीं होता। बीवी के साथ तो वे बेवफाई करते ही हैं दूसरी औरत से भी अक्सर झूठ

बोलकर उसकी सहानभूति और संवदेना बटोरना चाहते हैं । कभी-कभी ऐसे में वे शादीशुदा होते हुए भी अपने को कुंवारा ही जताते हैं । दूसरी औरत को प्रभावित करने के लिए वे तरह-तरह के हथकंडे आजमाते हैं । चूंकि बीवी उन्हें बखूबी से जानती हैं अतः उस पर वे झूठा रौब डाल नहीं पाते हैं ।

प्रेमिका उन्हें माधुरी, करिश्मा नजर आती है । सुडौल, छरहरी और परफ्यूम से महकती उनके जीवन को रंगीन बनाने वाली जबकि बीवी प्याज-लहसुन, करेले छीलती, बच्चे की नैपीज बदलती, दूध की बोतल साफ करती हुई ख्याबों की शहजादी तो लगने से रही । मगर हां प्रेमिका, प्रेमिका बनी रहे उसका आकर्षण बढ़ाने के लिए बीवी भी जरूरी है ।

ऐसे रिश्तों का अंजाम कभी सुकून नहीं देता । जो औरत एक शादीशुदा आदमी का घर बर्बाद करने से नहीं हिचकती वह क्या वास्तव में प्यार करने लायक हो सकती है ? और शादी शुदा होते हुए भी अपने को कुंवारा बताने वाला पुरुष लंम्पट, दुराचारी नहीं तो और क्या हैं ?

अफेयर चलाने में कोई बुराई नहीं है लेकिन विवाह पूर्व । शादी एक कमिटमेंट है । जीवनसाथी को धोखा देना किसी भी तरह से ठीक नहीं या फिर पुरुष इतना उदार हो कि कहे, "जाओ ! तुम भी गैर मर्दों के साथ मजे करो ।" लेकिन ऐसा होता नहीं है । पत्नी को लेकर हर पति बेहद पजेसिव होता है । उसके जीवन में पराया मर्द वह कभी नहीं स्वीकारेगा और मजबूरन स्वीकारेगा भी तो पत्नी उसकी नजर में एकदम गिर जाएगी । लेकिन पत्नी तो भारतीय नारी है जिसे बचपन से यहां सिखाया जाता है कि पति परमेश्वर होता है चाहे वह कितना ही धोखेबाज क्यों न हो । इसी कारण आज कितने ही घर टूटने से बचे हैं क्योंकि अक्सर ऐसे केस में देर-सबेर पति अपनी पत्नी की बांहों में ही लौटकर आता है । पत्नी की यह दरियादिली है कि वह पति को माफ कर देती है किन्तु पति को चाहिए वह इसका नाजायज फायदा न उठाये । ऐसे छिछले रिश्ते कायम कर अपनी पत्नी का दिल न दुखाये । पति को पत्नी के समर्पण व प्यार की कद्र करनी चाहिए ।

●●

पति को नीचा न दिखाएं

औरतों के शोषण के हल्ले में पुरुषों के साथ कई बार नाइंसाफी नजरअं कर दी जाती है। अपनी बात कहने, न्याय की गुहार लगाने में उनका आड़े आता है इसलिए अक्सर वे चुप्पी साध जाते हैं। लेकिन आत्महत्याओं की संख्या बढ़ रही है, तब उनका विश्लेषण करने पर चलता है कि इनमें कई केसेज पत्नी प्रताड़ित पतियों के हैं, जो पत्नी द्वारा किया गया मानसिक, भावनात्मक अत्याचार न सह सकने के कारण इस अति तक पहुंच गए थे।

पढ़ी-लिखी, खूबसूरत, हंसमुख अमीर घर की लड़की खुशबू जब मेहता परिवार में बहू बनकर आई तो ससुराल वालों ने अपने को धन्य समझ भाग्य को सराहा, लेकिन बहुत जल्द ही उनका भ्रम टूट गया, जब उसने पति की बेकद्री करनी शुरू कर दी। मजे की बात यह थी कि घर के और सदस्यों को वह यथोचित आदर प्यार देती, लेकिन पति से ही न जाने किस जन्म का बदला लेने को तत्पर रहती। कभी पति के गहरे रंग को लेकर ताना कभी अपने को उससे ज्यादा होशियार समझदार बताकर। वह माता-पिता का आदर करता था तो उसे यह कहकर उनके खिलाफ उकसाती कि तुम तो कायर, बुजदिल हो। माता-पिता से डरते हो। धीरे-धीरे पति हीनभावना का शिकार होता चला गया। अपने में ही गुम, वह हंसना-बोलना तक भूल गया।

यह गलत संस्कारों का ही परिणाम है जो लड़कियां पति के साथ इस तरह बर्ताव करती हैं।

मुस्कान एक अत्यंत समझदार लड़की थी। गरीब घर में पली-बढ़ी मुस्कान गुणों से धनवान थी। पति समृद्ध घर से था। बचपन में अमरूद के पेड़ से गिर जाने पर उसके पति के पैर में सदा के लिए डिफैक्ट आ गया।

इसे लेकर वह बेहद कांशियस रहने लगा था। उसें लगता हर व्यक्ति उसके लंगड़ेपन का मजाक बना रहा है। मुस्कान ने अपने प्यार और मीठी बातों से पति कमल के मन में स्वयं अपने प्रति विश्वास जगाया। उसके गुणों की खुले दिल से [illegible] कर पति के मन से किसी प्रकार की शारीरिक कमी का अहसास तक मिटा डाला।

[illegible]जिटिव अप्रोच जीवन सुखमय बनाती है, जब कि नेगेटिव अप्रोच [illegible] दुश्वार बना देती है। स्वयं का भी और अपनों का भी। जब एक [illegible] पति को नीचा दिखाने की आदत की मारी हो तो बच्चे भी उसी को फॉलो करते हुए पिता के लिए मन में इज्जत नहीं रखते। अपने मन में पिता की छवि एक बार जो बिगड़ जाती है, उसे फिर सुधार पाना मुश्किल होता है। एक कमजोर नकारा पिता को लेकर बच्चा सुरक्षित महसूस नहीं करता।

आशिका सॉफ्टवेयर इंजीनियर है, पति मैकेनिकल इंजीनियर। आशिका को उनसे तीन गुना ज्यादा तनख्वाह मिलती है। इस बात को लेकर आशिका अहंकार से भर गई। पति को वह अपने आगे कुछ नहीं समझती। यही हाल उसके दोनों किशोर बेटों का है। 'पापा आप तो बस रहने ही दो' 'पापा आपको कुछ पता भी है दुनिया कहां जा रही है? जब मम्मी ने कह दिया कि ऐसा होगा तो ऐसा ही होगा।'

बात-बात में पति को नीचा दिखाने का अंजाम यह हुआ कि दोनों बेटों के मन में यह बात अच्छी तरह घर कर गई कि मां ही सुपर है। वह जो कहती है, करती हें, वही सही है।

अनुष्का का पति काफी स्मार्ट और हैंडसम है। अनुष्का उसके सामने हर तरह से कमतर है। लुक्स में भी और बुद्धि में भी। अनुष्का इस बात को लेकर काफी इनसिक्योअर महसूस करती है। उसका रिएक्शन इसलिए यह [illegible] पति कहीं ज्यादा उड़ने न लगे तो वह उन्हें हर समय नीचा दिखाने की [illegible] रहती है। बाहर वाले जबकि अनुष्का के पति प्रवीण की तारीफ [illegible] अघाते। बाहर से खुशी-खुशी लौटता पति घर आते ही बुझने लगता [illegible] अनुष्का कभी उसके ड्रेससैंस की मजाक बनाती है तो कभी उसकी किसी [illegible] को लेकर ताना मारती है। यह सब मजाक में कहती तो शायद पति [illegible] बुरा नहीं लगता, बल्कि वह भी बात को एंजॉय करता। कुछ हल्का-फुल्का जवाब देकर या यह कहकर 'अच्छा मैडम आगे से ध्यान रखूंगा।' लेकिन

यहां तो टोन ही कड़वाहट से भरी होती थी ।

अनुष्का को चाहिए था कि अपनी हीनता को चैलेंज मानकर अपने गुणों को इस तरह से विकसित करती कि उसकी कमियां उनमें दबकर रह जातीं ।

पति-पत्नी का साथ जीवन भर का साथ होता है । वे सच्चे अर्थों में सुख-दुःख के साथी हों, तभी जीवन का सफर आराम से कटता है । कमियां सब में होती हैं पति-पत्नी में भी होती है, लेकिन साथ ही गुण भी होते हैं । गुणों को हाई लाइट करने की आदत डाल लेंगी तो सुखी रहेंगी । अवगुण भी नोटिस करें, लेकिन उनका सोल्युशन बहुत सोच-विचार के ढूंढ़ना चाहिए । कोई बात भोंडेपन से कहकर पति पर सीधा वार न करें, वे आहत होंगे । इसका अहसास आपकी संवेदना आपको कराती रहे, तभी बात बनेगी ।

यह सोचें कि अगर आपके पति भी आपको नीचा दिखाने लगें तो आपको कैसा महसूस होगा ? बात तुरंत आपकी समझ में आ जाएगी ।

क्या आप दूसरा विवाह करने जा रही हैं ?

निकिता अय्यार जो हयात रीजेंसी में रिसेप्शनिस्ट हैं, अपने डिप्रेशन का कारण बताते हुए कहती हैं–औरत के जीवन की एक बहुत त्रासद स्थिति है कि कभी–कभी एक मुकाम पर आकर उसे पति और बच्चों में से किसी एक को चुनना पड़ता है । खासकर जब बच्चे किशोरवय के हो तो गुस्से के कारण फादर से कोई नाता ही नहीं रखना चाहते । मेरे साथ भी यही हुआ है । आखिर मुझे मेरे दूसरे पति से तलाक लेना पड़ा । अंशुल और अलीशा खुश है, लेकिन ... मेरा अकेलापन दिखाई नहीं देता । दोनों अपनी दुनिया, अपना फ्रैंड ..., अपना कैरियर बनाने में व्यस्त रहते हैं ।

...हिमा बेटे की प्रतिक्रिया को लेकर परेशान है । जब से उसने दूसरा विवाह किया है, उसका दस वर्षीय बेटा अनिकेत गहरे डिप्रेशन में चला गया है । न कुछ बोलता है, न ठीक से खाता–पीता है । उसमें न पहले वाली चंचलता रह गई है, न किसी चीज को लेकर कोई उत्साह । वह उसके दूसरे पति रमन के साथ बहुत बेरूखी से पेश आता है । उसने अनिकेत को मनोचिकित्सक के पास ले जाना चाहा, मगर उसके लिए वह किसी तरह राजी नहीं । ज्यादा कहने पर वह इस बुरी तरह रोने लगता है कि वह सहम जाती है ।

आखिर बच्चे मां का दूसरा विवाह क्यों सहन नहीं कर पाते? इसके लिए ... कतई दोष नहीं दे सकते कि वह मां की मजबूरी महसूस कर ... उसकी जरूरतें समझ पाएं, इतनी परिपक्वता अभी उनमें नहीं होती । ... भावनाओं को नजरअंदाज नहीं किया जा सकता । छोटी उम्र में बच्चे ... ऊपर ही निर्भर रहते है । अपने हर छोटे कार्य के लिए उन्हें मां की जरूरत पड़ती है । बच्चे को अपना दूध पिलाने से लेकर उसकी साफ–सफाई

तक मां ही करती है । यह करीबी अंतरंगता उनमें एक मजबूत बंधन निर्मि
कर देती है । मां ही बच्चे की धुरी बन जाती है जिसके चारों ओर उनक
निर्मित होता है । मां को लेकर वे बेहद पजेसिव हो जाते हैं । वे अ
पिता को ही मां से लिपटते नहीं देख सकते तो किसी दूसरे व्यक्ति
कभी-कभी उनके लिए नितांत अजनबी भी हो सकता है, भला
कर पाएंगे ।

नर्सरी, केजी से प्राइमरी पास करने तक बच्चों की सोच तेजी से विकसित होने लगती है । कुछ अन्य लोग रिश्तेदार, पड़ोसी, संगी साथी उनसे उनकी मां और नए पिता के सम्बंधों और घर में उसकी स्वयं की स्थिति व बेचारगी को लेकर प्रश्न करने लगते हैं जिनसे बच्चा आतंकित होने लगता है । उसकी भावनाओं को ठेस पहुंचती है । वह अपने को औरों से अलग असामान्य व अभागा जानकर दु:खी हो उठता है । उसके मन में एक बाहरी व्यक्ति के लिए आक्रोश जागने लगता है जिसे ठीक से प्रकट न कर पाने के कारण उसके भीतर क्षोभ व कुंठाएं जन्म लेने लगती है । फिर उसे जैसे ही मौका मिलता है वह उन्हें मां या पिता पर उड़ेलने की कोशिश करता है या पूरी तरह अंतर्मुखी बन जाता है । कई बार मां की नासझी से स्थिति और भी बिगड़ जाती है । दूसरे पति को खुश करने के चक्कर में, दु:ख की गहराई से ऊबकर नए सुख, नए प्यार की उमंगों में वह अपनी सुध-बुध खोकर बच्चे को अनदेखा करने लगती है । जल्दी-जल्दी उसके प्रति बाहरी ड्यूटी पूरी कर वह जल्द से जल्द पति की बाहों में समा जाना चाहती है, अपनी इच्छाओं पर नियंत्रण खो बैठती है ।

कई बार पति बहुत डिमांडिंग होता है । ऐसे वातावरण में बच्चा घु
महसूस करता है । उसे अपना घर, मां सब पराए लगने लगते हैं । किशो
में अब उसे कोई भी वरगला सकता है । लड़कियां गलत लड़कों के
में पड़कर घर से भाग सकती है । नशे की चपेट में आकर गलत
असामाजिक तत्वों से जुड़कर जिंदगी तबाह कर सकती है ।

किशोरवय की लड़की वैसे भी किसी दूसरे व्यक्ति को पिता के रू
आसानी से स्वीकार नहीं करती क्योंकि वह उसके साथ हल्कापन महसूस नहीं करती । कभी ऐसा भी होता है कि वह सच में ही विश्वास करने योग्य नहीं होता । कभी स्वयं बेटी ही उससे इश्क फरमाने लगती है । इसमें

परिस्थितियां भी कई बार सहायक होती हैं, जैसे मां का नौकरीपेशा होने पर देर-देर तक घर से दूर रहना, दूसरे पति का शराबी होना, चरित्रहीन होना आदि। बाल मनोचिकित्सक डॉक्टर शीतल केसवानी कहती है कि मां जब दूसरा विवाह करती है तो कई बार वह इतनी खुदगर्ज हो जाती है कि बच्चे के विषय में बिलकुल नहीं सोचती। उसे केवल शादी के सब्जबाग ही दिखाई देते है। वह अपने को यह कहकर शांत कर लेती है कि बच्चे के लिए ही तो मैं दूसरा विवाह कर रही हूं ताकि उसे भी पिता का प्यार और सुरक्षा की छाया मिले। दूसरे पति को वह केवल प्रेमी और पति की तरह ही आंकती है, पिता की तरह बिलकुल नहीं। वे आगे कहती हैं, अभी कुछ ही रोज पहले मेरे पास एक महिला आई थी, जिनकी एक सात वर्षीया बेटी है। उनका पहले पति से तलाक हो चुका है। उन्होंने एक आर्मी ऑफिसर से दूसरा विवाह बेटी से पूछकर उसे विश्वास में लेकर किया है। उनकी समस्या यह थी उनके विवाह के कुछ रोज बाद से ही उनकी बेटी सोते में बिस्तर गीला करने लगी। वह उनके दूसरे पति से बहुत डरी रहती है। उस महिला को डर था कि ऐसे में बच्ची मानसिक रूप से बीमार हो जाएगी। उन्हें मैंने यही सुझाव दिया कि वे बच्ची को हॉस्टल भेज दें। उससे बराबर सम्पर्क रखें और धीरे- धीरे पिता के लिए उसके मन से उसके डर को दूर करें। जब आपके पति आपके अनुसार एक बहुत ही नेक, सुलझे व सच्चरित्र इंसान है तो बच्ची जरूर थोड़े समय में यह महसूस कर उनके स्नेह की कद्र करेगी। अगर समझदारी से इस समस्या को सुलझाया जाए तो अच्छे परिणाम सामने आने की संभावना रहती है।

याद रखें, इसमें बच्चों का कोई कसूर नहीं होता उनके विद्रोह के लिए उन्हें सजा नहीं मिलनी चाहिए। दूसरी शादी से पहले और बाद में उनका विश्वास जीतना, उनके संवाद बनाए रखना जरूरी है। प्यार व स्नेह की भाषा बच्चा खूब समझता है। हर रिश्ते की तरह इस रिश्ते को भी थोड़ा वक्त दें। दूसरे पति के साथ बच्चे के सामने संयम से रहें और उस पर भी ध्यान दें। मां के लिए दूसरा विवाह करना कतई गलत नहीं है, मगर बच्चे हों तो उनकी भावनाओं, उनके सुख व उनके भविष्य को ध्यान में रखना भी अति आवश्यक हैं।

●●

उचित नहीं, आधुनिकता की आड़ में विवाह संस्था को चुनौती देना

आज अगर हम यह कहें कि नारी की पारम्परिक महिमामंडित छवि ही उसके लिए एक आदर्श स्थिति है तो यह तर्कसंगत न होगा क्योंकि पुल के नीचे से बहुत सारा पानी बह चुका है। वक्त बदला साथ ही जीवन शैली भी बदलती गई। सोच बदली तो समाज का स्वरूप ही बदला-बदल नजर आने लगा।

महिलाओं में जागृति तो आनी ही थी। चींटी पर पैर पड़ेगा तो वो भी काटेगी ही। महिलाओं को भी कम नहीं रौंदा गया। उन पर अत्याचारों का इतिहास था। उन्हें इंसान होने तक का दर्जा प्राप्त न था। महिला शिक्षा ने उन्हें सचेत और जागृत किया। उसके बाद उन्हें अपनी महत्ता का भान होने लगा। वे अपना कैरियर बनाने में जुट गई। इससे वे आत्मनिर्भर तो बनी ही, नए आयाम और नई दिशाओं ने उनमें आत्मविश्वास भी पैदा किया। इससे उनमें बंधी बंधाई मान्यताओं को नकार पाने का साहस पैदा हुआ।

अपनी जिन्दगी को अपनी शर्तों पर जीने की चाह स्वतंत्र जिन्दगी ऊंची महत्वाकांक्षाओं को पूरा करने की धुन इन सब में विवाह जब बाधक बनने लगा तो उन्होंने इसे भी नकारने का साहस कर दिखाया। अन्य कारणों में दहेज को लेकर पति और उसके परिवारजनों का बहू को प्रताड़ित करना या उसकी जान तक ही मार डालना भी शामिल है।

अपनी दुर्दशा के लिए स्त्री स्वंय भी कम जिम्मेदार नहीं रही है। आज यह नया जुनून 'इट्स माइ लाइफ' की तर्ज पर उसका स्वेच्छाचारिणी बनकर चलना। किसी भी प्रकार की जिम्मेदारी उठाना उसे कतई पसंद नहीं लेकिन क्या कैरियर बनाने में जिम्मेदारियों का बोझ नहीं उठाना पड़ता? अकेलेपन और असुरक्षा का अहसास क्या उसे नहीं सालता? वह लाख खुश होने का

...ग भरे लेकिन जीवन में खालीपन तो रहेगा ही ।

यह सच है कि जीवन उसका अपना है लेकिन जरा-सी सोच हम पर यह सत्य बड़ी आसानी से उजागर कर देगी कि अस्मिता अपने आप में एक बेहूदा कॉन्सेप्ट है । स्त्री ही अस्मिता का डंका क्यों पीट रही है, पुरुष क्यों नहीं पीटता ? अस्मिता के फेर में उसके जीवन में जो भटकाव आता है, जो मुसीबते आती है, उसके लिए वह स्वयं जिम्मेदार है । एक मृगमरीचिका के पीछे दौड़ते अंत में सिर्फ पश्चाताप ही उसका भाग्य बन जाता है ।

आज की नारी व्यावहारिक ज्यादा है । वह अब पहले की तरह इमोशनलफुल नहीं । बाहरी चमक-दमक उसे लुभाती है । वह जीवन में हर ऐश, सुख-...श्वा का लुत्फ अकेले ही उठाना चाहती है । उसे माता-पिता का अंकुश ...ई नहीं तो सास-ससुर तो दूर की बात है ।

...ह संस्था आज की कैरियर वुमैन के लिए कोई मान्यता नहीं रखती । ...अनुसार विवाह का मतलब है अपनी इच्छाओं को मारना तथा कर्त्तव्यों ...र ढ़ोते-ढ़ोते बूढ़ी हो जाना ।

पुरानी मान्यताओं पर सवालिया निशान लगाती आज की युवतियां विवाह संस्था को गैर जरूरी करार देते हुए देह की मांग की आपूर्ति के लिए 'लिव इन फ्रैंडशिप' की हिमायत करती हैं । वे उसे आजमा भी रही हैं । अब इसमें उन्हें कितनी सफलता मिलती है, यह एक अलग बात है बल्कि सच तो यह है कि थोड़े ही समय बाद वे रोने के लिए आपनो का कंधा ढूंढ़ती फिरेंगी किन्तु उन्हें रोने के लिए कंधा भी मुश्किल से मिलेगा क्योंकि यह दुसाध्य रह उन्होंने सभी के तर्कों को काटते हुए सभी की मर्जी के खिलाफ अर्थात् बगावत का ...डा बुलंद करते हुए खुद अपनी मर्जी से ही तो चुनी थी ।

...र्टेड अकाउंटेंट नीलिमा सिन्हा अपने कार्य के प्रति पूरी तरह से समर्पित हैं । थोड़े ही समय में उन्होंने अपने को बखूबी स्थापित कर लिया । अपर क्लास में उनके बहुत अच्छे कॉन्टैक्टस हैं और क्लाइंटस भी ।

"जब बड़े-बड़े लोग मुझसे अपोइंटमैंट लेते हैं तो मुझे बहुत खुशी हासिल होती है । मेरी इतनी पढ़ाई-लिखाई बेकार नहीं गई और शुक्र है कि मैं मां, भाभी और दीदी की तरह किचन में रोटियां नहीं बेल रही हूं पर कभी-कभी सूना घर बुरी तरह से काटता है । मन करता है, कि कोई इतना करीब पास हो, जिससे मन की बातें कर सकूं लेकिन फिर यह सोचकर कि हर किसी

को मुक्कमल जहां नहीं मिलता, अपने दिल को तसल्ली दे लेती हूं।" अपनी पहचान पर गर्वित होते हुए नीलिमा जी कहती है।

पायलट रानी भट्टाचार्य कहती है–"प्लेन उड़ाते हुए जिस सुखद अहसास से मैं गुजरती हूं, उस पर मैं सैकड़ों विवाह कुर्बान कर सकती हूं। अगर विवाह कर लेती तो क्या मैं यह मुकाम कभी हासिल कर पाती ?"

रतिन्दर कौर एक जानी–मानी पत्रकार है। वे अपने कार्य के प्रति इतनी समर्पित है कि कैरियर के अलावा जीवन का कोई और भी मकसद हो सकता है इसे वे जरा भी महत्व नहीं देती। उन्हें इसी में संतुष्टि मिलती है और इसी में खुशी हासिल होती है।

रेशमा सिद्दिकी कहती है–"तौबा–तौबा ! इस मुसीबत से औरत अगर दूर ही रहे तो अच्छा क्योंकि विवाह तो गुलामी का दूसरा नाम है। आए दिन कभी दहेज को लेकर तो कभी शक की बिना पर औरत की निर्दयता से हत्याओं के मामले खूब पढ़े और सुने जाते हैं, उससे क्या यह अच्छा नहीं कि विवाह किया ही न जाए। जहां तक शारीरिक जरूरत की बात है, वह विवाह किए बगैर भी पूरी हो सकती है। फिर जीवन में अगर कुछ बनना है, कुछ कर गुजरना है, अपने वजूद को मनवाना है तो वैवाहिक जिम्मेदारियों से बचना ही होगा।"

स्वतंत्रता, समानता अधिकार का गलत परिभाषण ही आज की नारी की सबसे बड़ी त्रासदी है। आज वह न केवल पहले से भी ज्यादा असुरक्षित है बल्कि मानसिक तनाव, असवा, ट्रॉमा जैसी मानसिक स्थितियों में भी घिरने लगी है, आत्महत्याओं की घटनाएं तेजी से बढ़ रही है। 'लिव इन फ्रैंडशिप' निश्चय ही विवाह से बेहतर विकल्प नहीं। ऐसी दोस्ती ज्यादा समय तक नहीं चलती और इसके टूटने पर कोई आंसू पोंछने वाला नहीं होता बल्कि तब हर तरफ से उस युवती पर ही उंगलियां उठने लगती है। वैसे भी नारी अभी चाहकर भी इतनी असंवेदनशील नहीं हो पाई है कि उसे आंसू आएं ही नहीं। विवाह किए बिना बनाए गए रिश्तों में जीवन की सांध्य घिरने तक जो भयावह अकेलापन छाने लगता है, उसकी कल्पना वह जवानी में नहीं कर पाती।

●●

वैवाहिक जीवन को मधुर बनाएं

तलाक की बढ़ती संख्या आज चौंकाने वाली है, क्या कारण है पति-पत्नी के बीच बढ़ती कड़वाहट का ? उनमें उत्पन्न तनाव, निराशा और पलायन का ? ऐसे में कालांतर में क्या विवाह संस्कार का औचित्य रह पायेगा ?

आइए उन बातों का अवलोकन करें जो वैवाहिक जीवन को स्थायित्व प्रदान कर उनमें मधुरता घोलती है । पति-पत्नी का जीवनभर का साथ होता है । अगर वह एक दूसरे के सही मायने में सच्चे साथी हैं तो जीवन का सफर आराम से कट जाएगा, मुसीबतें तो आती ही रहती हैं लेकिन जब उन्हें शेयर करने वाला हो तो मुसीबत-मुसीबत नहीं लगती ।

गुस्से में अपने पर काबू खोकर एक दूसरे से ऐसी कड़वी और मर्म पर आघात करने वाली बाते न करें, जिसकी चोट साथी को लंबे समय तक तड़पाती रहे । एक दूसरे के आत्मसम्मान को ठेस न पहुंचाएं तथा एक दूसरे की भावनाओं का सम्मान करें, चाहे आपका व्यक्तित्व अंतर्मुखी ही क्यों न हो प्यार का प्रदर्शन करने में न चूकें, याद रखिए प्यार करना ही काफी नहीं होता प्यार का इजहार भी उतना ही अहम है, वर्ना आपका साथी हमेशा संभव नहीं कि आपकी आंतरिक भावना को बगैर बताए समझ सके, और इसके अभाव में हो सकता है आपके प्यार का पौधा कुम्हलाने लगे, अक्सर पत्नियों को पति से यही शिकायत होती है अब यह मुझे पहले की तरह प्यार नहीं करते ।

सैक्स की वैवाहिक जीवन में बहुत अहमियत है बल्कि यूं कहें कि सैक्स विवाह का आधार स्तंभ है तो गलत नहीं होगा इस पक्ष को उपेक्षित न रखे । इसके अलावा स्पर्श की अपनी महत्ता है पति से लिपटने-चिपटने में संकोच कैसा, रूखे से रूखे सवभाव वाले पति को भी एक समझदार हंसमुख प्यार करने वाली पत्नी अपनी सरसता से सरस बना सकती है ।

साथी की कमी या गलती को शब्दों में घृणा भरकर या ताना मारते हुए कभी न पाइंट आउट करें बल्कि सहानुभूति पूर्ण रवैया अपनाते हुए स्नेह से व्यक्त करते हुए युक्ति से सुझाव रखें । बीमारी में एक दूसरे की सेवा में कोई कमी न उठाये रखें, बीमारी में व्यक्ति ज्यादा भावुक या कभी-कभी चिड़चिड़ा हो जाता है । ऐसे में सब्र रखते हुए साथी को मॉरल सपोर्ट दें और उचित इलाज करायें, इस रिश्ते में आप जितना साथी के लिए करेंगे वो कई गुना ज्यादा लौटकर आपको मिलेगा बशर्ते आप दोनों में सच्चा प्यार हो, लगाव हो ।

कई बार पति दूसरों के सामने पत्नी का उपहास करने में ही अपनी शान समझते हैं । उनका मेल इगो इसी से संतुष्ट होता है । ऐसा अक्सर वहां होता है जहां पत्नी कम पढ़ी-लिखी, सीधी सरल होती है क्योंकि वह खामोशी से अपना अपमान सहन कर लेती है या कभी-कभी वह इतनी ना समझ होती है कि इस बात को रियलाइज ही नहीं करती । कई पत्नियां इतनी घमंडी और बद्‌दिमाग होती हैं कि पति को गुलाम समझ दूसरों के सामने उन पर हुक्म चला कर अपनी धाक जमाना चाहती हैं, कभी पति बगावत करते हैं तब दोनों में जमकर युद्ध होने लगता है, पति महोदय दब्बू और लल्लू किस्म के हुए तो ऐसे में निभ जाती है । हंसी मजाक के और भी स्वस्थ तरीके हैं एक दूसरे को निशाना न बनाये । आप अपने साथी की इज्जत करेंगे तभी दूसरे भी करेंगे ।

आज की व्यस्त जिन्दगी में हर सम्बंध को पालना ज्यादा जरूरी हो गया है । पति-पत्नी भी इस पर ध्यान देते हुए खुलकर बातचीत करने के लिए कुछ समय जरूर निकालें वर्ना जीवन मेकेनिकल बनकर रह जाएगा । इससे यह फायदा है कि बातचीत के दौरान आपकी गलतफहमियां दूर होंगी, सम्बंध और अंतरंग बनेंगे । आप मिलकर समस्याओं का समाधान खोज पायेंगे ।

शादी की सालगिरह, साथी का जन्मदिन हमेशा याद रखते हुए उपहार देना न भूलें । यह दिन संभव हो तो छुट्टी लेकर साथ बितायें । इस दिन घूमने पिक्चर होटल कहीं भी जा सकते हैं ।

पति-पत्नी का रिश्ता एक ऐसा रिश्ता है जो उनके बूढ़े होने के साथ और शबाब पर आता है । इसे जवान बनाये रखने का राज है हास, परिहास, चुहलबाजियां । कभी-कभी की जाने वाली बचकानी हरकतें और तृप्त सैक्स पति-पत्नी को दो जिस्म एक जान बनाने का सशक्त माध्यम है ।

●●

विवाहेत्तर सम्बंध : कितने सही कितने गलत

सुनयना किसलय की जोड़ी आदर्श जोड़ी मानी जाती थी । खूबसूरत और ऊँचे ओहदे पर कार्यरत सुनयना से पति किसलय हर तरह से कमतर ही था । यही अहसास उनमें दरार का कारण बना । किसलय का इगो हर्ट होने लगा जिसे देखो, सुनयना को ही महत्त्व दे रहा है । आखिर एक न एक दिन विस्फोट होना ही था । सुनयना का आत्मविश्वास, पद का गुरूर भला पति का दबाव क्यों स्वीकारता ? हुआ यह था कि किसलय अपने ही ऑफिस की मीनाक्षी, जो कि देखने में अत्यत साधारण और निम्न मध्यवर्ग की युवती थी, के साथ प्यार की पींगे बढ़ाने लगा । सुनयना के हितैषियों ने यह खबर उस तक पहुंचा दी । किसलय ने लाख महज दोस्ती कहकर बचना चाहा लेकिन सुनयना की तेज दृष्टि सच भांप ही गई । दोस्ती का नाम देकर विवाहेत्तर सम्बंधों को छुपाया नहीं जा सकता ।

जरा सोचेंगे तो पायेंगे कि यह दोस्ती महज दोस्ती तक ही सीमित नहीं रह पाती है । हालांकि यह समाज में ज्यादा से ज्यादा स्वीकृत होने लगी है, क्योंकि औरतों के घर से बाहर निकलने के कारण वें पुरुषों के सम्पर्क में ज्यादा आने लगी हैं । ऑफिस के रूटीन में रोज-रोज वे पर पुरुषों के साथ अधिक समय बिताती है और अपने पति को कम समय दे पाती हैं । रंगमंच की दमदार कलाकार नेहा कासलीवाल कहती हैं मुझे पुरुषों की दोस्ती अच्छी लगती है जब मैं उनसे मिलती हूं, हम गर्मजोशी से गले मिलते हैं । आफ्टरआल जादू की झप्पी का जीवन में जो महत्त्व है, उसे धीरे-धीरे सब मानने लगे हैं ।

'इसमें हर्ज ही क्या है' लैला मदान एक उभरती हुई पेंटर कहती है । मेरे पति को इसमें जरा भी ऐतराज नहीं है । अगर आप भीतर से मजबूत और कॉनफिडेंट है तो आप बगैर चरित्रहीन कहलाए पुरुष मित्रों से भावनात्मक

लगाव रख सकती हैं। तथापि कैलिफोर्निया यूनिवर्सिटी की काउंसलर रोजा बेजामिन इससे भिन्न मत रखती हैं, उनके अनुसार अंतरंगता मात्र भावनात्मक नहीं हो सकती। अगर दोस्ती पक्की है तो शीघ्र ही सहारा ढूंढते हुए प्यार में तब्दील होने लगेगी।

मैरिज ब्यूरो चलाने वाली निकिता शाह का मानना है कि ऐसे रिश्ते भावनात्मक शारीरिक बनते देर नहीं लगती। ठीक एक दुष्चक्र की तरह रिश्तों के संसार में हम कह सकते हैं कि विवाहेत्तर सम्बंधों में एक नया शेड है भावनात्मक बेवफाई। एक नया दिमागी खेल ! इंसान का खुराफाती दिमाग नये-नये खुराफातों पर आमादा रहता है। लीक से हटकर चलने का नशा ही कुछ और है, नशे का अंजाम दुष्परिणाम भी उन्हें ही भुगतना पड़ता है, अगर समय रहते नहीं चेतते हैं तो।

अपनी बेस्टसेलर किताब 'भावनात्मक बेवफाई' में नसीम सिद्दीकी कहते हैं कि आप अपनी समस्याएं अपने दोस्त के साथ इस शिद्दत से डिस्कस कर लेते हैं कि घर पर पत्नी से फिर कुछ भी उस बारे में बात नहीं करते और अगर आप ऐसा करते हैं तो इसका मतलब यह हुआ कि आप अपने जीवनसाथी के साथ भावनात्मक बेवफाई कर रहे हैं। और अपने विवाहित जीवन को वह ऊर्जा नहीं दे रहे हैं जिससे उसमें मजबूती आती है।

पति से सतही सम्बंधों के चलते ही स्त्रियां अन्य पुरुषों से भावनात्मक दोस्ती की ओर बढ़ती है। यह उल्टा भी हो सकता है यानि कि अन्य पुरुषों से भावनात्मक सपोर्ट की कमी पुरी होने पर स्त्री के पति से सम्बंध सतही होकर रह जाते है।

सबकी अपनी-अपनी समस्याएं होती है और जीवन सरल बनाने के सबके अपने प्रयत्न होते हैं। आज के समय में किसी भी मुद्दे पर हम यह नहीं कह सकते कि यह अच्छा और यह बुरा है, क्योंकि अच्छे और बुरे के बीच जाने कितने रंग घुलमिल जाते हैं। सुखी वैवाहिक जीवन फिर भी वही कहलायेगा, जहां पति पत्नी में एकनिष्ठ प्यार होता है।

●●

केवल प्यार नहीं दाम्पत्य का आधार कुछ और भी है

असीम मुझे कितना चाहते थे । जरा-सा मौका मिलते ही मुझे आलिंगनबद्ध कर मुझ पर चुंबनों की बौछार कर देते । शादी के वे शुरूआती दिन कितने सुहाने थे । इन्हें देखते ही मेरे बदन में इलैक्ट्रिक करंट दौड़ने लगता । इनका भी कुछ यही हाल था । मेरी कोई भी बात वे कभी न टालते । हमेशा मुझे खुश रखने की कोशिश करते थे । वो दिन थे कि पंख लगाकर उड़ रहे थे । फिर न जाने कैसे और कब से बदलाव का दौर शुरू हुआ, दूरियां बढ़ती गई । हमारे प्यारे से दो बच्चे भी हमारे बीच सेतु न बन पाए । उनकी रूसवाई मुझसे बर्दाश्त नहीं होती थी । मन करता था सब कुछ छोड़कर कहीं अनजान जगह पर चली जाऊं । फिर बच्चों का ख्याल आ जाता है । रो रोकर मैं हर समय उदास-सी रहने लगी । लगता था कहीं पागल ही न हो जाऊं ।

यह थी वंदना की दुखभरी दास्तान जो अब मानसिक रोगियों के अस्पताल में इलेक्ट्रिक शॉक लगवा रही है ।

वंदना ही क्या ऐसी न जाने कितनी विवाहित महिलाएं पति-पत्नी में प्यार न होने के कारण दुखभरा जीवन बिता रही हैं । पुरुष भी इससे अलग नहीं । कई पुरुष बहुत संवेदनशील और भावुक प्रवृत्ति के होते हैं । पत्नी का उनके मन को न समझ पाना उन्हें बुरी तरह सालता है । कई बार पत्नी के कर्कश स्वभाव और बुरे बर्ताव के कारण पति मन ही मन उससे घृणा करने लगते हैं । मौका मिलने पर वे तलाक देने से भी नहीं हिचकिचाते या दूसरी औरत के साथ सम्बंध कायम कर लेते हैं ।

विवाह के संदर्भ में भी दरअसल यही कहावत लागू होती है 'स्लो एंड स्टॅडी विन्स द गेम' जो प्यार तूफान बनकर आता है वह उसी तरह थम भी

जाता है। घर गृहस्थी के चक्कर में रोमांस हवा होता नजर आता है। वैवाहिक जीवन कोई गुलाबों की सेज नहीं, बल्कि एक गेम है जिसे दोनों लाइफ पार्टनर्स को कुशलतापूर्वक खेलते रहना है, इसमें हारजीत नहीं होती। गेम के असूल होते हैं। जिनका पालन करते हुये ही गेम का मजा लिया जा सकता है।

जस का तस स्वीकारें :- कोई भी दो व्यक्ति एक जैसे नहीं हो सकते, न केवल रूप रंग में बल्कि विचार, हावभाव उसूलों आदि में भी भिन्नता होना लाजमी ही है। जब पति-पत्नी यह बात समझकर एक दूसरे को उसी रूप में जैसे वे हैं स्वीकार कर लेते है तो तालमेल अपने आप बन जाता है।

एक दूसरे की भावनाओं समझें :- सही ट्यूनिंग होने पर जब वेवलैंथ मिल जाती है तो जीवन का राग बेसुर नहीं होता। बस जरूरत होती है थोड़े त्याग और समझौते की। औरतें प्रकृति से ज्यादा भावुक होती है। जब कि पुरुष विचारप्रधान और प्रेक्टिकल। बाहर परेशानियां उसे अपने में सिकुड़ने पर मजबूर कर देती हैं जिसे पत्नी कई बार गलतफहमी के कारण अपनी उपेक्षा समझ बैठती है। दोनों में इतना खुलापन होना चाहिये कि वे एक दूसरे को दिल की बात कह सकें, समझ सकें। अपने को सच साबित करना पुरुष के अहम् का तकाजा है। इस फेर में वह औरत की आवश्यकतओं को नजरअंदाज करने लगता है जो किसी भी पत्नी को गवारा नहीं होता। इसीलिये बजाय सच झूठ विश्लेषण आदि करने के जो कि पढ़े-लिखे दम्पत्ति खास तौर से करने में लगे रहते हैं, पुरुष औरत की भावनाओं को समझे, उनकी सच्चाई महसूस करें और औरत अपनी भावनाओं पर काबू लाते हुये लम्बी तीखी बहस से बचे।

यस मेन यस वुमेन ही न बनें :- हर समय हां में हां मिलाने वाली पत्नी आदर्श पत्नी कभी नहीं हो सकती। व्यक्तित्वविहीन औरत का न ही यह जमाना है, न ही ऐसी पत्नी कोई भी पति लांग रन में पसंद करेगा। यस मॅन टाइप के पति को औरत अपनी उंगली पर नचाती है, न वह उसकी जरा भी इज्जत करती है, न ही ऐसा पति वह पसंद करती है। हां, ये उसे सुविधापूर्ण जरूर लग सकता है। पति-पत्नी का रिश्ता साझेदारी का है। यहां यह जान लेना आवश्यक है कि साझेदारी और बराबरी में अंतर है। बराबरी में विद्रोह की गंध आती है।

एक दूसरे का सम्मान करें :- औपचारिक हुए बगैर भी सम्मान दिया

जा सकता है । यह पारस्परिक होता है याने कि तुम मुझे आदर दो मैं तुम्हें आदर दूं, जैसी बात । एक दूसरे की उपलब्धियों पर फक्र करना सीखें । आपसी मनोबल बढ़ाते हुये एक दूसरे की हौसला अफजाई करें । इस रिश्ते में ईर्ष्या का जरा भी अंश नहीं आना चाहिये । एक दूसरे की स्वस्थ आलोचना जरूर करें । आलोचना को नकारात्मक रूप में न लेकर उसका सकारात्मक पहलू देखें ।

विवाह की पवित्रता में विश्वास रखें :- विवाह एक अटूट रिश्ता है जिसका आधार सात फेरों से जुड़ा पवित्र बंधन है । विवाह समारोह में आये आपके सभी रिश्तेदार संगी-साथी इस बंधन के गवाह होते हैं समाज का डर हमेशा गलत रूप में ही विश्लेषित नहीं किया जाना चाहिये यह सही अंकुश का भी काम करता है । समाज विवाह को एक पवित्र बंधन यूं ही नहीं मानता है । इसमें दो प्राणी एकाकार हो जाते हैं यानि कि दो जिस्म एक जान । इतना प्यार और लगाव हो जाता है पति-पत्नी के बीच साथ रहते-रहते । अपने-अपने झूठे अहं और दंभ को लेकर इसकी पवित्रता को नष्ट नहीं करना चाहिये । हमारे यहां लड़कियों को विदाई के समय जो सीख दी जाती थी वह उसे पति प्रिया बनने में बहुत काम आती थी ।

●●

सूखने न दीजिए प्यार की बेल

अक्सर होता है कि विवाहित जीवन की सारी मधुरता व अंतरंगता कड़वाहट में घुल जाती है । रह जाती है एक गहरी ऊब और मानसिक यंत्रणा । जब भी मुंह खुलता है घर में सिवाय किच-किच, ताने, आरोप प्रत्यारोप, दोषारोपण के सिवाय किसी और बात के लिये नहीं । हां, कारोबार या दुनिया की बातें तो होती ही है लेकिन उसमें भी मिठास नहीं होती ।

क्या खूब किसी शायर ने कहा है–

बिछड़ते वक्त कोई बदगुमानी दिल में आ जाती ।
उसे भी गम नहीं होता, मुझे भी गम नहीं होता ।।

साथ कोई साजो सामान न हो तो सफर आसान होता है । यही हा... का हैं । मन भी रीता रहे तो सफर आसान है । लेकिन क्या ऐसा हो पा... ऐसा होना मुमकिन है ? लड़-झगड़ कर कड़वाहटों से भला म... है ? हां, मोहभंग जरूर हो जाता है । मोहभंग होने की स्थिति त्रास... होती है लेकिन इसका प्लस पॉइंट भी है, वह है जिजीविषा का खत्म होना । उम्रदराज होने पर कई बार जब असाध्य रोग जान को लग जाएं, कड़वाहटों से भरी पत्नी जिसे जबर्दस्ती सेवा करनी पड़ रही हो, वह आपके मरने की दुआएं मांगे, ऐसे में स्वयं मृत्यु की कामना करना बुरा नहीं, एक स्वाभाविक सी बात है ।

निष्कर्ष यह नहीं निकलता कि दाम्पत्य में लड़ना, झगड़ना और कड़वाहटें पैदा करना अच्छी बात है । कितने ऐसे उम्रदराज जोड़े हैं जो प्रेम, विश्वास और आपसी अंडरस्टेंडिंग से रहते हैं चाहे संख्या नगण्य होगी । साथ रहते-रहते लगाव जरूर हो जाता है । एक साथी की मौत से कई बार दूसरा उबर नहीं पाता और वह भी अपनी इहलीला समाप्त कर बैठता है ।

लेकिन उस प्यार से क्या फायदा जो केवल मन में रहे, जिसका कभी प्रदर्शन ही न हो, जीवन साथी जिससे अनजान रहे ? प्यार आत्मा को आत्मा से जोड़ता है । इसके अहसास के बगैर जीवन अधूरा रह जाता है । यह अलौकिक अनुभूति है । गहराई से न भी देखें तो बाह्य जीवन की खुशहाली भी प्यार पर टिकी है । आपसी सहयोग जीवन को सरल और मधुर बनाता है, ताकत देता है और देता है जीने का मजा ।

जहां दो व्यक्ति एक छत के नीचे रहेंगे तो आपसी मतभेद तो होंगे ही । भटकाव के मौके भी आएंगे । अपेक्षाएं पूरी नहीं होंगी । ऐसे में होता क्या है । एक दूसरे को समझ न पाने के कारण अक्सर गलतफहमियां पैदा हो जाती है जिसके परिणाम में वे सारी नकारात्मक बातें सिर उठा लेती हैं जो प्यार की जड़ काटने के लिए काफी होती हैं ।

जहां एक दूसरे की सूरत देखते ही पारा ऊपर चढ़ जाता हो, तब उनका आपसी व्यवहार एक दूसरे के प्रति आक्रामक, तीखा व भावनाओं को ठेस पहुंचाने वाला होने लगता है । एक दूसरे के मन से सदा वेलविशर, भला चाहने वाले आरोप प्रत्यारोप के दुष्चक्र में फंस जाते हैं । इसका कोई हल नहीं निकल पाता और वे एक दूसरे को तनावग्रस्त करते रहते हैं ।

अक्सर एक दूसरे से चिढ़ खीज का कारण व्यक्तिगत दोष न होकर बात करने का गलत तरीका, गलत मुद्रा व शब्दों का गलत प्रयोग होता है । बात ... जाती है, सामयिक मेल मिलाप के बाद स्थिति फिर जस की तस होने ... है ।

ध्यान देने योग्य बात यह है कि प्रकृति ने स्त्री-पुरुष दोनों की मानसिक रचना भिन्न प्रकार से की है । उनके टेंपरामेंट में फर्क होता है, तदानुसार उनकी बातों पर प्रतिक्रिया भी भिन्न रहती है ।

प्यार की जीवन में कितनी अहमियत है इसे पहचानिए । बात बार-बार दोहराई जाने पर भी जैसे नजरअंदाज कर दी जाती है । जीवन बस एक ढर्रे में चलता रहता है जहां सिर्फ उलझने, परेशानियां, ख्वाहिशें और अपेक्षाएं भर ... हैं ।

क्यों होता है ऐसा कि हम अपने ही प्रिय के साथ बुरा व्यवहार करते हैं उसके साथ जो हमारे लिये क्या कुछ नहीं करता । यह सोचने समझने की बात है, किसी को भी स्वीकृत मान लेना पति-पत्नी की सबसे बड़ी भूल होती

है । यह सब आपके चश्मे के प्लस नंबर का कुसूर है । दृष्टि व्यापक रखें तो बेहतर देख सकेंगे । एकाधिकार एक और भूल है । आपका साथी व्यक्ति है, बेजान वस्तु नहीं । संवादहीनता भी दूरियां बढ़ाती है । एक दूसरे की भावनाओं को समझने के लिए संप्रेषण निहायत जरूरी है । शकोशुबहे की इस रिश्ते में कहीं गुंजाइश नहीं होनी चाहिए । शिष्टता, संवेदनशीलता, सद्व्यवहार सिर्फ औरों के साथ वाहवाही के लिए ही न बरतें । इसकी जरूरत घर में ज्यादा है । हैसियत के अनुसार एक दूसरे को विशेष अवसरों पर खासकर, तोहफें भेंट इत्यादि देना न भूलें । रोमांस के बिना जीवन फीका नीरस हो जाता है । इसे अपने जीवन में भरपूर जगह दें ।

कब करता है पुरुष-स्त्री का परित्याग

ुनीता ने अपने शक्की और ईर्ष्यालु स्वभाव के कारण एक नेकदिल हंसमुख पति का हंसना बोलना छुड़वा दिया। वह अवसाद से घिरा हर समय बुझा-बुझा सा रहने लगा था। ऐसे में उसके जीवन में बहार लेकर आई मिस रंगनाथन। बुझते दिल में प्रीत की बाती ने जीवन फिर से रोशन कर दिया। अब पत्नी का होना न होना निनाद के लिये अर्थहीन था। धीरे-धीरे बात यहां तक पहुंच गई कि निनाद मिस रंगनाथन के फ्लैट में ही पूरी तरह से शिफ्ट कर गया।

हद दर्जे की खुदगर्ज, मतलब परस्त शानू को अपने ऐशोआराम के आगे की चिंता थी, न बच्चों की। घर में विधवा सास थी, जिन्होंने बच्चों ी उठा ली थी। शानू को हर समय शॉपिंग, घूमना फिरना, में पैसा उड़ाने को चाहिए था। पति की इतनी ज्यादा आय न थी ूलखर्ची की जा सके। शानू हर समय पति को गलत ढंग से पैसे लिये उकसाती और पति के ऐसा न करने पर उसे इस बात को लेकर ोंचती। तंग आकर एक दिन पति ने उसे घर छोड़ देने के लिये कहा। चार दिन मायके में बगैर बुलाये रहने पर शानू की अक्ल ठिकाने आ गई। भाभी द्वारा की गई बेइज्जती और मां बाप की बेरूखी ने उसकी आंखें खोल दी थी।

कभी बचपन में शमा के साथ कुछ ऐसी अप्रिय घटना हुई थी कि सैक्स को लेकर उसमें कुंठा समा गई थी। पति दिलावर हालांकि काफी समझदार, अंडरस्टैंडिंग पति था। उसने शमा को समझाने की लाख कोशिश की, लेकिन शमा कुछ सुनने समझने को तैयार न थी। तीन साल तक इंतजार कर आखिर र ने अपनी कजिन उष्मा से दूसरा निकाह कर लिया।

उपर्युक्त सभी केसों में गलती पत्नी की ही थी, लेकिन पति भी हमेशा

सही ही हो, ऐसा नहीं है । अहम् उसमें स्त्री से ज्यादा होता है इसके अलावा वह कच्चे कान का भी माना गया है याने राम की तरह दूसरे की बात पर विश्वास, अर्द्ध विश्वास (या केवल सुनकर ही) कर पत्नी के चरित्र पर शक कर उसे त्याग देता है ।

पत्नी की अपने से ज्याद कामयाबी भी उसे कम ही रास आती है, क्योंकि इससे उसमें हीन भावना पलने लगती है जो उसके वजूद पर ग्रहण बन छाने लगती है ।

पुरुष की फितरत है कि अपनी नाकामयाबी का दोष मढ़ने के लिए वह कोई इजी टारगेट ढूंढता है और भला बीवी से ज्यादा सरलता से उसे और कौन उपलब्ध हो सकता है ? स्त्री का प्रतिवाद उससे बर्दाश्त नहीं होता । बढ़ते-बढ़ते अलगाव की स्थिति आ जाती है ।

कई बार स्त्री का जरूरत से ज्यादा धर्म में लीन रहकर पूजा पाठ करते रहना भी उसे ले डूबता है । इसी तरह औरत का उबाऊ और चिड़चि... भी पुरुष को उसकी ओर से विमुख कर देता है ।

एक अन्य कॉमन कारण है स्त्री का बांझ होना । संतान की उत्कृष्ट अभिलाषा भी पुरुष के दूसरा विवाह करने का कारण है । दो औरतें एक छत के नीचे रह नहीं पाती । कलह से बचने के लिये पुरुष पहली पत्नी का परित्याग कर देता है ।

इन कारणों के अलावा कभी-कभी मजबूर होकर उसे पत्नी को छोड़ना पड़ता है यदि धोखा-धड़ी से किये गये विवाह में स्त्री अर्द्ध विक्षिप्त हो, उसे मिर्गी के दौरे पड़ते हों या वह शारीरिक सम्बंध बनाने में असमर्थ हो और यह बात लड़की वालों ने विवाह पूर्व छुपा कर रखी हो ।

उपर्युक्त बातों से पता चलता है कि कई बार अपने परित्याग के लिये स्त्री स्वयं ही दोषी होती है । वह कुछ अपनी जबान पर लगाम रखे, कुछ खर्चीली आदतों और बेवजह के शक और ईर्ष्या पर काबू रखे तो उसका सुखी संसार उजड़ने से बच सकता है । पति का स्वभाव समझना उसके लिये जरूरी है । इसके लिये यूनिवर्सिटी की डिग्री नहीं चाहिये । ईश्वर ने औरत की छठी इंद्रिय बहुत मजबूत बनाई है । मानवीय स्वभाव को समझने की शक्ति उसमें पुरुष से ज्यादा होती है ।

पति को इरीटेट करने में कई स्त्रियों को बहुत मजा आता है । बात मजाक

... के सभी ठीक है। फिर गंभीर स्वभाव के पुरुष को, हो सकता है पत्नी की बातें ...ीं गहरी चोट कर जाएं।

... सच पूछा जाए तो मन से पुरुष हमेशा एक बच्चे की तरह ही होता है। ... जिसे ईश्वर ने कुदरती तौर पर उसे समझने और हैंडल करने में पूर्णत: सक्षम बनाया है अगर अपनी क्षमता का अहसास रखते हुए पति के साथ जीवन गुजारे तो वह काफी हद तक छोड़े जाने के भय से मुक्त रह सकती है।

●●

पत्नी की प्रशंसा का चमत्कार

जी हां पत्नी की प्रशंसा जरा करके तो देखिए। और तुरंत देखिए फिर उसका चमत्कार। पत्नी के चेहरे पर खिली लाजभरी सिंदूरी मुस्कुराहट सारे वातावरण को खुशनुमा और रंगीन बना देगी।

गिरीश हमारे पारिवारिक मित्र है इससे अक्सर ही उनके घर आना-जाना लगा रहता है। उनका दाम्पत्य जीवन बेहद सुखी है। उनकी दो बेटियां क्रमशः बीस और सत्रह् की हैं, बेटे न होने का उन्हें कोई गम नहीं। गिरीश बेहद खुशमिजाज और जिंदादिल किस्म के व्यक्ति है। पत्नी के साथ उनकी हर वक्त की हल्कीफुल्की छेड़खानी उनमें कभी तनाव पैदा नहीं होने देती क्योंकि जो बात कोई गुस्सैल तुनक मिजाज वाला पति रौब से तथा झिझकते हुए कहता है और जिसके कारण घर में कलह होने की पूरी संभावना रहती है उसी बात को गिरीश तथा उस जैसे अन्य लोग इस तरह से हंसकर हल्के-फुल्के ढंग से कह देते है कि सांप भी मर जाए और लाठी भी न टूटे याने कि पत्नी अपनी गलती समझ जाए और नाराज भी न हो। गिरीश अपनी इसी खूबी के कारण मित्रमंडली में बेहद लोकप्रिय है। अक्सर पत्नियां अपने पति को गिरीश भाई को देखो कहकर उनका उदाहरण देती रहती है। पति भी चूंकि बात बिलकुल सच है सुनकर नरम पड़ जाते हैं।

शादी के शुरू के दिनों में तीव्र शारीरिक आकर्षण के कारण पति अक्सर नई पत्नी के मोहपाश में बंधे होते हैं तब उन्हें उनकी हर बात अच्छी लगती है हर कार्यकलाप प्रशंसनीय लगता है। हर उम्र का अपना नशा होता है, जीवन हनीमून की रंगीलियों से खुशनुमा होता है लेकिन धीरे-धीरे जैसे-जैसे गृहस्थी की जिम्मेदारियां बढ़ने लगती हैं आटे दाल का भाव मालूम पड़ने लगता है। बच्चे होने पर खर्चे बढ़ने लगते है। बढ़ती महंगाई का सामना करते-करते पति

पत्नी दोनों ही तनावग्रस्त रहने लगते हैं। कुछ आज की परिस्थिति शहरों का ...उन, मशीनी युग का असर सब मिलाकर जिन्दगी की गाड़ी खींचना ... आसान नहीं रह जाता। समय के बीतते दाम्पत्य जीवन में एक ...ता तथा गहरी परिपक्वता आ जाती है। पति-पत्नी एक-दूसरे के स्वभाव ...षों से भलीभांति परिचित हो जाते हैं। परिचय की प्रगाढ़ता में कहीं वे ... दूसरे को इतना स्वीकृत कर चुके होते हैं कि इसके दिखावे को व्यर्थ समझने लगते हैं और यही उनकी सबसे बड़ी भूल है। दाम्पत्य जीवन का पौधा जब तक लगातार प्रशंसा के जल से सीचिंत न होगा वो मुरझाने लगेगा। अपनी ताजगी खो बैठेगा। यह बात पति पत्नी दोनों ही को ध्यान में रखनी चाहिए।

पुरुष का अहं तो फिर भी इधर-उधर अपनी तृप्ति खोज ही लेता है। लेकिन गृहिणी खासकर अगर वह कैरियर वुमन नहीं है और निहायत घरेलू ...रम की चारदीवारी तक ही सीमित रहने वाली स्त्री है तो उसे प्रशंसा की ... जरूरत है।

पति पत्नी का रिश्ता खून का रिश्ता नहीं है जो बना बनाया होता है ये रिश्ता तो बनाया जाता है इसे पुख्तां करता है उनका आपस का प्यार। प्यार अभिव्यक्ति मांगता है। प्यार की अभिव्यक्ति के अभाव में जीवन नीरस और शुष्क और मशीनी बनकर रह जाता है।

इसका परिणाम होता है पत्नी की अपने रख रखाव, साज सज्जा बनाव श्रृंगार की ओर से उदासीनता तथा लापरवाही। जब कोई प्रशंसा करने वाला आंख उठाकर देखने वाला ही न हो तो किस लिए अपने को सजाया जाए-इस तरह की भावना पत्नी के मन में घर कर जाती है। इसके परिणाम ...यंकर और दुखदायी होते हैं कि दाम्पत्य की इमारत को हिला कर रख

...ता एक कॉलेज में लेक्चरार है। उसके पति गौतम विवाह के चार ... बाद ही उनके प्रति इतने उदासीन हो गये हैं कि उनकी दृष्टि इधर-उधर ... लगी हैं। संगीता सुंदर है, स्मार्ट है, लेकिन फिर भी पति की प्रशंसा ... नहीं मिली तो वह बुझी-बुझी सी रहने लगी।

एक बार मुझे वह एक साड़ियों की दुकान पर मिल गई। सलवार सूट में वह अत्यंत आकर्षक लग रही थी। उसका खिला हुआ चेहरा और

मुस्कुराहटें बता रही थी कि वह बहुत खुश है। कुछ दूर साथ चलते हुए अपनी खुशी का राज जाहिर करते हुए वह कहने लगी यार, आई एम इन लव, सच। यानी मयंक से मुझे प्यार हो गया है, आई मीन इश्क मुहब्बत। मयंक हमारे ही कॉलेज में अंग्रेजी पढ़ाते है। मैंने चौंकते हुए कहा "संगीता तुम शादीशुदा हो, गौतम को पता चल गया तो ?"

"तो क्या," उसने अपनी आवाज में हिकारत भरते हुए कहा "उन्हें मेरी परवाह ही कहां है ? एक मयंक है कि मेरी तारीफ करते नहीं थकते–गौतम के नीरस व्यवहार और मेरे प्रति उदासीनता से मैं तंग आ गई हूं लगता है अब हम साथ नहीं रह पायेंगे।"

संगीता और गौतम में तलाक हो गया। मयंक ने उसे धोखा दिया उसने किसी और लड़की से शादी कर ली।

संगीता के दोस्त रिश्तेदारों ने उसकी शादी की असफलता के लिए उसे ही जिम्मेदार ठहराया, उन सबकी लानत मलानत झेलनी पड़ी। खुद उसने अपनी गलती महसूस की लेकिन तब, जब देर हो चुकी थी।

संगीता के कदम अगर बहके तो क्या इसके लिए गौतम दोषी नहीं ?

हालांकि इस तरह के केस कम ही होते हैं जहां पत्नी अपनी सीमाओं का उल्लंघन कर शादी के बाद पर पुरुष की ओर आकृष्ट हो प्रेम की पींगे बढ़ाने लगती है लेकिन ऐसा होता है यह भी एक हकीकत है।

पति अगर नारी मनोविज्ञान की थोड़ी भी जानकारी हासिल कर ले तो पत्नी से वैमनस्य के कारण पैदा ही न हों। इसी तरह पत्नी भी पति की पसंद नापसंद को जानकर उसे गिला शिकवा करने का मौका ही न दे तभी उसे पति की प्रशंसा प्राप्त हो सकती है।

पति अक्सर इस बात की अहमियत नहीं जानते हैं कि प्रशंसा के दो चार वाक्य पत्नी के अहं के लिए कितने महत्वपूर्ण और आवश्यक होते हैं, इस प्रशंसा का परिणाम ये होता है कि पत्नी अपनी वेषभूषा साजसिंगार तथा रखरखाव एवं व्यक्तित्व के प्रति सजग रहने लगती है। आपसी प्रेम और सौहार्द्रपूर्ण के वातावरण में कहीं गई बात का असर भी सही ढंग से होता है बातों को सही परिप्रेक्ष्य में देखा समझा जाता है। बात कहने का टैक्ट होना चाहिए बस। मान लीजिए पति को भड़कीले कपड़े और मेकअप पसंद नहीं है, इसी बात को पत्नी से आलोचनात्मक ढंग से न कह पति अगर ये कहे

सुनो डियर, तुम तो वैसे ही हूर की परी लगती हो फिर इस सब लीपापोती की क्या जरूरत ? इसमें तुम्हारा प्राकृतिक सौंदर्य दब जाता है ।

पत्नी के लिए इतना ही हिंट काफी होगा वो फौरन समझ जाएंगी कि पति महाशय को गाढ़ा चटकीला महकीला मेकअप पसंद नहीं ।

सलाह को हमेशा सीधे न देकर प्रशंसा के साथ दिया जाए तो वो आसानी से ग्राह्य हो जाती है ।

एक गलतफहमी जो अक्सर हमारे देश में पाल लेते हैं वह है कि बुढ़ापे में रूमानी बातें अच्छी नहीं लगती । पत्नी की प्रशंसा बुढ़ापे में शोभनीय नहीं लगती या कि अब क्या अच्छा बुरा अब तो भई हम बूढ़े-बूढ़ी हो चले हैं । जिन्दगी जब तक कायम है उसे जिन्दादिली से जीना चाहिए और इस तरह की निराशावादी बातें कर अपने दाम्पत्य जीवन को उबाऊ और नीरस नहीं बनने देना चाहिए । देखा जाए तो पति-पत्नी को एक दूसरे की प्रशंसा की जरूरत बढ़ती उम्र में ही ज्यादा होती है ।

ढ़लती उम्र में अपना शारीरिक आकर्षण कम हो जाने से पत्नी उदास गमगीन और कभी-कभी बेहद चिड़चिड़ी और खीजी हुई रहने लगती है उसे अपना जीवन उजाड़ मरूभूमि-सा लगने लगता है । ऐसे में पति की प्रशंसा रसभीनी फुहार सी उसका जीवन आनंद से भर सकती है । इसके सहारे वक्त की बेरहमियों का मुकाबला वो हंसते हुए कर सकती है । एक पतिव्रता एकनिष्ठ प्रेम करने वाली पत्नी अपने पति के लिए अपना सारा जीवन सारी खुशियां खुशी-खुशी अर्पण कर देती है तब क्या पति का उसके प्रति यह नैतिक दायित्व नहीं बन जाता कि वह भी उसे हर तरह सुखी और प्रसन्न रखे । पति का यह देना इकतरफा नहीं होगा क्योंकि इसके बदले में उसे जो कुछ मिलेगा वह उसका अपना जीवन भी खुशियां और संतुष्टि से भर देगा ।

●●

क्या हो आपका पार्ट ताकि पति लगे स्मार्ट

आकांक्षा की बात ही लें। शुरू-शुरू में तो उसे अपने बांके छबीले पति को लेकर बड़ा मान होता था। उसकी सहेलियां, बहनें सब जीजू को जब डैशिंग स्मार्ट, हॉलीवुड के हीरो जैसा कहती तो पति की प्रशंसा सुन वो खुशी से फूली न समाती, लेकिन धीरे-धीरे उसमें असुरक्षा की भावना पनपने लगी। फिर जब ऑफिस की लड़कियों के घर पर फोन आने लगे, पति उनसे बातें करते तो उसे मन ही मन ईर्ष्या सताने लगी। अब पति का वही बांका छबीलापन उसे कुछ और ही सोचने को मजबूर करने लगा। वो परफ्यूम लगाते तो उसे लगता है जरूर औरतों को अपनी ओर आकर्षित करने का नुस्खा अजमा रहे हैं। पति नीरज शुरू से अच्छे फैशनेबल कपड़ों के शोकीन थे। अब अगर वो आकांक्षा की साड़ियों के साथ अपने लिए भी कोई ड्रेस खरीदते तो आकांक्षा को वो फिजूलखर्ची नजर आती।

इधर मेनका पतिदेव को हर समय टिप-टॉप स्मार्ट, बना-ठना और खुशबू से महकता देखना पसंद करती। वो स्वयं भी बन संवर के ही रहती। पति देव कभी-कभी पत्नी की स्मार्टनेस की झक से तंग आ जाता। 'यार, कभी तो खुद भी रेलेक्स रहो और मुझे भी रहने दो' वो अक्सर शिकायत करता। उसका कहना था कैजुएल रहने का भी अपना मजा है। घड़ी देखकर तो कपड़े नहीं बदल सकते, अब नाइट सूट पहनो, ड्राइगरूम में आओ तो गाउन डालकर, वहां जींस ठीक रहेगी, फलां जगह फलां तरह का सूट। ये परफ्यूम ठीक नहीं है, चाहे उस पर युनीसैक्स ही क्यों न लिखा हो। कुल मिला के पति की इमेज बनाने के चक्कर में मेनका तानाशाही करने लगी थी।

अति तो हर तरह की बुरी ही कहलाएगी। उपयुक्त दोनों ही नुस्खे अति की श्रेणी में आते हैं। आकांक्षा की इनसीक्योरिटी और मेनका की ओवर

केयर, दोनों ही सूरत में वे पति को स्पेस न देकर अपने से दूर कर रही हैं। बाद में पति को कसूरवार कहना गलत होगा, जब उनकी पसंद कोई और हो।

आपसे सम्बंधित है :- पति का चेहरा अगर बुझा रहता है, तब भी और अगर हंसमुख जिंदादिल एनर्जी से भरा रहता है, तब भी कारण अक्सर आप ही होती हैं। माना ऑफिस की या फाइनेंस की या कोई भी टेंशन के कारण वो परेशान हों लेकिन बीवी का सपोर्ट बहुत मायने रखता है।

स्मार्ट पति केवल बाहर से ही स्मार्ट नहीं दिखने चाहिए। उनके सम्पूर्ण व्यक्तित्व से स्मार्टनेस झलकनी चाहिए। समझदार पत्नी उनके बाह्य स्वरूप का ध्यान तो रखती ही है, जैसे बहुत गरिष्ठ भोजन न करा के स्वास्थ्यवर्द्धक भोजन खिलाना, उन्हें रोजाना टहलना, व्यायाम, डांस, एरोबिक्स आदि के लिए प्रेरित करना आदि। पति प्रेम का यह मतलब कभी नहीं होना चाहिए कि आप ओवर इनडलजेंट बन जाएं और हर समय पूरी, कचौड़ी-पकौड़े और खूब घी चीनी वाली मिठाइयां खिला के पेट के रास्ते दिल में उतरने की कोशिश करें।

उनके कपड़े उम्र और फैशन के अनुकूल सलीकेदार हों, इस बात का विशेष ध्यान पत्नी ही रख सकती है। उन्हें छैला बनाने के फेर में बहुत गहरी शोख रंग की शर्ट, टीशर्ट्स व स्वेटर आदि पहनने के लिए फोर्स न करें। मर्जी के विरुद्ध कपड़े पहनकर वे कभी भी कंफर्टेबल महसूस नहीं करेंगे। ऊपर से यार दोस्तों के माजक के पात्र भी बनेंगे। पति के हाइजीन की तरफ भी आपकी पूरी तवज्जों होनी चाहिए। उन्हें बुरा लगेगा, यह सोच उनकी कोई कमी नोटिस में लाने से न चूकें, मगर ध्यान रहे कि कहने का भी एक सलीका होता है। नाक भौं सिकोड़कर नफरत जताते हुए हर बात को पॉइंट आउट न करें बल्कि प्रेम से अपनत्व से अपनापन जताते हुए कहें ताकि उन्हें बात समझ में आ जाए और बुरा भी न लगे।

खूबसूरत मिनी की शादी करोड़पति घर में हुई थी। मिनी बहुत साधारण परिवार से थी। उसका पति नारायण गहरे रंग का और दिखने में एवरेज से कम पांच फीट का मोटे नयन नक्श वाला पुरुष था। शादी से पहले अमीरी के बावजूद नारायण सदा हीन भावना से ग्रस्त रहा करता था लेकिन मिनी जैसी खूबसूरत सलीकेदार पत्नी पाकर उसमें मिनी ने अपनी समझदारी के चलते और हवा दी। उसने तो जैसे नारायण का पूरा कायाकल्प ही कर दिया था। पहले वो हालांकि ब्रान्डेड महंगे कपड़े ही पहनता था लेकिन न कॉबीनेशन

का ध्यान रखकर, न अपने डीलडौल के अनुसार। मिनी ने फैशन के अनुरूप पति के लिए कपड़े खरीदे। वही नारायण अब मिनी के साथ चलता बुरा नहीं लगता था। उसके मैनरिज्म, बॉडी लैंग्वेज बातचीत का ढंग सब कुछ बदला हुआ था। ऐसा होता है पत्नी के पार्ट का जादू।

ऐसा जादू कुछ औरतों में तो जन्मजात होता है, कुछ सीखा जा सकता है। इसके लिए मन में पति के लिए प्यार के साथ सच्चाई भी होनी चाहिए। तभी पति पर इफैक्ट पूरे फोर्स से होगा यानी कि जादू की छड़ी फिरेगी।

●●

अपने पति से परेशान पत्नियां

रंजन ने अपने कलीग को हनीमून पर से लौटकर आने पर शनिवार के लिए दावत दे डाली । यह भी कहा कि वह अपने मम्मी-पापा और बहन को भी साथ जरूर लाए । हफ्ते भर पहले निमंत्रण दिया गया था । इस बीच रंजन आराम से यह बात भूल गया । याद आया शनिवार की सुबह । बेचारी रीना ने पड़ोसन भाभी की मदद लेकर जैसे-तैसे बढ़िया-सा डिनर तैयार कर तो दिया लेकिन दूसरे दिन महरी छुट्टी पर थी । अगर रीना को पहले ही डिनर की बात पता होती तो वो महरी को इतवार के बजाय सोमवार की छुट्टी देने को कह सकती थी ।

शैलेश को अपने तीनों बच्चों की कक्षाएं ही याद न रहती । वैसे खेल जगत व फिल्मों के बारे में उसकी नॉलेज अप टू डेट रहती थी । कार्तिक जो सब्जी अच्छी लगती, सारी चटकर जाता, बगैर इस बात का ध्यान रखे कि पत्नी निवेदिता ने अभी खाया नहीं है और वह उसके लिये गर्म फुल्के बना रही है ।

सौम्य बीस रुपये की सब्जी तीस चालीस में लाते और उसमें भी आधी सड़ी गली । पत्नी सीता के कुछ कहने पर उनका सीधा जवाब होता "भई तुम खुद ही क्यों नहीं खरीद लिया करती हो । इसी बहाने तुम्हारी थोड़ी आउटिंग ही हो जाया करेगी ।"

दिव्या को किचन में कटोरी चम्मच काफी कम दिखाई दे रहे थे उसका सीधा शक महरी पर था । पति से कहा तो जवाब मिला, "हां वो न बेचारी बड़ी धनवान हो जायेगी न तुम्हारी कटोरी चम्मच लेकर । शायद बर्तनों की दुकान ही खोल लें ।"

राहुल में ड्रेस सेंस बिलकुल ही नहीं । किसी भी शर्ट के साथ कोई भी पैंट चढ़ा लेंगे । कलर सैंस भी इतना ग्रेट कि सिवाय काले सफेद के और कलर पहचानना ही मुश्किल । फिरोजी को नीला और ऑरेंज को पीला कहेंगे ।

मेहमान की खातिर तवज्जो में ऐसे जी जान से जुट जाएंगे कि पूछिए मत । आखिर स्टेमिना भी तो सीमित होता है । जब अपने को बुरी तरह थका डालेंगे

तो झल्लाहट पत्नी पर उतरेगी । वो ही पिया जो प्रिय, डार्लिंग हनी पुकारते नहीं थकते थे, क्रोधित होकर हर समय हर बात के लिए पत्नी को ही दोषी ठहराकर मेहमान के सामने शेर बन जाते हैं ।

रिमझिम के पति इतने इंजी गोइंग और लापरवाह हैं कि बेचारी रिमझिम उनके रहते पूरे समय घर ठीक करने में जुटी रहती है । गीला तौलिया बिस्तर पर डालने से लेकर भारी भरकम जूते कमरे के बीचों बीच, खाना टीवी देखते दीवान पर बैठकर खाना पसंद करेंगे । रिमझिम लाख कहे कि प्लेट के नीचे अखबार रख लें रेशमी चादर पर सब्जी के दाग पड़ जायेगे लेकिन वे पूरे विश्वास से कहेंगे 'कुछ नहीं गिरेगा' और पता लगेगा टी.वी. देखते रोटी की जगह दाल की कटोरी पर हाथ गया और पूरी कटोरी उलटकर चादर पर ।

गाड़ी का पेट्रोल रिजर्व में था । पिकनिक स्पॉट घने जंगल में । आरुषी ने लाख कहा रिस्क न लें । पहले पेट्रोल भरवा लें । क्या हुआ जो पेट्रोल पंप पीछे रह गया । गाड़ी बैक कर लेते हैं । यहां फिर पतिदेव का ओवर कान्फीडेंस बोल रहा था "अरे यार क्यों टैंशन लेती हो । मैं हू न साथ । डोंट वरी हम आराम से वहां तक जाकर आ जाएंगे । लौटते में भरवा लेंगे पैट्रोल ।" ऐन जंगल के बीच जाकर पता लगा पैट्रोल खत्म । अब गाड़ी न आगे जा सकती थी न पीछे । पतिदेव के चेहरे पर खिसियाहट थी और आरुषी गुस्से से लाल पीली हो रही थी । गनीमत थी पतिदेव को हमेशा के लिए सबक मिल गया ।

कुदरत ने स्त्री पुरुष के स्वभाव को काफी अलग रूप दिया है । ऑपोजिट् अट्रैक्ट्स वाला फॉर्मूला यहां शत प्रतिशत सही बैठता है । ऊपर से खीझने वाली औरत को शायद पति की इन्हीं छोटी-छोटी लापरवाहियों पर प्यार भी आता हो । मिसेज कमल अपनी सहेलियों से कहती है कि रिंकी-पिंकी के अलावा हमारे घर में एक तीसरा बच्चा भी है और वो हैं मेरे प्यारे पतिदेव जिनका मेरे बिना एक मिनट काम नहीं चलता ।

इस पर निशा ने उनसे कहा लेकिन भई जब तुम्हारा ऑपरेशन हुआ भाई साहब ने जैसी तुम्हारी सेवा की थी, हम लोग तो बेहद प्रभावित हुए हैं । "वो तो है" थोड़ा शर्माते हुए मिसेज कमल बोली, उनके कई रूप हैं । कभी वो पापा की तरह सर पर हाथ रख कर सात्वना देते हैं, कभी रोमेंटिक पति और कभी लापरवाह जिद्दी बच्चे बन जाते हैं । कुछ भी हो, हम औरतें पति के बगैर जीने की कल्पना भी नहीं कर सकती । यह रिश्ता ही कुछ ऐसा है । ●●

पसंद अपनी-अपनी

सबकी पसंद कभी एक जैसी नहीं हो सकती । यह बात मानकर जो चलते हैं वे जीवन में बेवजह के मनमुटावों से बच जाते है और जो नहीं समझ पाते हैं उन्हें अनचाही कड़वाहटों को झेलना पड़ता है ।

शरद और शालिनी दोनों ही बेहद हंसमुख थे । उनकी जोड़ी देखकर लोग प्रशंसा करने से नहीं थकते थे । दोनों ही अत्यत स्वाभिमानी भी थे । अपनी पसंद को लेकर जरा-सा भी समझौता करने को दोनों कतई तैयार नहीं थे । शालिनी को चटक शोख रंग पसंद आते, तो शरद को दबे हुये, हल्के रंग । शालिनी को शोर शराबा हर समय लोगों से घिरा रहना सुहाता जब कि शरद एकांत और शांति पसंद था । शुरूआती दौर में तो मनुमटाव रात का प्रणय मिटा देता लेकिन धीरे-धीरे बात गंभीर रूप धारण करने लगी । दोनों अपनी जिद पर अड़े रहते । शालिनी रूठ कर मायके जा बैठी । उच्च शिक्षित होने के कारण उसे अच्छी नौकरी मिल गई वह लौटकर शरद के पास नहीं आयी ।

मोनिका और महेश भी अलग-अलग पसंद रखते थे । मोनिका को गर्मी ज्यादा लगती उसे कूलर पंखे के बगैर नींद नहीं आती, महेश को अक्सर जुकाम रहता इसलिए वह कूलर पंखा ज्यादातर अवॉयड करता । वह स्पोर्ट्स में दिलचस्पी रखता । मोनिका को स्पोर्ट्स के नाम से ही चिढ़ थी । मोनिका हर हफ्ते थियेटर में पिक्चर देखना चाहती । महेश को पिक्चर देखते नींद आ जाती । फिर भी चूंकि दोनों एक-दूसरे को बहुत प्यार करते थे, उन्होंने 'कुछ तुम झुको कुछ हम' की पॉलिसी अपनाई । धीरे-धीरे यह उनकी आदत बन गई । बच्चों के आ जाने पर वे दोनों उन्हीं में रम गए ।

यह सच है कि हर एक का अपना व्यक्तित्व होता है । इसी से दूसरा साथी उसकी तरफ आकर्षित होता है । वह लड़की या लड़की ही क्या जिसका

अपनी कोई अस्मिता न हो । ऐसी गूंगी गुड़ियां या मिट्टी का माधो आज के जमाने में मिसफिट होकर रह जाते है ।

बहुत डॉमिनेटिंग नेचर के लोग जो सदा दूसरे पर हावी हुए रहना चाहते है आगे चलकर बहुत अकेले पड़ जाते है । जोर जबर्दस्ती बच्चा भी बर्दाश्त नहीं करता बड़े की तो बात ही छोड़े । हर व्यबित कुछ समय बिलकुल अपने लिए चाहता है, इससे उसमें नई ताजगी आ जाती है ।

दाम्पत्य की सफलता के लिए एक दूसरे की इच्छाओं का सम्मान करना आवश्यक है । मतभेद होना अवश्यभावी है यह मानकर चलें और इसके लिये तैयार भी रहें । समझदारी से काम लेते हुए बीच का रास्ता अख्तियार करें । पतिदेव घूमने के लिए कुल्लू मनाली जाना चाहते है आप माउंट आबू की जिद पकड़े है ।

ऐसे में क्या किया जाय ? न आपको रहे न उनकी, क्यों न कोई तीसरी जगह चुन ली जाए जहां जाने में दोनों को एतराज न हो और एक दूसरे का इगो भी हर्ट न हो कि उसे दूसरे की इच्छा के आगे झुकना पड़ा ।

खुदगर्जी वह आरी है जो हर रिश्ते को काटती चली जाती है । खुदगर्ज व्यक्ति अपनी ही पसंद को सर्वोत्तम मानकर चलता है । इससे इतर भी कोई संसार है । यह उसकी समझ के बाहर होता है । प्यार सिर्फ देना जानता है लेने की अपेक्षा नहीं करता । एक दूसरे को सच्चा प्यार करने वाले एक दूसरे को खुश रखकर ही खुश होते हैं इसके लिये वह दूसरे की रूचि शौक अरमानों का पूरा ध्यान रखते है । यह कार्य ऐसा है जो दुगने उत्साह से लौटाया जाता है । आप दूसरे की पसंद को तरजीह देंगे तो वह भी आपकी पसंद का सम्मान करेगा ।

अक्सर स्त्रियो को शिकायत रहती है कि पतिदेव की तो कार्य के दौरान आउटिंग भी हो जाती है और सोशलाइजेशन भी । वे ही घर में बोर होती है और शाम को जब पतिदेव थके हारे घर आते है तो उनके पास उनकी बातें सुनने के लिये न वक्त होता है न सब्र । न्यूज पेपर और टी.वी. से चिपके रहना ही वे ज्यादा पसंद करते है । पतिदेव का अपना राग होता है वे चाहते हैं समय वे अपनी मर्जी से अपनी खुशी के लिये शांति से बितायें । असल में दोनों ही सही होते है । एक दूसरे का दृष्टिकोण समझ लेने पर ही आपसी समझ और तालमेल बैठेगा । कुछ समय पति-पत्नी को दें उसकी बातें भी सुने

ताकि वह हल्का महसूस कर सके । पत्नी को भी चाहिए कि पति के मूड को समझे, उन्हें अनावश्यक परेशान न करें अपने पर नियंत्रण रखें ।

साथ रहकर वे एक दूसरे की पसंद जान ही लेते है । इसे जेहन में रखकर ही मौकों पर या जब भी संभव हो पति-पत्नी एक दूसरे को उनकी पसंदीदा चीज बतौर तोहफे के देकर देखें ये तोहफे प्यार में नई ऊष्मा पैदा कर आपका दाम्पत्य खुशियों से भर देंगे ।

याद रखें अपनी पसंद अपने तक ही सीमित रखें उसे दूसरे पर कभी न [illegible] क्योंकि, लगातार ऐसा करने पर एक न एक दिन दूसरा विद्रोह जरूर [illegible] उसकी तीव्रता आपका दाम्पत्य उजाड़ भी सकती है ।

सोचिए अगर सबकी पसंद एक जैसी होगी तो जीवन कितना नीरस हो [illegible] ? इस बात का अहसास कर पति को अपनी पसंद अनुसार चलने दे [illegible] बदलना चाहें तो जरूर बदलें । सब्र का फल कहते है न, मीठा होता है ।

न विवाह न बच्चे, हम अकेले अच्छे

आज ऐसे नवदम्पतियों की संख्या लगातार बढोत्तरी पर है जिन्हें विवाह और बच्चे दोनों गैर जरूरी लगते हैं । इनके लिए मानव की प्रकृतिदत्त सर्वाधिक सुंदर कृति बच्चे जी का जंजाल, जिम्मेदारियों का बोझ और आजादी में बेड़िया बन जाते हैं । वे फिलिप लारकिंस की इन पंक्तियों को आदर्श मानकर चलते हैं । मैन हैंड्स ऑन मिजरी टू मैन गेट आउट एज अर्ली एज यु कैन एंड डोंट हैव एनी किड्स योअरसैल्फ ।

मिसेज दीपा खन्ना ऐसी ही आजाद खयालो की नवविवाहित युवती है । उसकी धारणा है चूंकि मेरा पति किसी खलनायक और सास किसी खलनायिका से कम नहीं, अतः उनका बच्चे की जिम्मेदारी बांटने का सवाल ही नहीं । वे महास्वार्थी सिर्फ अपने लिए जीने वाले लोगों में से हैं । बच्चे में भी वहीं जींस होंगे । ऐसे बच्चे को पैदा करने का फायदा ही क्या ? समाज में गंदगी फैलाना ?

नीरजा मेहता को अपने कैरियर से लगाव हैं । वे चार्टर्ड एकाउटेंट हैं और लाखों रुपये महीना कमा रही हैं । उन्हें लाखों से करोड़ों अरबों और खरबों की चाह है । महज कार से क्या होता है । हैलिकाप्टर, प्लेन, शिप होना चाहिए । इस बुलंदी तक पहुंचने में बच्चे निस्संदेह रोड़ा बन जाते हैं ।

केतकी एक मल्टीनेशनल कम्पनी में आर्किटेक्ट है । वह बड़े विश्वास और प्रसन्नता से कहती है—बच्चों को लेकर लोगों की धारणा बदलने लगी हैं । आज अगर अपनी अस्मिता के प्रति सजग एक स्थापित कामकाजी महिला यह कहती है कि उसके बच्चे नहीं हैं तो लोग उसे बेचारगी से नहीं देखते ।

जानेमाने इलेक्ट्रॉनिक इंजीनियर निशित जैन कहते हैं—मैंने अपने माता-पिता से पहले ही साफ शब्दों में कह दिया था कि शादी मैं इसी शर्त पर करूंगा की आप लोग बच्चे के लिए फोर्स नहीं करेंगे, लेकिन शादी के बाद उन्होंने

अपनी बहु पर बांझ होने का दोषारोपण कर उसे बच्चा पैदा न कर सकने के जुर्म में बेटे की दूसरी शादी की धमकी दे डाली। उनके मतानुसार पितृ-ऋण से उऋण होने का यही एक तरीका है। वर्ना आत्मा भटकती रहेगी। सही बात कहने का गलत ढंग जरूर गलत कहा जाएगा। दरअसल नई पुरानी पीढ़ी दोनों एक्सट्रीम पर चलना चाहती हैं। जबकि मध्यमार्ग सर्वदा सही कहलाता है।

अब विवाह धार्मिक बंधन न रहकर सामाजिक समझौता मात्र रह गया है जिसे जब चाहे तोड़ा जा सकता है। यहां कर्त्तव्यों को भुलाकर अधिकारों पर अधिक जोर दिया जाने लगा है लेकिन समझौतों की शर्तें अत्यधिक सुख की ... है। बढ़ते व्यक्तिवाद का चरम आज हमारे सामने डिंक्स (डबल ... किड्स) मूवमेंट के रूप में उपस्थित है। इससे साफ जाहिर है कि व्यक्ति के लिए आज पैसा इतना महत्वपूर्ण हो गया है कि उसके सामने प्यार, ममता, जज्बा सब कुछ गौण हो गया है। अपने मौज मजे के लिए जीना ... की उपयुक्त आदर्श को मानने वाली पीढ़ी का लक्ष्य बनता जा रहा है।

- पहले समाज में लोग एक दूसरे पर निर्भर रहते थे। आज हर वस्तु बाजार में उपलब्ध है इसके अलावा आज समस्या मानव जाति के जीवित रहने से ज्यादा उसे सीमित करने की है। इसलिए आज नारी यह समझकर इसके लिए बाध्य नहीं। उसके लिए बच्चे पैदा करना बाध्यता नहीं। यह मत है कि बच्चे पैदा न करने से औरत को कैंसर हो सकता है, सौ फीसदी सच नहीं पाया गया है। यह मात्र धारणा है ठीक उसी तरह जैसे यह मत कि विवाह न करने या ... पैदा न करने से छाती का कैंसर (ब्रेस्ट कैंसर) या जल्दी विवाह कर लेने और ढेर सारे बच्चे पैदा करने से गर्भाशय के मुंह का या गर्भाशय का कैंसर हो सकता है। बात इतनी आसानी से नहीं कही जा सकती। वास्तविकता यह है कि इसके लिए कई कारण जिम्मेदार हो सकते हैं, वातावरण से लेकर अनुवांशिक भारत के बड़े शहरों के कामकाजी लोगों में अब जातीयता, विरासत को लेकर भी सोच बदल गई हैं। कुछ जातियों में वंश को लेकर भी निर्लिप्ता आने से अब स्त्री-पुरुष बच्चे पैदा करने के भार से अपने को मुक्त रखने में कोई बुराई नहीं समझते। जानी मानी विवाह सलाहकार श्रीमती ...रा खड़से का कथन है कि वी.सी. (वालंटरी चाइल्डलैस कपल) मैरिज ... को अपने पति की अपने प्रति प्रतिबद्धता के बारे में खातिर जमा कर

लेना नितांत आवश्यक है । वर्ना धूर्त वकीलों की बदौलत कई स्त्रियों को पति से तलाक लेने पर मजबूर होना पड़ता है । कभी उन पर पति क्रूरता का इलजाम लगाकर कभी उन्हें बच्चे देने में असमर्थ जताकर ।

नई दिल्ली में प्राइवेट प्रैक्टिस करते डॉक्टर दम्पति चिंतन और साधना माखीजा के विवाह को पच्चीस बरस हो गए हैं । उन्होंने विवाह पूर्व ही आपसी रजामंदी से बच्चे को पैदा न करने का फैसला कर लिया था बाद में उम्र के तीसरे दशक के मध्य उन्होंने इस फैसले पर पुनर्विचार किया और वे अपनी वर्तमान स्थिति से असंतुष्ट न थे ।

आर्किटेक्ट बीना और हिमांशु माथुर अपने कार्य के प्रति पूर्णतः समर्पित, खूब शोहरत और पैसा कमा रहे हैं । बच्चों के बारे में उनका कहना है कि आज के युग में जहां बच्चे एक अनचाहीं जिम्मेदारीं बन गए है, उनका बोझ जानते-बूझते ढोना कहां की समझदारी है । जिन्दगी है ही कितने दिन की, क्यों न इसे बेफिक्री और मौजमस्ती में ही गुजारा जाए । शोभना और अविनाश दोनों कम्पूटर इंजीनियरों ने बुढ़ापे में कोई वारिस पैदा न करने के कारण अपनी कमाई अपार संपत्ति एक ट्रस्ट को सौंप दी । वे स्वयं आस्था नाम से चल रहे एक वृद्धाश्राम में रहने लगे । अविनाश की दिल का दौरा पढ़ने से मृत्यु हो गई । पत्नी शोभना भी फिर जीवित न रह सकी । नींद की गोलियां खाकर उन्होंने भी पति का अनुगमन किया ।

यहां एक ज्वलंत समस्या सामने आती है । वह है हमारे समाज में वृद्धों की समस्या जिसे दुर्गति कहना गलत न होगा । मेडिकल सांइस की तरक्की ने इंसान को लंबी उम्र का तोहफा दिया है ।

एक विदुषी महिला का कथन है कि जब आपने अपने पिछले जन्म में सारा कर्ज नहीं उतारा होता है तभी ईश्वर आपको बच्चे देता हैं । अगर आपके बच्चे नहीं हैं तो आप अपना हिसाब बराबर समझिए । ये तो हुई एक विचारधारा जिसका औचित्य आने वाला समय ही बताएगा लेकिन इसके पीछे जो तत्व काम कर रहे हैं निस्संदेह वे नैतिकता की कसौटी पर खरे नहीं उतरते । नैतिकता की बात जाने ही दें क्योंकि आज नैतिक अनैतिक से ज्यादा कोई उलझने वाला प्रश्न नहीं ।

●●

प्रेम प्रसंगों की उलझन

रोहित और रूबी एक साथ मेडिकल की पढ़ाई कर रहे थे। पहली नजर में ही रोहित रूबी पर मर मिटा था। धीरे-धीरे रूबी भी उसे चाहने लगी। दोनों ने पढ़ाई खत्म करने पर विवाह बंधन में बंध जाना तय कर लिया था। रोहित के माता-पिता को जब इस बात का पता चला उन्होंने इस रिश्ते को अस्वीकार कर दिया। रोहित की मां की जिद थी कि वे घर में कामकाजी बहू नहीं लायेंगी क्योंकि वे अच्छी बहू साबित नहीं हो सकती।

डॉक्टर बनने के बाद रोहित की शादी उन्होंने अपनी पसंद से एक बी.ए. पास घरेलू लड़की से कर दी लेकिन रोहित रूबी को नहीं भुला पाया। उसकी पत्नी सरला समझदार थी। उसने यह जानते हुए भी कि उसके पति के दिल में कोई और है, कभी पति से इस विषय में न शिकायत की, न कोई ताना उलाहना ही दिया बल्कि वह पति का प्रेम पाने में दिलो जान से जुट गई। वह जानती थी रोहित अपने माता-पिता को बहुत मानता है तथा कभी उनकी बात नहीं टालता, उसने भी उनसे वैसे ही आदरपूर्ण व्यवहार रखा।

पति की पसंद नापसंद उसने शीघ्र ही जान ली। खाना बनाने का उसे शौक था। वह सास से जल्दी ही पति की पसंद की चीजें बनाना सीख गई। फिर जब घर में एक के बाद एक दो प्यारे से बच्चे आ गए तो रोहित पूर्व प्रेमिका को पूरी तरह भूल चुका था।

धैर्य और सहयोग के द्वारा ही पति के दिल से पूर्व प्रेमिका की यादों को मिटाया जा सकता है जैसा कि सरला ने किया। अगर वह पति से उस बात को लेकर विवाद करने पर उतर आती या रूठकर मायके जा बैठती तो वह खुशहाल जीवन से वंचित रह जाती। सुमन ने ऐसी ही भूल की जिसका खामियाजा उसे आगे चलकर ताजिन्दगी भुगतना पड़ा।

सुमन को अपनी खूबसूरती पर बहुत घमंड था । माता-पिता समृद्ध थे, सुमन की हर ख्वाहिश पूरी करते । सुमन के पापा की फैक्ट्री में संजीत बतौर इंजीनियर कार्यरत था । संजीत हैंडसम तो था ही, खुशमिजाज प्रभावशाली व्यक्तित्व भी रखता था । सुमन ने पहली नजर में ही उसे अपना दिल दे दिया । अब रात दिन सोते जागते संजीत को सपनों में देखने लगी । उसने पापा को फैसला सुना दिया कि शादी करेगी तो सिर्फ संजीत से । हालांकि स्टेटस में फर्क होने की वजह से सुमन के पापा आसानी से इस रिश्ते के लिए तैयार नहीं हुए लेकिन बेटी की जिद के आगे उन्हें झुकना पड़ा । संजीत अपने साथ कार्यरत मीना से प्यार करता था लेकिन वह कंपनी के मालिक को नाराज नहीं करना चाहता था । उसने सुमन से विवाह कर लिया ।

अभी शादी को दस दिन ही हुए थे कि वह एक दिन मीना के संजीत को लिखे प्रेम पत्र और उसका फोटोग्राफ सुमन के हाथ लग गए । बस फिर क्या था । सुमन का फ्यूज उड़ गया । स्वभाव से घमंडी सुमन ने नम्रता, झुकना या समायोजन करना तो कभी सीखा ही न था । उसने अपनी अटैची उठाई और टैक्सी करके मायके चली गई । उसके बाद उसे मनाने के संजीत के सारे प्रयत्न विफल रहे । एक दिन संजीत को सुमन के वकील द्वारा भेजा तलाक का नोटिस मिल गया ।

कुछ वर्ष बाद ही सुमन के पापा का देहांत हो गया । सुमन की मां स्वयं बेटे पर निर्भर हो गई । भाभी को सुमन बोझ प्रतीत होने लगी थी । भाई ने सुमन के लिए एक अलग मकान खरीद कर उसे वहां चली जाने के लिए कह दिया । एक पहाड़ सी ज़िन्दगी और निपट अकेलापन । सुमन का वक्त काटे न कटता । जरा सी बात को लेकर उसने अपने हरे भरे संसार में आग लगा ली थी । अब सिवाय पछतावे के उसके पास क्या रहा जबकि संजीत पुनर्विवाह करके एक खुशहाल जिन्दगी बसर कर रहा था ।

प्रेम करना बुरा नहीं । जिससे प्रेम किया जाए, उसी से विवाह भी हो यह जरूरी नहीं । ऐसे में पति की पूर्व प्रेमिका को लेकर उसे दुश्चरित्र करार देना केवल नासमझी ही कहलाएगी । आजकल चूंकि विवाह की उम्र ज्यादा होने लगी है, इतनी उम्र तक पुरुष किसी स्त्री की तरफ आकर्षित न हो यह मुमकिन नहीं । फिर यह पति के रोमांटिक होने का प्रमाण भी तो माना जा सकता है ।

अगर पति-पत्नी की उपेक्षा नहीं करता, उसे पत्नी के अधिकार प्राप्त हैं,

तब केवल भूतकाल की बातों को लेकर अपना वर्तमान नष्ट करना बुद्धिमानी नहीं है ।

कई पत्नियां किशोरावस्था के अपने अफ्रेयर्स की बात बिल्कुल भूल जाती हैं । पति को लेकर वे इतनी पोजेसिव हो जाती हैं कि उसकी जिन्दगी में किसी अन्य स्त्री चाहे वो उसकी मां ही क्यों न हो—की छाया भी देखना पसंद नहीं करती । एक तरफ स्त्री स्वातंत्र्य की हिमायती बन वे विधवा विवाह का पूर्ण समर्थन करती हैं तो दूसरी तरफ पति से सिर्फ इसलिए तलाक चाहती हैं कि उसका विवाह से पूर्व किसी लड़की से इश्क था । उन्हें दोहरे मापदंड भुलाकर पति को सच्चे अर्थों में अपना जीवन साथी मान लेना चाहिए । पत्नी के रिश्ते में वो शक्ति है कि पति उसी का होकर रहता है ।

●●

कभी तुम झुको, कभी हम

तपिषा जितनी खूबसूरत थी उतनी ही प्रतिभाशाली थी । हमेशा पढ़ाई में अव्वल । खेलकूद, चित्रकला, संगीत में प्रवीण, अमीर संभ्रांत परिवार से होने के कारण उसे अच्छे रिश्तों की क्या कमी रहती । उसकी शादी एक एन.आर. आई. (विदेश में बसे भारतीय) कम्प्यूटर इंजीनियर से हो गई ।

पति महोदय को जीवनसाथी की नहीं बल्कि केवल एक अदद केयर टेकर की जरूरत थी । उसके शब्दकोश में सिर्फ लेना शब्द था । वह हद दर्जे का खुदगर्ज था । तपिषा ने लाख कोशिश की कि पति को खुश रख सके लेकिन पति सजल ने इस बात का फायदा उठाने की कोशिश की कि तपिषा रूठकर यहां से जाएगी कहां । विदेश में अपना कहने को उसका कोई नहीं है । सजल की ज्यादतियां बढ़ती जा रही थी । तपिषा जितना झुकती वह उसे और झुकाता चला जा रहा था । उसके पास पत्नी की प्रशंसा के लिए दो शब्द न थे । हमेशा उसमें मीनमेख निकालना सजल ने अपनी आदत बना ली थी । बात यहां तक पहुंच गई कि तपिषा विक्षिप्तावस्था की कगार तक आ गई ।

उसके हर समय के आंसुओं से तंग आकर तथा तपिषा के माता-पिता के बार-बार उसे भेजने के अनुरोध पर सजल ने उसे मायके भेज दिया ।

माता-पिता ने जब अपनी लाडली को शरीर से बेहद कमजोर उदास टूटा हुआ, जीने से विमुख पाया तो वे घबरा कर उसे मन:चिकित्सक के पास ले गये । मां बाप के स्नेह की छावं में उनका सहारा मिलने तथा डॉक्टरी इलाज से तपिषा में धीरे-धीरे आत्मविश्वास लौट आया । उसने पुन: अपनी हॉबीज पर ध्यान दिया । सहेलियों से मिलना जुलना और बाहर घूमना फिरना शुरू कर दिया । पति के साथ गुजरा दुख भरा जीवन वह एक दु:स्वपन समझ भूल गई मगर इतना जरूर हुआ कि उसे विवाह के नाम से ही नफरत हो गई ।

पहले सामंजस्य आसान था :- तब जब औरत की अपनी कोई अस्मिता न थी, पति को परमेश्वर मान वह महज उसके चरणों की दासी थी सामंजस्य की कोई समस्या ही न थी । अब स्त्री शिक्षा ने उसे स्वतंत्र सोच प्रदान की है । अपनी अस्मिता को लेकर वह सजग हुई तो पति का अहम् यह स्वीकार न सका । आज की आधुनिक कमाऊ घर बाहर दोनों फ्रन्ट पर एक साथ कार्यरत पत्नी को भी यह पुराने मापदंड से ही परखना चाहता है । बदलती जरूरतों के साथ आज का पति स्वयं को नहीं बदल पाया है, न शायद पत्नी ही अपनी सोच बदल पाई है । हमारी संस्कृति के अनुसार घरेलू जिम्मेदारियां न उठाने की सुविधा जो पति को प्राप्त है वह उसे छोड़ने के लिए तैयार नहीं । एक आरामदेह स्थिति है यह । इस पर पुर्नविचार की जहमत आखिर वह क्यों करे । आज दाम्पत्य में तनाव बढ़ रहा है ।

अहम् के साथ पति में बढ़ते तनाव का एक और कारण है पत्नी को लेकर पति का महत्वकांक्षी होना । टीवी, सिनेमा, ग्लॉसी मैगजीन में दिखाई जाने वाली सुंदर स्मार्ट बीवी आज हर पति चाहता है । वैवाहिक विज्ञापन कॉन्वेंट एजुकेटेड इंग्लिश स्पीकिंग लड़कियों की मांग से भरे मिलेंगे । व्यवहार में उसे परंपरागत बीवी चाहिए । यह असंभव तो नहीं लेकिन इसके लिए जितनी परिपक्वता चाहिए उसकी नवयौवनाओं से उम्मीद नहीं की जा सकती । मुश्किल यह है कि आज दोनों की एक दूसरे से उम्मीदें बहुत ज्यादा हैं जब कि वास्तविकता यह है कि इस रिश्ते को साथ रहकर बढ़ाया जाता है । समझदारी और धैर्यपूर्वक दोनों एक दूसरे को कभी अनुकूल बनाते, कभी बनते हैं । अहम् दोनों तरफ नैसर्गिक रूप से होता है । अहम् है तो टकराव की स्थिति भी निश्चित है लेकिन इसका भी हल है, वह है बात बढ़ने से पहले एक का झुकना ।

हमारे यहां सामाजिक मान्यता है कि पति का सम्मान करना पत्नी का प्रथम कर्त्तव्य है । यह शायद इस कारण है चूंकि पत्नी पति से ज्यादा धैर्यवान और सहनशील होती है । वह अपने अपमान को अपमान न समझ उसे नजरअंदाज कर यह जहर खामोशी से पी लेती है । यों पति को अपनी गलती का अहसास तक नहीं होता क्योंकि उसके लिए पत्नी टेकन फॉर ग्रान्टेड है । यह ठीक है कि पति जब गुस्से में बोलते हों, पत्नी को उसी अंदाज में बोलने से अपने को रोकना चाहिए लेकिन पत्नी भी इंसान है, गुस्सा उसे भी आ

सकता है । तब क्या पति को भी पत्नी की तरह ही अपने पर काबू नहीं रखना चाहिए ।

खुशहाल दाम्पत्य के लिये दोनों को एक दूसरे की कमियों-खूबियों के साथ स्वीकारना होगा ।

अपने भविष्य तथा बच्चों के लिए, अलगाव की त्रासद स्थिति से बचने के लिए 'कभी तुम झुको कभी हम झुके' का सिद्धांत अपनाना होगा । सच मानिए इस गोल्डन रूल के आप कायल होकर ही रहेंगे ।

●●

मजा उस लड़ाई में है कि सुलह हो जाए

सुखी दाम्पत्य एक ऐसी नियामत है जो दिलों को ही नसीब होती है, किसी भी पत्र-पत्रिका, चुटकुलों की किताब में देखिये पति-पत्नी के झगड़ों और आपसी नोकझोंक को लेकर आपको जरूर कई चुटकुले मिलेंगे। यह मानी हुई बात है कि पति-पत्नी है तो झगड़ेगे ही, तकरार उनके बीच सामान्य सी बात है।

लेकिन सारस्वत दम्पत्ति कुछ विशेष ही थे। उनमें कभी वाद-विवाद झगड़ा नहीं होता था। दोनों शिक्षित नौकरी पेशा अत्यत सभ्य दम्पत्ति थे। बच्चे बाहर सेटल्ड थे सो घर में वे बस दो ही प्राणी रह गए थे। अचानक एक दिन पड़ोसी क्या देखते हैं कि मिस्टर सारस्वत के ऑफिस जाने के बाद उनकी पत्नी एक ट्रक में घर का काफी सामान लदवाकर घर छोड़कर चली गई। दरअसल उनके बीच चल रहे शीत युद्ध का किसी को पता तक नहीं चला और बात एक दिन यहां तक आ पहुंची।

पति-पत्नी में आपस में प्यार बना रहे इसके लिए उनका आपसी संवाद, बहस तकरार बेहद जरूरी है। थोड़ा बहुत झगड़ना मनुष्य की नैसर्गिक प्रवत्ति है यह आउटलैट है, जो मन को स्वस्थ रखता है। यह एक मानी हुई बात है कि कभी-कभी झगड़ने से दम्पत्ति में आपसी प्यार बढ़ता है। झगड़ा बिलकुल न हो तो जीवन रसहीन उबाऊ हो जाएगा। जैसा कि सारस्वत दम्पत्ति के साथ हुआ।

यह एक मनोवैज्ञानिक सत्य है कि क्रोध दबाए जाने पर कभी-न-कभी ज्वालमुखी के समान फूट पड़ता है जिसके अंजाम भयंकर हो सकते है। अत: मन की बात कह देना ही उचित है। एक अनुसंधान ने तो यहां तक सिद्ध कर दिया है कि कुंठाग्रस्त व्यक्ति को कैंसर तक हो जाता है। इस तरह का

जीवन जिसमें संवादहीनता हो एक अधूरा जीवन ही कहलाएगा । जीवन की जीवंतता हंसने बोलने लड़ने झगड़ने बहस-तकरार और रूठने-मनाने से ही है । जीवन के प्रति ऐसी अप्रोच जिसे जीवन से जुड़ा होना कहते हैं जिन्दगी को खट्टे-मीठे अनुभवों से भर देती है यही जिन्दगी का सार है ।

कल्पना कीजिये उस दाम्पत्य की जिसमें ऊपर से तो पूर्ण सुख शांति नजर आती है लेकिन सुबह से शाम तक उछाले गए जुमलों में शामिल होता है "नाश्ता लगा दो, जरा नमक दानी देना, शाम को देर हो जाएगी, कमीज के बटन टांक देना, आलू प्याज है या लाने है ?" इसी तरह की शत प्रतिशत प्रेक्टिकल बातें जीवन को एक ढर्रा बना देती है ।

इसके विपरीत बात-बात पर तू-तू-मैं-मैं क्रोध के आवेग का हद दर्जे तक बढ़ना मार-पिटाई बीवी का रूठकर मायके जा पहुंचना कभी लौटना नहीं तो तलाक का नोटिस देना, ऐसी लड़ाई से मजा नहीं मिलता बल्कि कहर बरसता है ।

उपर्युक्त दोनों स्थितियां सफल दाम्पत्य की दुश्मन है । अक्सर होता यह है कि पति-पत्नी एक दूसरे से ज्यादा आशा रखते हुए यह भूल जाते है कि उनका साथी आखिरकार इंसान ही है, भगवान या अंतर्यामी नहीं जो उनके मन की हर बात समझ ले । निशा के केस में यही तो हुआ । निशा की बहुत समय से ख्वाहिश थी कि पति उसे साड़ी लाकर दे । पति को मोटी तनख्वाह मिलती थी और घर की कोई ज्यादा जिम्मेदारियां भी न थी ।

ख्वाहिश पूरी न होने के कारण वह पति से खिंची रहती न ठीक से बात का उत्तर देती न अपनी तरफ से कभी प्रेम प्रदर्शित करती । उसका ठंडा रूखा व्यवहार पति को परेशान करता रहा । उनके जीवन में एक छोटी सी बात ने कटुता घोल दी । वहीं रेशम का व्यवहार देखिए पति के गले बाहे डाल बच्चे की तरह ठुनकते हुए वह कहती आपने मुझे कितने दिनों से साड़ी नहीं दिलाई । ऐसी अदा पर कौन सा पति कुर्बान न होगा । जरूरी नहीं कि पति एकदम से ख्वाहिश पूरी कर दे । लेकिन वे प्यार से अपनी आर्थिक तंगी की बात समझाएंगे और सुविधा होते ही लाने का वादा करेंगे तो पत्नी भी समझ जायेगी ।

हर व्यक्ति का बात करने का अपना अंदाज होता है पति-पत्नी में साथ रहते हुए अंतरंग रिश्तों के कारण इतना तालमेल तो हो ही जाता है कि वे एक

दूसरे की भावनाओं मूड आदि को समझने लगते हैं। उन्हें आपसी प्यार की गहराई का भी पूरा अहसास होता है। यही कारण है कि उनकी लड़ाई नब्बे प्रतिशत सच नहीं होती है। जिन्दगी अपनी ही रौ में बढ़ती है किसी लेख या लेक्चर के हिसाब से नहीं चलती। लेकिन यह भी सच है कि आचरण ही जिन्दगी की दिशा निर्धारित करता है (हादसों की बात छोड़ दे)। मिजाज में गर्मी न रखे। ठंडे मिजाज वालों की लड़ाई-लड़ाई न लगकर एक कॉमिक का सीन लगेगी जो मनोरंजक ज्यादा होगी।

●●

क्यों नहीं निभ पाती हैं उनमें

'कर्मण्येवाधिकारस्ते मा फलेषु कदाचन' संस्कृत का यह श्लोक जिसका अर्थ है फल की चिंता किए बगैर कर्म करते रहना चाहिये दाम्पत्य जीवन पर भी उसी तरह लागू है जैसे जीवन के अन्य पहलुओं पर ।

असल झगड़े का मुद्दा यहां भी वही है आशा का पूरा न होना । अपने किये को मेग्नीफाइंग ग्लास में देखते हुये सदा यही सोचते रहना कि मुझे अपने किये का प्रतिफल दस गुना ज्यादा क्यों नहीं मिल रहा है ।

और एक महत्त्वपूर्ण खामी जो पति पत्नी दोनों में ही अक्सर देखने में आती है वह है कि एक दूसरे के प्रति संवेदनशीलता की कमी । प्यार करने भर से इंसान संवेदनशील नहीं बन जाता है । जहां संवेदनशीलता प्यार को जन्म देती है असंवेदनशीलता उसका गला घोंट सकती है ।

पति पत्नी एक छत के नीचे रहते हुए भी कई बार बेगाने से बनकर रहते है मानो किसी समझोते के कारण मजबूरन साथ निभा रहे हो । स्थिति असहनीय हो जाने पर कभी कभी तलाक तक की नौबत आ जाती है ।

पति पत्नी में मतभेद होना लाजमी है लेकिन इससे सही ढंग से निपटना भी उन्हें आना चाहिये । कुछ वे झुकें कुछ वो झुके बस बात बनती नजर आयेगी ।

अहंकार वो आरी है जो दाम्पत्य के पौधे को पनपने से पहले ही काट देती है, यहां आपको सामंजस्य की खाद और प्यार का जल चाहिए जिससे कि आपका दाम्पत्य हरा भरा रहकर फलफूल सके ।

यह सच है कि भिन्न पारिवारिक पृष्ठभूमि से आये दो व्यक्तियों को तालमेल बिठाने में वक्त लगता है यहां पर धैर्य की आवश्यक्ता है । किसी एक बात पर नाराजगी समेटकर यह सोच लेना कि मुश्किल ही नहीं असंभव

है अब हमारी बन ही नहीं सकती सरासर अपरिपक्वता का द्योतक है। किसी ने सच कहा है कि आदर्श पति होते नहीं बनाये जाते है। यहां पर जिम्मेदारी औरत की ज्यादा होती है (वुमेन्स लिब का नारा लगाने वाले शायद सहमत न हों) पुरुष में ऊर्जा ज्यादा होती है इसलिए क्रोध भी उन्हें औरत के बनिस्बत ज्यादा आता है। उनकी मानसिकता को समझते हुये अगर वह गुस्से के समय को टल जाने देगी तो बात नहीं बढेगी। गुस्सा शांत होने पर निसंदेह पति देव को पश्चाताप होगा और वो मन ही मन पत्नी के शांत स्वभाव के कायल होंगे।

झगड़ा क्लेश तनाव दाम्पत्य को उस परम सुख संतोष चैन से वंचित कर देते है जो प्रत्येक दम्पति चाहते है। रिश्ते की मधुरता बनाये रखने के लिए प्रयत्न पति पत्नी दोनों से अपेक्षित है, आपका अपना व्यवहार ही आप पर लौटकर आता है। कड़वाहट से कड़वाहट मिलेगी। इसलिए न निभने की स्थिति में अपने स्वभाव व्यवहार का विश्लेषण करना न भूले और आश्चर्य आपको गुत्थी सुलझती नजर आयेगी न यार दोस्तों से मशवरा लेने की जरूरत पड़ेगी न मैरिज काउंसलर के पास जाने की। बीवी को भी ठुनक कर अटैची उठाये मायके जाते रहने और अपने पीहर वालों को भी हैरान परेशान करते रहने की जहमत नहीं उठानी पड़ेगी।

●●

पति के सम्बंधी आपके सम्बंधी भी हैं

विवाह के सपने संजोती लड़की की कल्पना में पति को लेकर जो रूमानी बाते होती हैं उसका दायरा इतना संकुचित रहता है कि उसमें पति के अलावा और कोई नहीं समाता । उसी के इर्द-गिर्द सुनहरे सपनों के ताने-बाने बुनती वह हकीकत से परे संसार में विचरण करती है ।

लेकिन हकीकत तो हकीकत है । ठोस जमीन की सच्चाई जहां सुख-दुःख, हादसे, परेशानियां, तनाव, अवसाद, ऊंच-नीच सभी से रूबरू होना पड़ता है तब कल्पनाओं का संसार बिखर जाता है । मियां बीवी में छोटी-छोटी बातों को लेकर तकरार होने लगती है । तकरार का एक आम कारण घर के अन्य सदस्य होते हैं । चूंकि उन्हें लेकर मियां बीवी में लड़ाई होती है । बीवी उनसे नफरत करने लगती है । उन्हें वह अपनी खुशियों में बाधक समझने लगती है ।

पीहर में वह अपने मां-बाप, भाई-बहन को जितना चाहती थी उनसे जितना लगाव रखती थी उसका सौवा हिस्सा भी वह पति के मां-बाप, भाई-बहन से नहीं रख पाती है । वह हमेशा उसकी आंख की किरकिरी ही बने रहते हैं । उसे लगता है उसका पति उन पर फिजूल पैसे लुटा रहा है पति की कमाई पर तो सिर्फ उसका अधिकार है । उन्हीं के कारण वह आजादी से नहीं रह पाती है ।

स्नेहा नाम से विपरीत सुसराल वालों से अत्यंत रूस्वाई और बदतमीजी से पेश आती थी । उसकी सहेली नीमा का पति अकेला ही था उसके माता-पिता का देहांत हो चुका था और भाई-बहन थे नहीं । स्नेहा नीमा की नई-नई साड़ियां और घूमने-फिरने की आजादी देखकर मन ही मन कुढ़ती है 'काश ! मैं भी नीमा की तरह रह सकती' स्नेहा सोचती । ऐसे में उसे अपने

घरवाले जहर लगते । मगर एक दिन जब नीमा ने दु:खी होकर कहा 'स्नेहा तू कितनी भाग्यशाली है तेरे ससुराल वाले तुझे कितना चाहते हैं । सब के बीच में रहे हुए तू कितना सुरक्षित महसूस करती है । एक मैं हू । ये टूर पर चले जाये तो डर के मारे मुझे रातों में नींद नहीं आती । बीमार पड़ जाऊं तो कोई एक कप चाय बनाकर देने वाला नहीं ।' नीमा की बातों से स्नेहा की सोच में बदलाव आने लगा । सच कहा है किसी ने, हमारे पास जो होता है हमें उसकी कद्र नहीं होती ।

सलिला और नेहा दोनों अभिन्न सखियां थीं वे एक दूसरे के मन की बात जब मिलती करती या फोन पर अपना सुख-दु:ख कह सुन लेतीं । नेहा एक दिन दु:खी स्वर में अपनी सहेली से कहने लगी तुझे जीजा जी कितना मानते है । एक मेरे ये हैं हमेशा मुझसे नाराज कड़वे स्वर में ही बात करेगे । तूने कैसे पति का मन जीत लिया है कुछ गुण मुझे भी बता । 'बताना क्या है डियर पति का मन जीतने के लिए पहले घरवालों का मन जीतना जरूरी है । वो खुश तो पति महोदय भी अपने आप खुश रहेंगे ।' बात नेहा की समझ में आ गई । उसने सास, ननद, देवर से अपना रिश्ता मधुर बनाने की भरपूर कोशिश की । कहना न होगा पति देव का उसके प्रति रवैय्या भी मधुर होता चला गया । नेहा पति की नारजगी का कारण भी अब जान गई थी हालांकि उन्होंने अपने मुंह से बात नहीं कही पर उसका अपनी मां-बहन के प्रति बुरा सलूक ही उनकी नारजगी का कारण था । पीहर और ससुराल के लोगों में भेदभाव करना उचित नहीं है । अक्सर यही देखा जाता है जहां पीहर वालों को देखकर स्त्री के चेहरे पर चमक आ जाती है ससुरालियों को देखकर चेहरा बुझ जाता है । ऐसा तो नहीं कि सभी पीहर वाले अच्छे और ससुराल वाले बुरे होते हैं । ईश्वर ने हर तरह के स्वभाव वाले इंसान बनाये हैं लेकिन रिश्ते तो रिश्ते हैं इनमें अच्छा बुरा नहीं देखा जाना चाहिए । सास कुछ उग्र स्वभाव की होने से क्या सास नहीं रहेगी ? क्या उसने अपना पला-पलाया बेटा बहू के हाथों नहीं सौंप दिया है ? पति की मां को मां जैसा ही समझना चाहिए । आधुनिकायें तर्क करेंगी फर्क तो होगा ही मां, मां होती है सास कभी मां नहीं बन सकती । यहां पर इसलिए 'जैसा' शब्द इस्तेमाल किया गया है ।

कितना सुंदर माहौल लगता है उस घर का जहां कि बहू मधुर रिश्तों की मधुरता कायम रखते हुए मम्मी, पापा, जीजा, भैय्या, भाई साहब पुकारती घर

में इधर-उधर डोलती फिरती है और बदले में उनसे भी ढेर सा स्नेह बटोरती है ।

अपनी स्वयं की भाभी से वो जो भी आशायें करती है वह सब उसे भी पूरी करनी है । एक बात और घर में आने वाले रिश्तेदारों से कभी अपने घरवालों की बुराई न करें न उन्हें करने को उकसायें । घर की इज्जत को कायम रखना हर बहू का फर्ज है । छोटी-मोटी गलतफहमियां होती रहती है और वे दूर भी हो जाती हैं । जैसे आप अपने माता-पिता, भाई-बहन की बुराई दूसरों के सामने नहीं करतीं न सुनना पसंद करती हैं ऐसा ही रवैय्या पति के माता-पिता, भाई-बहन के लिये भी रखें ।

●●

गैर औरतों से वे क्यों प्रभावित रहते हैं

अगर औरत की जिन्दगी में मर्द की तारीफ न हो उसका जीवन बबूल हो जायेगा । ये मर्द की प्रशंसा के फूल ही हैं जो औरत को महकायें रखते हैं ।

वैसे तो अपनी-अपनी बीवी पर सबको गुरूर है लेकिन कभी-कभी बात तब बिगड़ जाती है जब पतिदेव बीवी को छोड़कर गैर औरतों की प्रशंसा करने लगते हैं । याने कि अब बीवी घर की मुर्गी दाल बराबर लगने लगती है और पराई औरतें छप्पन भोग की थाली । स्वाभाविक है कि ऐसे में पत्नी का रूठना ।

अभिजीत के घर की बात ही लीजिए । अच्छा खासा उसने प्रिया से प्रेम विवाह किया था । दोनों बहुत खुश थे फिर न जाने क्या हुआ धीरे-धीरे प्रेम का नशा उतरने लगा । अब उसे प्रिया में कमियां ही कमियां नजर आती । उसकी कोई बात ऐसी नहीं रही जिसकी वो तारीफ करता । उसकी जो अदायें उसे पहले लुभाती थीं अब उबाने लगी थी । पड़ोस की नीलम भाभी जिसकी वह पहले हंसी उड़ाया करता था अब उसे निहायत सलीकेमंद, जिम्मेदार और सुघड़ गृहणी लगने लगी थी । अभिजीत के अनुसार प्रिया बहुत गैर जिम्मेदार फूहड़ हो गई थी । उसे किसी बात का शऊर ही न था । पति पत्नी जब भी किसी के यहां सोशल विजिट करके आते अभिजीत मिसेज फलां फलां की तारीफों के पुल बांध देता । पति का कितना ख्याल रखती है, बोलती है तो मानों फूल झरते हैं । कितनी प्रतिभा है उनमें, इत्यादि इत्यादि ।

शुरू-शुरू में तो प्रिया पति की हां में हां मिलाती रही लेकिन बाद में उसने रिएलाइज किया कि गैर औरतों की प्रशंसा उसका पति महज उसे नीचा दिखाने के लिये करता है । बात की अंडरकरेंट उससे छुपी न रही फलस्वरूप दोनों में अनबन रहने लगी ।

बच्चे हो जाने के बाद तो स्थिति कुछ और हो जाती है । पत्नी बच्चों को लेकर व्यस्त रहने लगती है तो पति को लगता है उसकी उपेक्षा हो रही है । भला पुरुष का अहम यह कैसे बर्दाश्त कर सकता है । बस पत्नी से बदला लेने की भावना से वह जानबूझकर उसे जलाने के लिये उसके सामने गैर स्त्रियों की बड़ाई करनी शुरू कर देता है । पत्नी का क्षोभ उसका दुखी होना उसे सहानुभूति देने लगता है ।

ऐसी सतही बातों को लेकर पत्नी को कभी गंभीर नहीं होना चाहिए वर्ना उसके दुष्परिणाम से वो अपना घर बर्बाद कर लेती है ।

पतियों को पत्नी से एक आम शिकायत यह होती है कि समय के साथ वह अपने रखरखाव की ओर से एकदम लापरवाह हो जाती है । बन ठन कर रहूं न रहूं पति तो अब मेरे ही हैं, यह सोच स्त्री को कॉम्पलेसेन्ट बना देती है याने कि खुद से पूर्णतः संतुष्ट हर बात को स्वीकृत समझ लेती है । यहीं पर वह मात खाने लगती है । हो सकता है कि पतिदेव के दफ्तर में सुंदर स्मार्ट औरतें कार्य करती हों, वे सजसंवर कर दफ्तर आती हैं । उनकी तुलना में जब बीवी बिखरे बाल मुड़ी तुड़ी साड़ी में सामने आती है तो यह पति को खलता है । वे स्पष्ट कुछ कह नहीं पाते । शायद वे स्वयं भी कई बार पत्नी से अपने खीझने का कारण नहीं जानते ।

समझदार पत्नी पति की चाहत का ख्याल रखते हुए ऐसी नौबत नहीं आने देती । अपने को ठीक-ठाक रखने के लिये बहुत वक्त नहीं चाहिए । बात और सवाल सिर्फ आदत का है । जरूरी नहीं कि हर समय भारी गहने कपड़ों से लदी मेकअप से पुती रहें ताकि पतिदेव आप पर लट्टू रहें । यह संभव भी नहीं क्योंकि फिर आप घर का काम ठीक से नहीं देख पायेंगी ।

यही तो हुआ संदल के साथ । सलमान उसकी खुबसूरता पर मर मिटा था । वो अमीर घर का लड़का और संदल एक निम्न मध्यवर्गीय परिवार की लड़की थी । सलमान की संदल से शादी हो गई । संदल की सारी दबी इच्छाएं उभर कर सामने जो आई तो बस उसे गहने कपड़े मेकअप का ऐसा जुनून सवार हुआ कि दुनियादारी ही भूल गई । शुरू के महीने तो सलमान को उसमें कोई कमी नजर न आई । वह उसके रूप के रसपान में मसरूफ रहा । फिर कुछ समय बाद भोपाल जहां वो रह रहा था उसके अम्मी अब्बू तथा भाई बहन भी आ गये । जब काम का बोझ पड़ा तो संदल की फितरत सलमान को समझ

आने लगी । इतनी खुदगदर्ज बीवी से उसे नफरत होती चली गई । उसे अपनी अम्मी भाभी बहनों की तुलना में वह बहुत कमतर लगने लगी । तीन बच्चों के बाद वह इतनी मोटी और थुलथुली हो गई थी कि उसके लिए चलना फिरना मुश्किल हो गया था । सलमान ने दूसरी शादी कर ली । असमा उसके मामू की लड़की थी और वह बहुत प्रभावित था । सूरत और सीरत दोनों के तालमेल से हर औरत पति को प्रभावित कर वश में रख सकती है । बाकी उसकी किस्मत ।

●●

पति क्यों शक करते हैं

आप क्या करेंगे जब आपको पता चले कि जिसे आप बेहद प्यार करते है और जिससे आपने विवाह किया है वह स्त्री किसी दूसरे को चाहती है ।

पलाश ने मैरिज काऊंसलर से दु:खी होकर कहा । उसने आगे कहा मेडम मेरे विवाह का अब अस्तित्व ही नहीं रह गया है वह टूटकर बिखर गया है लेकिन फिर भी मुझे उसी बेवफा औरत के साथ एक ही छत के नीचे अपने पांच वर्षीय बेटे अर्श के कारण रहना पड़ रहा है । हमारी शादी हमारे मां बाप ने तय की थी । यह एक अरेंज मैरिज थी । हमारी सगाई और विवाह के मध्य कई माह का अन्तराल था । इस समय हम एक दूसरे को ठीक से जान सकते थे । तब हम अक्सर पार्क रेस्त्रां वगैरह में मिलते रहते थे । मूवीज देखने जाते । साथ घूमते फिरते थे तब भी मेरी पत्नी निशिगंधा का व्यवहार मर्दों को लेकर काफी अन्मुक्त था । उसे कभी कोई देखता तो वो उस पर मानो ध्यान ही नहीं देती या शायद मन ही मन खुश होती थी । एक दिन तो हद हो गई जब एक अजनबी के आंख मारने पर नाराज होने के बजाय वह मुस्कुरा दी । इस पर उसने सफाई यह दी कि वह उससे एक दोस्त के यहां मिल चुकी है । इसलिये वह अजनबी नहीं है । गैर मर्दों का साथ निशिगंधा का दोस्ताना व्यवहार उनसे देर तक बतियाना और तुरंत खुल जाना भला पत्नी के ऐसे व्यवहार को कौन सा पति सहन कर पायेगा, अगर वह सच्चा मर्द हैं । हर समय उसके फोन टनटनाते रहते है । मुझे नहीं लगता वे केवल दोस्त ही थे, जब भी मैं निशिगंधा को समझाने की कोशिश करता वह गुस्से से पागल हो जाती । धीरे-धीरे हमारे दाम्पत्य से प्यार और उष्मा खत्म होते चले गए । क्या मैं शक्की मिजाज हूं ? नहीं मैं ऐसा नहीं सोचता । मैं जो देखता हूं वहीं कहता हूं । हम पलाश को किसी भी तरह दोषी नहीं ठहरा सकते, पति अक्सर शक कारणवश ही करते है । बेवजह शक करने वाले दरअसल मानसिक रूप से बीमार होते है । उनकी

संख्या बहुत कम होती है । इलाज से वे ठीक हो सकते है ।

औरत में प्रशंसा सुनने की ललक पुरुष से कहीं ज्यादा होती है । अपने रूप गुण की प्रशंसा सुनते वह थकती नहीं है । यह उसके चरित्र का सबसे कमजोर बिन्दु है और इसी का फायदा अक्सर पुरुष उठाता है । जब यह प्रशंसा गैरों की होती है जिसे वह हंसकर स्वीकारती है और यदि ऐसा वह बार-बार करती है तो यह स्थिति एलार्मिंग बन जाती है । विवाह के पूर्व बात और होती है लेकिन शादी के बाद पति पत्नी से एकनिष्ठाता की आशा करता है । उसे पत्नी का गैरमर्दों से फ्लर्ट करना बुरा लगता है । अगर अपने विवाहित जीवन को स्त्री सुखमय रखना चाहती है तो उसे अपनी इस कमजोरी पर काबू पाना चाहिए । वह मर्दों को बढ़ावा नहीं देगी तो वे अपने आप पीछे हट कर मर्यादित व्यवहार करने लगेंगे और अगर वे अपनी हरकतों से बाज नहीं आते तो स्त्री को चाहिए उनसे कोई नाता नहीं रखे क्योंकि जो पुरुष स्त्री की इज्जत करना नहीं जानते वे किसी तरह का सम्बंध रखने लायक नहीं होते ।

रेशम को अपने पति से शिकायत है कि उनके हद दर्जे के शक्की मिजाज के कारण उसे कार्यालय में स्टाफ के सामने नीचा देखना पड़ता है । वे ऑफिस में फोन करके मेरे सहकर्मियों से मेरे अफेयर्स के बारे में पूछताछ करते है । मैं नये जमाने की औरत हूं पुरुषों के साथ घूमना फिरना हंसना बोलना मैं बुरा नहीं समझती । वे मेरे काम आते है । मुझे उनसे कई बार कितनी मदद मिलती है । दोनों बच्चे अभी छोटे है । अभिषेक कहते है नौकरी छोड़ दो । अब मुझे उसकी आदत हो गई है । घर पर रहकर मुझे घुटन होती है । हालांकि आर्थिक समस्या नहीं है अभिषेक को मोटी तनख्वाह मिलती है ।

रेशम का अपनी मौजमस्ती या घर परिवार बच्चों की सुख शांति दोनों में से एक को चुनना था । उसने अपनी मौजमस्ती को वरीयता दी उसका पति से तलाक हो गया । यहां भी पति अभिषेक का पत्नी पर शक बिना वजह न था ।

एक शरीफ मर्यादा में रहने वाली औरत की तरफ न दूसरे उंगली उठाते है न पति उस पर शक करते है । पति का विश्वास जीतना हर पत्नी के लिये बेहद जरूरी है । यही बात पति पर भी लागू होती है । एक दूसरे को वे शक का कारण दे ही क्यों ? जो खोट नहीं उसके व्यवहार में भी खोट नहीं होगा । गलतफहमी हो तो उसे नर्म लहजे से दूर करने का प्रयास करें ।

●●

बाहर वालों से प्यार, घर में तकरार

माथुर साहब की बीवी की आदत थी कि जैसे ही पतिदेव लंच के लिए घर में घुसते, वे अपनी सारी फ्रस्ट्रेशन उन पर उड़ेलते हुए पहले रोना लेकर बैठ जाती। धीरे-धीरे टेंपो बढ़ता जाता फिर दोनों की आपस में जम के तकरार होने लगती। जैसे-तैसे खाना खाकर वे फैक्ट्री रवाना हो जाते। शाम को फिर वही हाल। पांच-छह बजे जब वे घर लौटते फिर बीवी अपना दुखड़ा रोते हुए तकरार पर आ जाती। उनके साथ वाले मकान में रहने वाले जैन दम्पति रोज उनका यह नाटक देखते।

जैन दम्पति उम्र के छह दशक पार कर चुके थे। पति-पत्नी में गजब का तालमेल और प्यार था। उन्हें देखकर हमेशा यह लगता मानो ये कपल हनीमून मना रहे हैं। इस उम्र में भी वही रोमांस, वही एक-दूसरे पर मर मिटने का जज्बा, एक-दूसरे की केयर, थोड़ी चुहल-शरारत और मस्ती।

उपर्युक्त माथुर कपल भी उम्र के पांच दशक पार कर चुका था लेकिन वे लोग हमेशा एक-दूसरे पर अपनी बोरियत लादते रहते। अनदेखे अनजाने फिजूल के भय और वहम पालकर उन्होंने अपनी सोने सी जिन्दगी को जिस तरह तबाह कर लिया था वह यह दर्शाता है कि इंसान अपनी नासमझी से क्या कुछ गंवा देता है। माथुर साहब एक ऊंचे पद पर कार्यरत अफसर हैं। बंगला, गाड़ी, नौकर, दो सुंदर जवान स्वस्थ बच्चे। अच्छी भली शरीर से स्वस्थ, ऊर्जावान बीवी है उनकी। लेकिन उस महिला की सोच को क्या कहें। पहले दर्जे की अंधविश्वासी, ईर्ष्यालु और जीवन की सभी सुंदर चीजों से विमुख दरिद्रता का झूठा नाटक करती वह हमेशा एक अनजाने भय से घिरी रहती। न स्वयं चैन से रहती न घरवालों को रहने देती। अपनी नेगेटिव सोच फैलाती वह अपने आसपास का माहौल दूषित किए रहती। अच्छे भले हंसते-बोलते

जीवंत लोग कुछ देर उनके सान्निध्य में बैठकर बुझने लगते ।

जीवन के मध्यकाल तक आते-आते पति-पत्नी अक्सर एकरस जीवन के कारण ऊब से भर एक-दूसरे से तकरार करने लगते हैं । कहीं पति बद्‌दिमाग हो जाते हैं, कहीं पत्नी, कहीं दोनों । मजे की बात यह है कि वही दम्पति जहां बाहरवालों से खूब हंसते बोलते हैं, एक-दूसरे को देखते ही त्योरियां चढ़ा लेते हैं ।

पति पत्नी दोनों को ही आपसी नोक-झोंक को गंभीरता से नहीं लेना चाहिए बल्कि उसे प्यार का एक रंग मानकर चलना चाहिए । वह प्यार ही क्या जिसमें कुछ रूठना-मनाना न हो ।

बात तब बिगड़ती है जब दोनों में से एक गर्म मिजाज होता है और हल्की फुल्की तकरार को इगो प्रॉब्लम बना लेता है । अगर वे दोनों ही खुशमिजाज हों तो झगड़ा बढ़ने की नौबत ही नहीं आएगी । आपसी तालमेल और अंडर स्टैंडिंग जीवन सहज, सरल बना देती है । मुसीबतें तो आती रहती हैं लेकिन बकौल किसी शायर के वे 'बाखुदा उसमें भी कर लेते हैं मजा पैदा ।'

रोहित की पत्नी को पति के खुशमिजाज होने पर बड़ा नाज था । वह अक्सर सखियों में इस बात को गर्व से बताती कि उसके पति को कभी गुस्सा ही नहीं आता । उनके बीच गजब का तालमेल है । ये लोग और दम्पतियों की तरह कभी नहीं लड़ते । लेकिन फिर एक दिन ऐसा भी आया कि रोहित पहले जैसा रोहित न रहा । बदलाव का कारण था उसका प्रमोशन न होना । अब वह अपना सारा फ्रस्ट्रेशन पत्नी पर निकालने लगा था । यार दोस्तों के लिए तो वह वैसा ही बना रहा हमेशा उनकी मदद को तत्पर, उनके दु:ख दर्द में काम आने वाला, हंसमुख मीठा बोलने वाला ।

अंदर ही अंदर घुटती पत्नी मानसिक रोगी बनती जा रही थी । पत्नी की चुप से रोहित का हौसला बढ़ गया था । अंत दुखद हुआ और पत्नी को पागलपन के दौरे पड़ने लगे ।

रोहित जैसे न जाने कितने नासमझ पति होंगे जो कभी पत्नी के अंतर्मन में झांकने की जेहमत नहीं उठाते सिर्फ अपनी ही सुविधा का ध्यान रहता है उन्हें । जरा-सी कोताही होने पर वे जमीन-आसमान सर पर उठा लेते हैं । ऐसा नहीं है कि उन्हें पत्नी से लगाव नहीं होता । प्यार कहीं अंदर दबा होता है । जिसका अहसास उन्हें खुद नहीं होता । पत्नी के न रहने पर उन्हें उसकी

कद्र मालूम होती है । लेकिन तब तक अक्सर देर हो चुकी होती है ।

समस्याएं दाम्पत्य जीवन का अनिवार्य अंग है । लेकिन इसे हैंडल करने के सब के अपने-अपने तरीके होते हैं । जो सही-गलत हो सकते हैं । हर स्त्री-पुरुष को एक-दूसरे के मनोविज्ञान की थोड़ी बहुत जानकारी होनी चाहिए । पुरुष को बाहरी दुनिया से ज्यादा वक्त इंटरएक्ट करना पड़ता है । जीवन में उसके लिए उलझनें भी कम नहीं क्योंकि अब तक उसके अकेले की कमाई से घर चलता था । अब जरूर स्थिति बदल गई है, जब औरतें भी कमाने लगी है लेकिन पुरुष मनोविज्ञान बदलते-बदलते ही बदलेगा, वो रातों रात तो बदल नहीं सकता । इसके लिए उसे समय तो देना ही होगा । आज की औरत में पेशंस नहीं है, झगड़े का मूल यही है । औरत अपने स्वभाव, अपने बिहेवियर का विश्लेषण करे, उसे अपनी कमियां नजर आएंगी । उन्हें दूर करने का प्रयत्न करे तो दाम्पत्य टूटने से बचाया जा सकता है ।

इसी तरह पुरुष के लिए भी उचित होगा कि वह अपनी पारंपरिक सोच बदले, दादी-नानी से अपनी पत्नी को कंपेयर न करे क्योंकि वह जमाना और था, ये और है । उसे आज के संदर्भ में देखें और तौले ।

जो ऐन आपके आंखों के पास है उसे नजर अंदाज न करें । बाहर वाले बाद में हैं पहले आप दोनों ही हैं एक-दूजे के लिए । आपस में एक-दूसरे को खुश रखना आपका पहला कर्त्तव्य है । आलोचना जरूर करें, आदर्श बनाने का प्रयत्न भी जरूर करें क्योंकि, आप एक-दूसरे के सच्चे दोस्त हैं वैल विशर हैं । आप उन्हें गलती करते कैसे देख सकते हैं । लेकिन हर बात का एक तरीका होता है, सलीका होता है । इसके लिए आपको एक-दूसरे का इगो हर्ट करने की जरूरत नहीं है । आनेपन से बोली में मिठास भर वक्त की नजाकत ध्यान में रखते हुए ही अपनी बात रखी जाए तो अच्छा होगा । कम्युनिकेशन गैप (संवादहीनता) के कारण ही गलतफहमियां पैदा होती हैं । कड़वाहटें बढ़ती है । 'टिट फॉर टेट' का फार्मूला यहां कभी न अपनाए ।

हमेशा यह बात जहन में रखे कि जीवन साथी आपके लिए क्या कुछ नहीं कर रहा हैं । फिर उसका दिल दुखाना कहां की समझदारी कहलाएगी । बाहरवालों से भी रिश्ते सौहार्दपूर्ण रहें तो जीवन सहज और आनंदमय बनता है लेकिन नेगेटिविटी के लिए पत्नी को मोहरा बनाकर इस कीमत पर नहीं ।

●●

जब पत्नी के पास पति से ऊंची डिग्री हो

सुकन्या का जब विवाह हुआ तो उस वक्त वह एवं उसके पति दोनों ही ग्रेजुएट थे । विवाह के बाद उसका पति अपने पिता के साथ कारोबार में लग गया । उसके कारोबार में व्यस्त रहने से सुकन्या घर में अकेली रह जाती । अकेलेपन के चलते जब वह ऊबने लगती तो पति और ससुर ने उसे प्राइवेट एम.ए. कर लेने की राय दी । प्राइवेट एम.ए. एवं फिर बी.एड. करने के बाद अब उसके पास पति से अधिक योग्यता है वह गरूर में रहने लगी । पति को बात-बात में नीचा दिखाकर ही जैसे उसे संतोष मिलता । ससुर ने समझाने का प्रयत्न किया तो वह उन्हें भी पलटकर जवाब देने लगी । घर में अशांति छा गई ।

दूसरी तरफ रितु विवाह पूर्व ही पति से ज्यादा पढ़ी लिखी थी । लेकिन इस बात को लेकर वह इतना संभलकर चली कि भूले से भी पति को कभी इस बात को लेकर हीनता बोध न हो । पति भी समझदार निकला । रितु की विनम्रता और मिलनसार व्यवहार का उसने कभी भी फायदा नहीं उठाया । उसे अपने जीवन साथी होने का वह पूर्ण सम्मान देता रहा । उनका दाम्पत्य खुशहाल बना रहा, यहां तक कि अपनी मित्र मंडली में वे मिसाल के तौर पर एक आदर्श दम्पत्ति बन गए । पत्नी हमेशा पति को यही कहती कि एकेडमिक शिक्षा असली शिक्षा नहीं है । सच्ची शिक्षा तो वे उत्तम संस्कार है जो मनुष्य को जानवर से इंसान बनाते हैं । कॉलेज की शिक्षा सिर्फ नौकरी के काम आती है । इस बात से पति की हमेशा हौसला अफजाई होती और मजाक में ही सही, पत्नी के उससे अधिक शिक्षित होने के लोगों के तानों का वह हंसकार जवाब देता कि मुझे पत्नी पर गर्व है । वह सही मायने में शिक्षित है ।

काश ! हर पति रितु के पति तरह समझदार होता और हर पत्नी रितु की तरह पति के अहम् उसकी मान मर्यादा को ध्यान में रखने वाली होती ।

मगर ऐसा हो नहीं पाता, परंपरा से यही चला आ रहा है कि पति ही अधिक शिक्षित रहा है। वह कमाकर लाता, स्त्री घर चलाती, उसकी आज्ञा मानती, लेकिन अब ज्यादा से ज्यादा स्त्रियां आत्मनिर्भरता की ओर अग्रसर हैं। वे चाहती हैं कि पति उनसे भी ज्यादा पढ़ा लिखा हो। यह स्त्री में बसने वाली सनातन धारणा का ही परिणाम हैं, वह अंतर्मन से कहीं न कहीं शासित होने में ही सुख का अनुभव करती है। शासक का रूप उसका भ्रामक रूप है। यह उसकी परिकल्पना नहीं।

मन ही मन पत्नी की शिक्षा से आंतकित कुछ पति अपना पलड़ा भारी रखने के फेर में कई बार उस पर जुल्म ढाते नहीं हिचकते। वे अकारण पत्नी का दिल दुखाकर मानो उससे उसके उच्च शिक्षित होने का बदला लेते हैं। पत्नी भी अगर नासमझ और क्रोधी स्वभाव की हुई तो घर में कलहपूर्ण वातावरण रहने लगता है।

ऐसे में पत्नी को पति की कुंठाओं का उपचार प्यार, धैर्य और नम्रता से करना चाहिए। उसे अपना व्यवहार ऐसा रखना चाहिए जैसा रितु ने अपने पति के साथ रखा। तभी तो उनके दाम्पत्य की बगिया में हमेशा बसंत छाया रहा।

सुकन्या जैसी लड़कियां जिन्हें अपनी शिक्षा पर घमंड हो जाता है और फिर वे अपने आगे किसी को, यहां तक कि पति और अपने बुजुर्गों तक तो अपने से हीन मानकर उनका अपमान करने लगती हैं, वे अपने परिवार ही नहीं पूरे समाज के लिए कलंक है। ऐसे में समझौते और एडजस्टमेंट के नाम पर पति कई बार अपने संपूर्ण व्यक्तित्व का हनन पर बैठता है। वह पत्नी का यस बॉस बनकर रह जाता है। उसमें पनपी हीनभावना से उसका आत्मसम्मान विक्षत हो जाता है। इस प्रकार के दब्बू लोग केवल हंसी का पात्र बनकर रह जाते हैं। उसे लोग मिट्टी का माधो, जोरू का गुलाम जैसे नामों से अलंकृत करते हैं। इस पर पत्नी गर्व से मुस्कुरा कर रह जाती है क्योंकि इसमें उसे अपनी जीत दिखाई देती है, या फिर इसी बात को लेकर वह पति का जीना हराम कर देती है। याने कि चित्त भी मेरी और पट भी मेरी।

ऐसी डिग्री होल्डर शिक्षित अशिक्षित स्त्री से एक कम पढ़ी लिखी किन्तु सुसंस्कार वाली स्त्री क्या लाख दर्जे बेहतर नहीं ? यहां यह मंतव्य कदापि नहीं कि लड़कियां को उच्च शिक्षा प्राप्त नहीं करनी चाहिए या अपने से कम पढ़े

लिखें युवक से विवाह नहीं करना चाहिए। पढ़ाई की महत्ता को नकारा नहीं जा सकता। नकारना है हमें उस झूठे अभिमान को जो शिक्षा के साथ-साथ लड़कियों में समाने लगा है। वह विनम्रता का गुण जिसका उच्चशिक्षा के साथ लोप हो चला है हमें फिर से पैदा करना हैं इससे ही जीवन खुशहाल बना रह सकेगा।

●●

युवतियां ससुराल की सम्पत्ति का लालच न करें

आज की आधुनिक नारी बातें तो बड़ी-बड़ी करना सीख गई हैं लेकिन नारी सुलभ गुणों से वंचित होती जा रही हैं ।

यह ठीक है कि समाज में दहेज जैसी कुप्रथा ने कहर ढाया तो नारी ने उसके खिलाफ आवाज उठाई, नारी शोषण के विरूद्ध भी बहुत से कानून बने । समाज में नारी की दशा सुधारने के लिए उसे पुरुष के बराबर अधिकार मिले । नई चेतना नई जागृति ने उसे अपने पैरों पर खड़ा होना सिखाया इससे उसमें आत्मविश्वास बढ़ा लेकिन क्या आत्मसम्मान करना वह सीख पाई ? अहंकार और आत्मसम्मान में बहुत अंतर है । नारी अपने अहंकार को ही आत्मसम्मान समझने की भूल करने लगी है । जहां आत्मसम्मान होगा वहां लालच नहीं फटकता ।

आज भी भौतिकवादी संस्कृति इन्सान को सिर्फ पतन की राह ही दिखा रही है । उपभोक्तावाद ने बाजार को सामानों से ठसाठंस भर दिया है । जहां जरा पैसा हाथ में हुआ लोगों की शॉपिंग खत्म होने में नहीं आती । इसमें नारी पुरुष से आगे ही रहती है । उसकी फरमाईश कभी खत्म होने में नहीं आती ।

तरह-तरह का सामान खरीदने के लिये पैसा भी तो चाहिये । पति चाहे अच्छा खासा क्यों न कमाता हो पत्नी की निगाह ससुराल की प्रॉपर्टी पर गिद्ध की तरह लगी रहती है । एकल परिवार के फैशन के कारण सास-ससुर के साथ न रहने पर बहू को उनसे जरा भी लगाव नहीं रहता है । अपनी इच्छाओं की पूर्ति के लिये वह यही कामना करती है कि कब वे दुनिया से खिसकें और वह प्रॉपर्टी हथियाकर उसका आनंद उठाये ।

'पापाजी फ्लैट मत खरीदिये आपके मरने के बाद बंटवारे में दिक्कत आयेगी ।' चार माह की विवाहिता टीना ने जब ससुर से यह कहा तो वे हैरत

से उसकी ओर देखते रह गये ।

'अपनी जिन्दगी तो आप जी चुके हैं डैडी जी अब हमारे लिए भी कुछ सोचें । पहले ही सब बराबर बांट दें ताकि बाद में झगड़े न हो । आपको अब ज्यादा रुपयों की जरूरत ही क्या है । चार पांच हजार रुपये महीना बहुत होंगे आप दो प्राणियों के लिए ।' आभा ने साधिकार ससुर से कहा ।

देखोजी, अपने पिताजी को जरा अकेले में बैठकर समझा दो बुढ़ापे में पैसों का इतना लालच ठीक नहीं । दो वक्त की रोटी खायें और भगवद् भजन में मन रमायें । रमेश भाई साहब को तो सास-ससुर की सारी प्रॉपर्टी मिल ही जायेगी उन्हें और क्या करना है । हां बिन्नी और मिन्नी दीदी कहीं अपना हिस्सा न मांगने लगे इसीलिए दुकान, मकान किसी तरह अपने नाम करा लो । शक्ल सूरत से मासूम भोली दिखने वाली सरला ने पति सुरेश को पट्टी पढ़ाई ।

ऐसी न जाने कितनी टीना, आभा, सरला जैसी बहुएं आपको परिवारों में मिल जायेंगी । सास-ससुर की सेवा तो दरकिनार, उन्हें सिर्फ उनके पैसों का लालच रहता है ।

आज जबकि ज्यादातर बहुएं कमाऊ हैं तब भी उन्हें इस उक्ति का यथार्थ नहीं पता 'यू केन सेटिसफाई योअर नीड बट नॉट योअर ग्रीड ।'

कितनी ऐसी लड़कियां होंगी आज जो सास ससुर का मन से आदर करती हैं । मन तो दूर की बात है वे तो व्यवहार तक में बदतमीज होती जा रही है । आज टी.वी. में किसी भी चैनल पर कोई पारिवारिक हिन्दी सीरियल देखें तो बहुओं का ससुराल वालों के प्रति डिसगस्टिंग बिहेवियर देखकर मन में आक्रोश होता है । क्या यही है हमारी संस्कृति जिस पर हमें नाज था ?

कई बहुएं जो सास से चिढ़ती हैं ससुर को पापाजी, पापाजी कहती मक्खन पॉलिश करती रहती हैं, हालांकि पीठ पीछे उनकी हंसी उड़ाती, उनके मरने का इंतजार ही करती हैं । पापाजी से रुपये पैसे जायदाद ऐंठना ही उनका उद्देश्य होता है । ऐसे में अगर सास-ससुर की बुढ़ापे में अनबन चल रही हो तो बहुओं की और बन आती है । वे उसका पूरा फायदा उठाती हैं । सौ में से एक बहू भी ऐसी नहीं मिलेगी जिसे ऐसी स्थिति में सास से सहानुभूति हो । वह आंख बंद करके ससुर को ही सही और सास को गलत बतायेंगी ।

रुपया पैसा रिश्तों से अहम् नहीं होता । बहुओं को चाहिए ससुर में पिता की छवि देखें । पिता पुत्र के सम्बंध कालांतर में विवाहोपरांत बहुत कुछ बहू

के ऊपर ही निर्भर रहते है। एक अच्छे आचरण की सुसंस्कृत बहू पिता पुत्र को लड़वाने के बजाय इनमें होने वाली गलतफहमियां मनमुटाव दूर करने का प्रयत्न करें।

सास के साथ ही बहू के ऊपर भी परिवार को जोड़े रखने की जिम्मेदारी होती है। पैसे जैसी बेजान वस्तु के मोह में पड़कर सास-ससुर की अवज्ञा न करें। अगर एक बेटा बहुत समृद्ध और दूसरा गरीब है तो ससुर को पूरा अधिकार है वह आर्थिक रूप से कमजोर पुत्र की पैसे से मदद करें या प्रॉपर्टी का ज्यादा हिस्सा दें। ये उनके विवेक पर छोड़ दें इस बात को लेकर कलह कर उनका जीना हराम न करें।

अपनी मेहनत से, खून पसीना एक कर बनाई गई सम्पत्ति पर उस कमाने वाले का ही हक होता है। उस पर आंखें गड़ाना आप में जरा भी आत्मसम्मान नहीं होने का परिचायक है। आज बेटे बहू दोनों शिक्षित और अपनी रोजी रोटी कमाने में सक्षम होते है फिर ये लालच क्यों ? याद रखिए लालच का भला कहां अंत है। इससे केवल नैतिक पतन ही होता है चित्त सदा अशांत रहता है। ससुर की प्रॉपर्टी के लालच की जगह आदर और प्रेम को दिल में जगह दें। उनके जाने के बाद जो मिलता है उस पर फिजूल इतराएं नहीं। इस प्रकार का लाभ उस क्षति से बड़ा नहीं होता जो व्यक्ति के चले जाने से होता है।

●●

काल्पनिक सौत का डर क्यों ?

औरत यदि कुछ नहीं बांट सकती है तो वह है उसका सुहाग । उसके सुहाग पर कोई डाका न डाल दें, यह भय अक्सर उसके दिमाग में विवाह के कुछ समय बाद से बसने लगता है ।

सौतन को लेकर उसके अंतर्मन में बनी पूर्वधारणा इसका कारण है । अक्सर वह औरतों को सौतन से मिलने वाले दुःखों का वर्णन अपने मायके में बड़ी-बूढ़ी और जवान औरतों से सुना करती हैं । यह कहा जाता था कि सौतन तो चाहे माटी की भी हो बुरी है । अपरिपक्व दिमाग में यह बात घर कर जाती है ।

निशिमा के साथ भी ऐसा ही तो हुआ था । पड़ोस के दत्त अंकल के साथ काम करने वाली नर्स चंद्रिमा राय के साथ नाजायज ताल्लुकात बन गए । वे उसे अक्सर अपने घर पर भी लेकर आने लगे और एक दिन तो वह अपना सामान लेकर मिसेज दत्ता की छाती पर मूंग दलने सदा के लिए आ गई । मिसेज दत्ता निशिमा की मम्मी की बहुत अच्छी सहेली थी । उनके दुःख से वे भी दुःखी थी । घर में हर समय सौतन की चर्चा होती रहती थी । अनजाने में निशिमा के मन में सौतन का भय घर करता चला गया । वह शादी से कतराने लगी । मम्मी पापा के बहुत समझाने पर उसने विवाह तो कर लिया, लेकिन पति को वह हमेशा शक की नजर से देखती रही । किस्मत की बात उसका पति डॉक्टर था । कई बार अस्पताल से किसी नर्स का फोन उसके पति के लिए आता तो वह बुरी तरह बेचैन परेशान होने लगती । उसे हर नर्स चंद्रीमा राय ही नजर आती ।

अति व्यस्त बिजनेसमैन वीरेन्द्र शाह की नई नवेली पत्नी को पति की विवशता का जरा भी अंदाज न था । उसकी सहेली नयना का मजाक में कहा

जुमला जीजाजी इतने हैंडसम और अमीर हैं, जरूर उनके कई अफेयर्स चल रहे होगे, जाते ही उन पर लगाम कस लेना पत्नी के जहन में समा गया। पति के अधिक समय बाहर रहने का मतलब उसने उल्टा ही समझा। नयना ठीक ही कहती थी। वह यह सोच-सोच कर दुःखी परेशान रहने लगी।

ठंडे दिमाग से सोचे :- हर पुरुष एक जैसा नहीं होता। विवाह का आधार ही प्रेम और विश्वास है। विश्वास ही न हो तो वैवाहिक सतंभ एक दिन भरभरा कर धराशायी हो जाएगा। तथ्यहीन सौतन का विचार आपसे आपके पति का प्यार छीन सकता है।

किसी समय में पुरुष का एक से अधिक स्त्रियों से सम्बंध रखना सामाजिक प्रतिष्ठा का द्योतक था लेकिन यह भी सच है कि इस स्थिति में स्त्री पुरुष दोनों ही एक सुखी संतृप्त परिवारिक जीवन नहीं जी पाते थे। आज के शिक्षित समाज में पति-पत्नी एक दूसरे के प्रति ज्यादा समर्पित पाए जाते है। आपसी सहयोग और वफादारी निभाते हुए वे वैवाहिक जीवन की पवित्रता में अटूट विश्वास रखने लगे है। जिस पर भी अगर कोई स्त्री पति के गैर स्त्रियों से हंसने बोलने को लेकर बेपर की उड़ाने भरने लगे तो वह शीघ्र ही हकीकत की जमीं पर गिरती है। या गिरा दी जाती है। वह स्वयं चोट खाती है पति की नफरत और उपेक्षा भी उसे सहनी पड़ती है।

इसलिए क्या ही अच्छा हो कि भावनाओं के तूफान में न बहकर ठंडे दिमाग से सोचें कि अगर पति किसी औरत से हंस बोलकर प्रसन्न होते है, तो इसमें ईष्या करने जैसी कोई बात नहीं होनी चाहिए। अपने प्यार पर भरोसा रख उसे शाश्वता प्रदान करने का प्रयत्न करें। अपनी ऊर्जा सकारात्मक बातों में लगायें।

पति क्यों विमुख है विश्लेषण करें :- हर समय की नुक्ताचीनी और नाराज कर देने वाली प्रश्नों की झड़ी पति कितना भी हंसमुख और सहनशील क्यों न हो, उसे नाराज कर देगी। परस्त्री को लेकर पति को कटघरे में खड़ा न करें। यह आपकी संकीर्ण और ओछी मानसिकता जाहिर करती हैं। अपनी सोच का दायरा विस्तृत करें और विचारों में उदारता लायें। आज के अति व्यस्त जीवन में जहां आदमी को हर समय की भागदौड़ से ही फूरसत नहीं, ऊपर से बढ़ती महंगाई की मार पति को अय्याशी का मौका ही कहां देती है। आज भी हमारे संस्कारों की जड़ मजबूत है चाहे ऊपर से कितनी ही आधुनिकता

का हम दम भरें। विवाहेत्तर सम्बंधों को समाज में बुरा समझा जाता है। इसमें बेइज्जती और बदनामी दोनों ही है। इसलिए कोई भी सभ्य सुसंस्कृत परिवार का पुरुष या स्त्री ऐसे सम्बंध बनाने से डरते है। सामाजिक दबाव पुरअसर होता है। सामाजिक मर्यादाओं का उल्लघन आज भी हमारे समाज में करने की हिम्मत लोग आसानी से नहीं कर पाते, इसलिए काल्पनिक सौत का डर मन में बिठा बेवजह का तनाव न पाले।

●●

क्या आपके पति दब्बू है ?

जो हाथ पालना झुलाते हैं वे ही शासन भी करते हैं यह अंग्रेजी की एक कहावत है । मां का होल्ड पुत्र पर पिता से ज्यादा होता है इसमें संदेह नहीं ।

औरत की अस्मिता को लेकर इधर बहुत हो-हल्ला हुआ है । दोयम दर्जे का नागरिक, पैरपोश, दासी और न जाने ऐसा ही क्या-क्या कहकर स्त्री की बेचारगी को बार-बार जताया गया । शिक्षा के प्रचार के साथ-साथ महिलाओं में अपने अधिकारों के प्रति जागृति आ गई है यह एक शुभ लक्षण है । लेकिन औरत क्या वास्तव में बेचारी है ? यह एक मनन करने वाली बात है ।

ईश्वर ने जहां पुरुष को स्त्री के मुकाबले बाहरी तौर से ज्यादा मजबूत और ताकतवर बनाया है वहीं भीतर से औरत को ज्यादा मजबूत बनाया है । वह पुरुष से ज्यादा चालाक है इसमें शक नहीं । पुरुष औरत पर बल प्रयोग कर सकता है किन्तु उसे मोटीवेट औरत ही करती है । यह कहावत बिलकुल सच है कि 'शैतान रहता औरत में है और काम मर्द में करता है ।'

जिस तरह हर पुरुष की सफलता के पीछे औरत का हाथ माना जाता है उसी तरह उसकी असफलता और दब्बूपन के पीछे भी औरत का हाथ होता है । बचपन से ही यह बात अच्छी तरह उजागर हो जाती है ।

बबली अभी थर्ड स्टेन्डर्ड में ही है उसका भाई आकाश फर्स्ट में । दोनों जब स्कूल से साथ-साथ लौटते हैं तो बबली स्वयं कभी अपना बस्ता नहीं उठाती वह हमेशा भाई को उठाने के लिये दे देती है । ऐसी लड़की औरत बनकर क्या पति से सेवा नहीं करवायेंगी ?

कई औरतें पति को महज इसलिये ज्यादा से ज्यादा नजरों के सामने रखना चाहती है ताकि उन पर चौकसी रख सके । कही वह किसी दूसरी औरत के चंगुल में तो नहीं आ गया । यार दोस्तों पर पैसे तो नहीं खर्च कर रहा है, वे यह भूल जाती है कि सैर सपाटा और थोड़ी आजादी पर हर इंसान का बुनियादी हक है ।

पति से पैसे-पैसे का हिसाब लेना वह किससे मिलता है, कहां क्या खाता

है, खाने पर कितना खर्च करता है ऐसी बातें कर पति को कोंचना, वह बताने के मूड में न हो तो झगड़ा करना इन बातों का गलत असर होता है । पति अगर तेज तर्रार है तो वह बीवी को ऐसी बातें नागवार लगने पर झिड़क देगा लेकिन कुछ नरम स्वभाव का है और वह कलह से डरता है तो वह झूठ बोलना शुरू कर देगा । हर समय पति से बात-बात पर लड़ते रहने से वह बेहद भीरू और डरपोक भी बन सकता है याने कि एक दब्बू व्यक्तित्व वाला रीढ़हीन इंसान ।

मिस्टर शरण बीवी से कितना डरते हैं यह उनके ऑफिस के सभी लोग जानते हैं उनके आसपड़ोस की औरतें ही घृणा से मुंह बिदकाकर उन पर कमेन्ट करती हैं, ये तो बीवी तक को काबू में नहीं रख सकता । इसकी बीवी की तरह हम हर वक्त घर का कामकाज छोड़कर घूमती रहे तो हमारे ये तो कभी बर्दाश्त नहीं करेंगे ।

दो बच्चों के पिता प्रदीप का यह हाल है कि उसका कोई भी वाक्य मम्मी ने कहा था के बगैर शुरू नहीं होता । यह नहीं कि वह बड़ा मातृभक्त है । सेवाभाव तो उसमें जरा भी नहीं । मातृभक्त होने से बढ़कर भला और क्या अच्छी बात होगी लेकिन उसका यह अर्थ कदापि नहीं कि बड़े होने पर छोटे से छोटा निर्णय भी लेने में पुत्र सक्षम न हो । ऐसा होने पर दोषी मां ही कहलायेगी । मां का कर्त्तव्य है वह बेटे को इस काबिल बनाये कि उसमें सही निर्णय लेने की योग्यता हो यह नहीं कि वह उसकी बैसाखी बन जाये कि जिसके सहारे के बगैर वह एक कदम भी न चल सके ।

पति-पत्नी का रिश्ता शासक व शासित का न होकर हमसफर, जीवन साथी का होता है । यह एक मनोवैज्ञानिक सच है कि औरत शासित होना पसंद करती है । दब्बू पति को कोई भी स्त्री आदर नहीं देती । एक दब्बू पति की स्त्री बेलगाम घोड़ी की तरह ही बेकाबू रहती है । पहले वह पति को दब्बू बनाती है, फिर पुत्र को । उसकी एक घुड़की पूरे घर को थर्रा कर रख देती है । मानाकि वह घर को निहायत सलीके और तौर तरीकों से चलाती है लेकिन वह इस प्रक्रिया में इतनी लीन हो जाती है कि अपने पति व पुत्र की आजादी छीन लेती है ।

तभी शायद पत्नी के मायके जाने पर जो रिलीफ पति को मिलती है उस पर अनगिनत चुटकुले ईजाद हुए हैं । निःसंदेह हर स्त्री पति और पुत्र को दुनिया में सबसे ज्यादा प्यार करती है लेकिन कभी-कभी वह यह भी भूल जाती है कि उनकी अपनी भी शख्सियत है ।

आलोचक नहीं सहयोगी बनें पति की

मनीष खामोशी से बिना प्रतिवाद किये जीवनसाथी के सभी आरोप चुपचाप सुनता रहा । मेरे यह कहने पर कि क्या बात है भाई साहब, आपको अपने सफाई में कुछ नहीं कहना । बड़ी मायूसी से वह बोला नतीजा कुछ नहीं निकलेगा, सिर्फ घर में कलह होगा और देवीजी अटैची उठाकर मायके चल देंगी । एक ही शहर में शादी करने का यही तो बड़ा नुकसान है । शीना की ओर देखकर फिर डरते-डरते बोला 'आप ही बताइये भाभी अगर मेरे पास समय नहीं है तो इसमें मेरा क्या कसूर ? क्या सब कामकाज बंद करके हर समय मेम साहब की ड्यूटी बजाता रहूं । इस तरह तो घर चलने से रहा । आखिर कमा किसके लिये रहा हूं ? इसलिये न कि अपनी पत्नी को अच्छी तरह घर में रख सकूं, उसकी हर ख्वाहिश पूरी कर सकूं, घुमा-फिरा सकूं, होटल, पिक्चर गरज यह कि हर ऐश इसे करा सकूं ।'

आहा, क्या ऐश करवा रहे हैं जनाब ! कितने दिन हो गये होटल में खाना खाये, पिक्चर देखें । कब गये साथ-साथ घूमने-फिरने ?

होटल जाना, पिक्चर देखना, घूमना-फिरना क्या मुझे अच्छा नहीं लगता ? लेकिन मेरा काम ऐसा है कि यदि इस प्रतिस्पर्द्धा वाले युग में मुझे सफलता प्राप्त करनी है तो लोगों से मिलना-जुलना, काम के प्रति पूर्ण समर्पण अति आवश्यक है ।

बस-बस अब मेरी जुबान मत खुलवाना । घर की चारदीवारी में मेरा दम घुटता है । चाहती हूं नौकरी करूं तो जनाब कहते हैं बच्चों को कौन देखेगा । क्या मेरा काम सिर्फ आया का है । बच्चे देखूं, खाना पकाऊं, महरी न आये तो चौका-बर्तन, झाड़ू करूं । भर पाई ऐसी नारकीय जिन्दगी से । इससे तो मैं कुंवारी भली थी ।

पढ़ी-लिखी होते हुये भी शीना का इस तरह नासमझी से पति का तिरस्कार करना, उसकी आलोचना करना क्या उचित है ? शीना की तरह अधिकांश युवतियों को आज पति से यही शिकवा रहता है कि उनके पास पत्नी के लिये समय नहीं है ।

कितने दु:ख की बात है । पत्नी पति की प्रेरणा न बनकर उल्टे तरक्की में बाधा उत्पन्न करना चाहती है । उसके व्यवसाय को प्राथमिकता न देकर अपने मौज-मजे को ही ज्यादा महत्व देती है । हमारी ही कॉलोनी की श्रीमती कश्यप अपनी इस बात के लिये हंसी का पात्र बनी रहती हैं कि बच्चे को जरा सी छींक आ जाये या खुद को मामूली सा सिरदर्द हो जाये तो झट से पति के ऑफिस का नंबर घुमा देंगी । उनके पीए से यह कहकर साहब कहीं भी हों बहुत जरूरी काम है, फौरन बुलाओ, पति के काम में विघ्न डालेंगी । ग्रहशांति के लिये पति महोदय जरूरी काम छोड़कर महंगा पैट्रोल फूंकते हुये घर दौड़ आते हैं । छोटी-छोटी समस्याओं के लिये पति का कीमती समय बर्बाद करना क्या यही पत्नी का धर्म है ?

अर्पिता, को खरीददारी का जुनून है । हर चौथे-पांचवे दिन वह पति के पीछे पड़कर बाजार जाने का कार्यक्रम बना लेती हैं । परिणामस्वरूप पति महोदय ऑफिस में या तो लेट हो जाते हैं या छुट्टी ले लेते हैं । घर का बजट डांवाडोल होता सो अलग । ऐसे में लाजमी है कि घर में तनाव रहेगा । पति हर समय झल्लाये रहेंगे । तब अर्पिता को उनकी तुनकमिजाजी, गुस्सैल स्वभाव को लेकर उनकी आलोचना करना कितना गलत होगा, क्योंकि गलती तो वह स्वयं ही कर रही हैं ।

इला को इस बात की तकलीफ है कि पति महोदय बरसों से एक ही पद पर चिपके हुए हैं । उनके साथी प्रमोशन लेकर आगे निकल गये हैं । इला इसी बात को लेकर हर वक्त पति को ताने देती हैं, कोंचती रहती है । अपने स्वार्थ में अंधी होकर कितने आराम से उसने सच्चाई से आंखें मूंद रखी हैं । दरअसल पति की तरक्की में वह रोड़ा खुद बनी है । एक ही शहर में मायका होने की वजह से उसे हर तीसरे दिन मायके जाने की आदत पड़ गई हैं । अब या तो पति महोदय उसे स्कूटर पर बिठाकर मायके ले जायें या सारा दिन मेमसाहब का सूजा हुआ चेहरा देखें । उन्हें अपनी भलाई इसी में नजर आती है कि मेमसाहब की खुशियों पर अपना कैरियर कुर्बान कर दें । बच्चों के बढ़ते

खर्च, जानलेवा महंगाई, बाजार में सुंदर चीजें देखकर उन्हें खरीदने की ललक और तनख्वाह वहीं की वहीं। इला पति को निकम्मा समझ सबके सामने उन्हें नाकाबिल करार देती रहती है। मेरे ही भाग्य खोटे थे जो ऐसे नाकारा पति के पल्ले पड़ी वह अपने समृद्ध भाई-बहनों के आगे रोती है। कितने दुख की बात है इला जैसी पढ़ी-लिखी स्त्री जो स्वय नौकरी करके पति का हाथ बंटा सकती थी अपनी नासमझी से अपना और पति का समय बर्बाद करती रही है। क्या ही अच्छा हो पति की आलोचना करने के पहले स्त्री स्वयं को टटोलकर देखे। हो सकता है तब पति की आलोचना करने की नौबत ही न आये।

●●

सुखी दाम्पत्य के लिए पत्नी को खुश रखिये

क्या करूं यार दिनेश मैं माला को खुश रखने की भरपूर कोशिश करता हूं मगर सब नाकाम होकर रह जाती हैं । मेम साहब के मिजाज ही नहीं मिलते । यार तंग आ गया हूं । मैं तो शादी कर के पछता रहा हूं ।

हौसला रख दोस्त । अभी तो तेरी पहली मैरिज एनीवर्सरी भी नहीं मनी है और तू अभी से हथियार डाल रहा है । दोस्त विवाह युद्धस्थल नहीं । यहां तो शरूआत ही संधिनामा लिखकर होती है ।

समस्या केवल एक दिनेश की ही नहीं । कई पति इस बात को लेकर परेशान रहते हैं कि लाख कोशिशों के बावजूद भी वे पत्नी को खुश क्यों नहीं रख सकते हैं । आइये इसके लिये कुछ टिप्स देखे जाए । शायद कारगर साबित हों ।

1. आप कार्यस्थल से लौटकर उसकी दिनचर्या, उसके दुखड़े, उसकी शिकायतें सहानुभूतिपूर्वक सुनें न कि उसे झाड़ते हुए कहे 'बोर मत करो' ।

2. अच्छा खाना बनाने, कपड़े रिपेयर करने या बचत करते हुए वैसे ही कोई रचनात्मक कार्य करने पर पत्नी की प्रशंसा जरूर करें ।

3. जितना संभव हो सके उसके कार्यों में हाथ बटायें ।

4. बच्चों के सामने कभी उसे कमतर होने का एहसास न कराये । याद रखिए बच्चे आपकी पत्नी के प्रति व्यवहार से काफी प्रभावित रहते हैं । आप उनके सामने पत्नी से आदर सम्मान से पेश आये । तभी बच्चे भी मां की इज्जत करना सीखेंगे ।

5. पत्नी द्वारा लिये गये फैसले को एकदम से सीधे-सीधे कभी न नकारें ।

6. घर की व्यवस्था बनाये रखने के लिये पत्नी को कितना खटना पड़ता है । घर के कामों का अंत नहीं होता । इसके साथ ही एक आदर्श पत्नी, एक

अच्छी मां की भूमिका अदा करते हुए घर के सदस्यों की जरूरतों का ख्याल रखना भी उसी की जिम्मेदारी होती है। इन सब का सिला वो और कुछ नहीं चाहती, केवल यह कि खासकर पति को इस बात का अहसास है और उसे इसके लिये इज्जत मिल रही है।

7. बच्चे केवल पत्नी के नहीं, आपके भी हैं। इसलिए उनके कार्यों में दिलचस्पी आपको भी उतनी ही लेनी है।

8. पत्नी के मायकवालों से भी अपने घरवालों की तरह चाहे बराबर नहीं (यह शायद संभव नहीं) मगर स्नेह जरूर रखें। उसकी सहेलियों का आना बर्दाश्त करें लेकिन उनमें जरूरत से ज्यादा दिलचस्पी न लें। उनकी अत्यधिक प्रशंसा न करें।

9. पत्नी के अपने आत्मीय रिश्तेदार सहेलियों आदि के साथ बाहर कहीं घूमने फिरने जाने की इच्छा व्यक्त करने पर प्रसन्नता पूर्वक बच्चों की देखरेख की जिम्मेदारी उठाने को तैयार हो जायें।

10. जब बातों में गर्मी आ जाने से पत्नी का फ्यूज उड़ने की नौबत आने को हो, आप लाइट ऑफ कर देने की समझदारी बरतें, या उसे किसी भी समय हंसा पाने के गुर सीख लें।

11. कभी-कभी अपने क्रियाकलापों को लेकर आत्मनिरीक्षण जरूर करते रहा करें। आपकी खामियां आपसे बेहतर आपको कौन बता सकता है।

12. थैंक यू और सॉरी शब्दों का ज्यादा से ज्यादा इस्तेमाल करना सीख लें।

अंत में सबसे महत्त्वपूर्ण राम बाग फिकरा जिससे गुस्सैल से गुस्सैल बीवी के तेवर भी एकदम डाउन हो जाते हैं, यह है प्रिय, तुम कितनी सुंदर हो।

उपर्युक्त बातों को थोड़ा भी अमल में लाने से दाम्पत्य खुशहाल रहने की संभावना बनी रहेगी।

●●

एक दूजे के जिगरी दोस्त भी बनिए

दोस्ती का रिश्ता एक ऐसा रिश्ता है जो खून का न होते हुए भी भावनात्मक रूप से बहुत करीब का होता है । यहां पर दुराव-छिपाव नहीं होता । दिल खोलकर सुख-दुःख की बातें होती हैं ।

यही रिश्ता अगर पति-पत्नी अपने बीच भी कायम कर लें तो उनका दाम्पत्य सुखपूर्वक गुजरेगा लेकिन ऐसे दाम्पति बहुत कम मिलेंगे जो सच्चे दोस्तों की तरह रहते हों वर्ना शादी के कुछ साल बाद ही उनका रिश्ता इतना रूटीन और ऊबाऊ हो जाता है कि खुशी की तलाश में वे कभी-कभी विवाहेत्तर सम्बंधों के जाल में फंस जाते हैं ।

शाम के सात बजे हैं । नीलिमा अपने पति संजीव की बेचैनी से प्रतीक्षा कर रही है । आज उसने पिक्चर और होटल में डिनर का वादा जो किया था । आखिर दूर से पतिदेव की नीली शर्ट नजर आ जाती है । "अब तशरीफ ला रहे हैं और मैं पागलों की तरह घड़ी में मिनट-सैकंड देख रहीं हूं । हद होती है वादा खिलाफी की । पति के घर में घुसते ही वह बरस पड़ी ।"

'सॉरी डियर, आज अचानक चेयरमैन आ गए थे । वो जब तक रहे मुझे वहां बैठना ही पड़ा, क्या करता मजबूरी थी ।' 'भाड़ में जाए ऐसी मजबूरी', कहते हुए नीलिमा रोते हुए नई साड़ी उतारकर पलंग पर गिरकर औंधे मुंह सिसकने लगी ।

संजीव किचन में खुद ही चाय बना लेता है । इतने में फोन की घंटी बजती है । नीलिमा फोन उठाकर हैलो कहती है । उधर से उसकी सहेली रितु बोलती है । सहेली की आवज सुनते ही अपना रोना धोना भूल नीलिमा चहकते हुए बातें करने लगती है ।

संजीव दूसरे कमरे में सुनता है । दुःख और उदासी से उसका चेहरा

गमगीन हो जाता है । कुछ देर बाद वह भी फ्रेश होकर अपने दोस्त सुमित के घर चल देता है । सुमित से अपने दिल की बात कर सकता है ।

कितनी अजीब बात है, जो पति स्त्री का सर्वस्व है, जो स्त्री कैसी भी मुसीबत पड़े, उसका साथ निभाती है, बीमारी में सेवा सुश्रुषा करती है, वही पति से गलतफहमी, दूरिया और आपसी समझ की कमी के कारण वैमनस्य पालने लगती है । दोस्ती का रिश्ता खुशनुमा होना चाहिए ।

पुरुषों में यह कमी पाई जाती है कि वे जो सोचते हैं उसे आर्टिक्युलेट नहीं कर पाते । उसे ठीक से बता नहीं पाते नतीजतन उनकी जीवन संगिनी को उनसे यही गिला रहता है कि उनके पति प्यार नहीं करते, सिर्फ मतलब के लिए प्यार करते हैं ।

पतिदेव को इस समस्या का अहसास तक नहीं होता, अपने एकाकीपन को लेकर वे मन ही मन घुटते रहते हैं । पति-पत्नी अपने सभी सामाजिक पारिवारिक कर्त्तव्य पूरे करते हुए अपनी-अपनी अलग दुनिया में विचरते हुए असंतुष्ट और तनावग्रस्त रहते हैं ।

मनोवैज्ञानिकों ने जब कुछ सुखी दाम्पत्य जीने वाले लोगों का साक्षात्कार लिया तो उनकी बातों से जाहिर हुआ कि इसका श्रेय वे पति-पत्नी में मित्रवत खुला व्यवहार, आपसी नजदीकियों और एक दूसरे को समझ पाने की क्षमता को देते हैं ।

दरअसल देखा जाए तो पति पत्नी के झगड़े बहुत छोटी-छोटी सी मामूली बातों को लेकर होते हैं । यदि वे छोटी-मोटी बातों को सही परिप्रेक्ष्य में रखकर देखने का ढंग सीख लें अपनी सोच को विस्तृत कर देखें तो उन्हें अपनी गलती का अहसास हो जाएगा । यहां नीलिमा और संजीव के बीच घुली कड़वाहट की बात लेते हैं । संजीव को ऑफिस में रुकना जरूरी हो गया था, उसका प्रमोशन इश्यू था और वह अपने बॉस को नाराज नहीं कर सकता था । क्या हुआ अगर उस दिन वह पत्नी नीलिमा को पिक्चर नहीं ले जा सकता तो ? वह शाम को और तरीकों से खुशनुमा बना सकते थे । नीलिमा पल भर को यह सोचती कि उसके पति को अगर कुछ हो जाता तो, उसका सर्वस्व आज हंसता-बोलता उसके सामने है । भला इससे बड़ा सुख और क्या हो सकता था । जरा सी सही सोच से वह जीवन के सुहाने पलों को दुःख में तब्दील होने से बचा सकती थी । पति की मजबूरी का अहसास करने की परिपक्वता

अगर उसमें होती तो उसकी क्रोधाग्नि की जगह सहानुभूति और संवेदनशीलता ले सकती थी । बस अपने से इतर सोचने की जरूरत है ।

मनोवैज्ञानिकों का मत है कि हर व्यक्ति अपना प्रतिबिम्ब अपने स्वजन की आंखों में देखता है । इसलिए हर व्यक्ति उसी से अधिक प्रभावित व आकर्षित होता है जिसकी आंखों में उसे अपना प्रतबिम्ब भी आकर्षक लगता है । अपनी पत्नी की आंखों में भी पति अपनी छाया देखता है और पति की आंखों में पत्नी को अपना प्रतिबिम्ब दिखता है ।

अगर यह सच है तो अपने साथी में अगर हीन भावना है तो उसका उत्तरदायी जीवन साथी ही माना जाएगा । दोनों को चाहिए कि वे एक दूसरे का मनोबल बढ़ाएं, उनके गुणों को समय-समय पर चर्चा करके केवल नकारात्मक दृष्टिकोण अपनाते हुए हर समय एक-दूसरे की आलोचना ही न करते रहें । जैसे दोस्त की आलोचना करते रहने से दोस्ती में दरार आ जाएगी वैसे ही पति-पत्नी के सम्बंधों में भी होता है । मित्र से होने वाली अनबन समय का अन्तराल भुला देता है, लेकिन ऐसा पति के साथ नहीं होता क्योंकि उनके साथ तो एक ही छत के नीचे सदा रहना होता है । इसलिए समझदारी इसी में है कि छोटी-मोटी तकरार को अनावश्यक रूप से तूल न दें ।

एक मनोवैज्ञानिक तथ्य है कि वैवाहिक जीवन में एक ऐसा मुकाम आता है जब पति-पत्नी के घुलमिल जाने की इंतिहा होती है । कितनी सुखद स्थिति होती है यह ।

दरअसल दाम्पत्य जीवन में प्यार का अर्थ बहुत व्यापक हो जाता है । सारे रिश्ते जैसे प्रिय के व्यक्तित्व में समाहित होते हैं । उनमें हजार नेमतों के बराबर रिश्ता होता है, जिगरी दोस्त का जिसमें कमिटमेंट्स को मुद्दा बनाने की गलती कभी नहीं होनी चाहिए । इस दोस्ती की नींव होनी चाहिए, 'आदर-सम्मान-इज्जत । 'सम्मान' एक दूसरे के व्यक्त्वि का, एक दूसरे की अस्मिता का ।

●●

बदले बदले वो नजर आते है

सुलभा कल ही इलाहाबाद से अपने देवर के यहां से लौटी थी । आज दोपहर में गपशप के मूड से जब मेरे पास-आई और उसने जब अपनी देवरानी रचना की समस्या बतलाई तो मुझे काफी हैरत हुई । अभी दो साल पहले ही तो वह यहां अपनी जेठानी सुलभा के पास आई थी । तब उन मियां बीवी का प्यार देखते ही बनता था । सुलभा तो अक्सर मजाक में देवरानी से कहती थी कि भई तूने हमारे देवर पर ऐसा कौन सा जादू कर दिया है तो तू उन्हें पतंग की तरह डोरी खींच कर मनचाहे ढंग से उड़ाती फिरती है और अब सुलभा बता रही है कि उसके देवर अपनी पत्नी रचना से एकदम विमुख हो गए है । ऑफिस से समय पर घर नहीं आते । पत्नी से ठीक से बात नहीं करते और रचना को तो यह भी शक है कि शायद वे किसी दूसरी औरत के पास जाते है ।

ठीक यही समस्या जब मेरी एक सखी नीलिमा के साथ भी पेश आई थी तो उसने रोने धोने और घर में कलह करने के बजाय मैरिज काउंसलर से सलाह लेनी ज्यादा उचित समझा था । दो तीन माह में ही उसके पति लाइन पर आने लगे थे । दूसरी औरतें भी उससे पति को वश में रखने के गुर जानना चाहती थी । नीलिमा ने उदारता से वे बातें सभी को बता दीं । उसने बेझिझक अपनी गलतियां स्वीकार करते हुए औरों से उन्हें नहीं दोहराने का अनुरोध भी किया ।

हालांकि ये बातें बार-बार दोहराई जाती हैं । लेकिन अक्सर औरतें जानते बूझते भी उन बातों की उपेक्षा कर जाती है बाद में सिवाय रोने पछताने के कुछ नहीं बचता तो क्यों न समय रहते ही चेत जायें ।

शाम को जब पति थके हारे घर लौटते हैं तब अगर खीझी हुई पत्नी उनके

आते ही सरे दुखड़े रोते हुए उन पर बरस पड़े "आपके भरोसे तो कोई काम होने से रहा" या "पता नहीं कहां चीजें रख जाते हैं जो मिलने का नाम नहीं लेती" या "मेरी कमर दु:ख रही है सिर दु:ख रहा है कमजोरी आ रही है" आदि बीमारी का रोना लेकर बैठ जाएं तो उनकी प्रतिक्रिया क्या होगी यह कोई भी समझदार पत्नी सहज ही समझ सकती है । होना यह चाहिये कि एक मादक मुस्कुराहट चेहरे पर लिए उनका स्वागत किया जाए (विशेष परेशानी हादसे की बात छोड दें) उन्हें यह अहसास दिलाया जाए कि आपको उनकी प्रतीक्षा रहती है । उनके एट इज होने पर फिर चाय नाश्ते आदि को पूंछे । वे क्या लेना चाहते है गर्म या ठंडा जो भी वे पसंद करते हो । यकीन मानिए बुझे हुए पति में आपकी प्रसन्नता से ऊर्जा का संचारण होने लगेगा । सारा घर खुशी से जगमगाता नजर आयेगा ।

प्रसन्न संतुष्ट पति अपना कार्य भी प्रसन्नतापूर्वक दुगने जोश से कर पायेंगे । उनका खिला हुआ मन उन्हें समय पूर्व बुढ़ापा ओढ़ने से निजात दिलाएगा ।

दैहिक सुख का सम्बंध भी मन में जुड़ा होता है आप पति को सच्चा प्यार करती है तो स्वाभाविक रूप में उनकों दैहिक सुख देने की इच्छा आप में जागृत होगी । यहां यह तात्पर्य नहीं है कि पत्नी की अपनी स्वतंत्र कोई मर्जी नहीं है । लेकिन प्यार में बड़ी ताकत है, यह बहुत सी बाधाएं जो मानसिक ज्यादा होती है पार कर लेता है । वार्तालाप का अपना महत्व है । पति और आप में कम्युनिकेशन गेप नहीं होना चहिए आपका रिश्ता मित्रवत हो । जीवन की भागदौड़ गहमागहमी के बीच भी पति के सान्निध्य में कुछ समय ऐसा भी हो जब आप केवल एक दूसरे के मन की बात कहें सुनें । अपनी बात कहकर जहां पति हल्कापन महसूस करेंगे, आप भी उनके क्रियाकलापों से अवगत होती रहेंगी । इसी समय में आप भी अपनी बात कह सकती है आप उनकी सुनेंगी तो वे भी जरूर आपकी सुनेंगे ।

इसके अलावा घर में व्यवस्था रखना घर सुचारू रूप से चलाना शांति कायम रखना ये वो बातें हैं जो पति में घर का आकर्षण जगाये रखती है । शोर शराबा आपाधापी के लिए तो बाहरी संसार ही बहुत है । पति आपके परमेश्वर न सही लेकिन वे केवल आपकी सुख सुविधा के साधन और रुपया कमाने की मशीन भर भी नहीं है । दिखावे और आधुनिकता की मृगमरीचिका

के पीछे दौड़कर घर में कलहपूर्ण माहोल न बनायें। अपनी चादर देखकर ही पैर फैलाएं। पति को हर कदम पर मारल सपोर्ट दें आप उनकी शक्ति बने कमजोरी नहीं। रूप रंग चार दिन की चांदनी है। असल में पति आपके नैतिक गुणों से ही प्रभावित होते है। आप एक अच्छी पत्नी बनकर तो देखिए फिर बदले बदले नजर आते है कहने की कभी नौबत नहीं आयेगी।

●●

क्या आप अपने दाम्पत्य जीवन से दुःखी हैं ?

सुगंधा और अंजन कुछ साल पूर्व तक ऐसा लगता था मानों वे सिर्फ एक दूसरे के लिए ही बने है। उनका आपस में लगाव देख मित्र मंडली उन्हें लैला मजनू कहा करती थी। एक दूसरे की भावनाओं को वे चेहरा देखकर पढ़ लेते थे। गजब का तालमेल था दोनों के बीच। फिर न जाने कैसे उनमें छोटे-छोटे झगड़ों की शुरूआत हो गई कारण कोई खास न होते थे। दरअसल उनके बेटे दीपू के जन्म के बाद सुगंधा उसके साथ व्यस्त रहने लगी तो अंजन अपने को उपेक्षित महसूस करने लगा। अब सुगंधा पहले की तरह ऑफिस जाने से पहले उसके कपड़े, रूमाल, पेन, आई कार्ड, डायरी, इत्यादि सब आगे नहीं रख पाती थी इससे अंजन को बड़ी कोफ्त होती। वह अपनी चिढ़ निकालने के बहाने खोजता रहता और जरा सी बात को लेकर बवेला मचाने लगता। गृहकार्यों के बोझ से दबी सुंगधा भी कहां तक सहती वह भी पलटकर जवाब देती और उनके बीच कई-कई दिन तक अनबोलना रहता।

नतीजन दोनों तनावग्रस्त रहते। उनमें जब झगड़ा होता तो उनके तीनों बच्चे जो क्रमशः छह चार और दो साल के थे सहम जाते। पापा भूखे ऑफिस चले जाते तो मम्मी गुस्से में खाना ही नहीं बनाती वह औधें मुंह बिस्तर पर पड़ी सिसकती रहती। बड़ी बेटी ही बच्चों को बिस्कुट ब्रेड देकर बहलाती। मन ही मन खीझते रहने के कारण स्वस्थ सुंदर सुंगधा बीमार रहने लगी आंखों के नीचे असमय गड्डे पड़ गये और खून की कमी से रंग पीला पड़ गया था। उधर अंजन भी इस मानसिंक परेशानी को लेकर ऑफिस के कार्यों में गलतियां करने लगा था जिसके कारण उसका प्रमोशन रूक गया। विवाह एक अटूट बंधन है जो समय के साथ मजबूत होता चला जाता है। लेकिन इसके लिए प्रयत्न दोनों ओर से होना चाहिए। पति पत्नी में भले ही तालमेल हो न हो

लेकिन हमारे संस्कार सांस्कृतिक मूल्य इस रिश्ते को टूटने से बचाए रखते है। कई बार समय के साथ इन सम्बंधों में सुधार आ जाता है। अपनी अपनी गलती महसूस कर कुछ तुम झुको कुछ हम की नीति अपनाते हुए दम्पत्ति गृहस्थी की गाड़ी आराम से चला लेते है। लेकिन कई बार गृहस्थ जीवन में ढेर सी कड़वाहट घुल जाती है। माधुर्य का रस–सत्रोत सूख जाता है नीरसता छा जाती है। तब सम्बंधों को रेशमी चादर की तरह लिपटाया और ओढ़ा नहीं जाता बल्कि एक अनचाहे खुरदरे हर तरफ से चुभते भार की तरह ढ़ोया जाता है।

शारीरिक आकर्षण की तीव्रता में शुरू के कुछ साल तो रूमानियत में लिपटे ही गुजर जाते है लेकिन धीरे–धीरे जब जीवन की समस्याओं से दो चार होने की नौबत आती हैं तो यथार्थ की कठोर सच्चाइयां रूमानी आवरण हटाने लगती है।

दाम्पत्य सम्बंध बिगड़ने के कारणों की जांच करे तो पायेंगे कि यह एक बहुआयामी समस्या है, बढ़ती हुई जिम्मेदारिया, आर्थिक दबाव, महत्वाकांक्षाओं का दमन, आपसी समझ का अभाव, परिवार में समायोजन न होना इसके कारण है। इसके अलावा स्वभावगत कमजोरियां जो साथ रहने पर धीरे–धीरे प्रगट होती है जिनका शुरू में आभास नहीं होता, कलह का कारण बन जाती है। अमेरिकन वैज्ञानिक आयर्स ब्रदर्स की धारणा है कि जब हम किसी से शादी करते है तो तब उन तमाम बातों से हमारा सम्बंध रातों रात जुड़ जाता है जो बचपन से उसके संग चली आ रही है ऐसे में जीवन साथी कुशल संवाद की कुशलता बनाए रखे, तथा दिलचस्पी लेने पर उन बातों का खुद ब खुद खुलासा हो जाता है जो बचपन से आज तक उसके साथ जुड़ी चली आ रही है। बेहतर अंडरस्टेडिंग के लिए यह पुख्ता जमीन है। प्रेम और विश्वास जितना गहरा होगा यह रिश्ता उतना ही मधुर होगा। आज की लड़कियां अपनी अस्मिता के प्रति जागरूक है। कई बार जब पति पारम्परिक पति की तरह बिहेव करते हुए पत्नी के व्यक्तित्व को बदलकर अपनी तरह ढालने की कोशिश करते है तो वह विद्रोह पर उतर आती है और इससे उनके रिश्ते में दरार पड़ने लगती है। विवाह के पश्चात पति पत्नी दो जिस्म एक जान जरूर बन जाते हैं लेकिन इनका स्वतंत्र अस्तित्व समाप्त नहीं हो जाता।

इसी तरह उन्हें एक दूसरे के आत्मसम्मान की रक्षा करते हुए इस बात का ध्यान रखना चाहिए कि उनकी किसी बात या कार्य से उसे ठेस न पहुंचे।

गलती इंसान से ही होती है । उसे लेकर साथी को कोचते रहने के बजाय माफ करना सीखें । याद रखें 'टू एर इज हुमेन, टू फोरगिव इज डिवाइन' गलती करना मानवीय है माफ करना देवीय । यौन सम्बंध दाम्पत्य का आधार स्तंभ है । एक नियमित संतुलित सैक्स जीवन स्वास्थ के लिए तो अच्छा है ही है इससे प्यार में अंतरंगता बनी रहती है और वैवाहिक जीवन की आधी समस्याएं स्वत: ही हल हो जाती है । जीने के लिए पैसा कितना अहम है इसे नकारा नहीं जा सकता । अक्सर अर्थ के अभाव में जोश में किए गए प्रेम विवाह टूटने की कगार तक जा पहुंचते है । पैसे खर्चने की कोई सीमा नहीं है । सीमा का निर्धारण पति पत्नी को आपसी समझ और सूझबूझ से करना चाहिए । शुरू से मितव्ययिता की आदत डाल ली जाए तो आगे आर्थिक परेशानियों से बचा जा सकता है । सफल, असफल दाम्पत्य की बात अगर की जाये और उनके आंकड़े इकट्ठे किये जाये तो निश्चित ही असफल दाम्पत्य का पलड़ा भारी मिलेगा । जहां यह रिश्ता जिया नहीं जाता केवल अनचाहे बोझ की तरह ढोया जाता है वहां इससे छुटकारा पाने का तरीका है तलाक । लेकिन न तो तलाक मिलना इतना आसान है न समस्याओं का हल । मैरिज काउंसलर से मदद ली जा सकती है, यह इतना कॉमन नहीं है । हर जगह मैरिज काउंसलर की सुविधा भी नहीं होती और कांउसलिंग काफी खर्चीली भी होती है । वह व्यक्तिगत मामले होते हैं जिसमें किसी को राजदार बनाकर सलाह ले पाना आसान नहीं । यह वैमनस्य झगड़े, मनमुटाव और उनसे अपनी-अपनी वितृष्णा को दम्पति आपस में विश्वास पर आधारित बातचीत से ही दूर कर सकते है ।

कभी-कभी आपसी रिश्ते के संदर्भ में आत्मचितंन हितकर होता है । अपनी कमियां भी ढूंढे / पति को प्रेमी के रूप में देखने की कोशिश करें । अपने बीच प्रतिद्वंद्विता कभी न आने दे । पति को भी चाहिए वह पत्नी में प्रेमिका ढूंढे । प्यार का इजहार करने में कंजूसी न बरते अपना बजट देखते हुए समय-समय पर पत्नी को तोहफे देना न भूले । पत्नी को भी चाहिए कि वह भी खास मौकों पर पति को सरप्राइज गिफ्ट दें । दाम्पतय को सतत् पोसना पड़ता है ।

●●

नजरों से दूर, दिल से दूर न हो जाए

अल्पना एक कॉलेज में लेक्चरार है । उसका पति रिजवान बैंक मैनेजर है । पति का ट्रांसफर होता रहता है । नौकरी से ज्यादा अल्पना को बच्चों की पढ़ाई की चिंता रहती है । पति तो कहते है, 'छोड़ दो नौकरी । मुझसे अकेले नहीं रहा जाता । तुम्हारे साथ तो फिर भी बच्चे हैं ।'

निर्णय न ले पाने के कारण अल्पना परेशान है । दोनों किशोर बेटों पर पिता का शासन न होने से लाइन बिगड़ने लगी हैं । पढ़ाई से ज्यादा टी.वी. पर उल्टे सीधे प्रोग्राम देखना, स्कूल से गायब होना, होटल, रेस्तरां, सैर, तफरीह करना । काम की कहो तो सपाट जवाब, हमारे बस का नहीं है, हमें पढ़ाई करनी है । अल्पना रातों को रोती है, तब उसे रिजवान बहुत याद आते हैं । उनकी लव मैरिज थी । रिजवान के प्यार में आज भी कोई कमी न थी । यह त्रासदी आज सिर्फ अल्पना की ही नहीं, उस जैसी न जाने कितनी स्त्रियों की होगी । पति रहते हुए भी वैधव्य जैसा जीवन गुजारना ।

'फॉर फ्रॉम साइट, फॉर फ्रॉम माइंड' अंग्रेजी की एक कहावत है । यह बात अक्सर ही एक कड़वी हकीकत बन जाती है । अनामिका और अनिकेत के केस में ऐसा ही कुछ हुआ । मां-बाप, सास-ससुर सभी ने अनामिका को कितना समझाया । प्राइवेट स्कूल की नौकरी रतलाम में भी मिल सकती है, लेकिन उसने भोपाल में एक प्राइवेट स्कूल की नौकरी, जहां उसे महज दो हजार रुपये मिल रहे थे, नहीं छोड़ी ।

अनिकेत से रातों की तन्हाई काटे नहीं कटती । इसका फायदा उठाया गहरे रंग और तीखे नयन-नक्श वाली अनिकेत से उम्र में पांच साल बड़ी राधिका भारद्वाज ने । अनुभवहीन, सीधा, सच्चा अनिकेत राधिका के जाल में फंसता चला गया । उसने पत्नी के पास जाना ही छोड़ दिया । राधिका ने उसे ब्याह

के लिए मजबूर किया। गुपचुप उनका विवाह भी हो गया। अनामिका को मालूम होने पर इतना गहरा मानसिक आघात लगा कि अवसाद के क्षणों में उसने ढेर सारी नींद की गोलियां सटक ली। उसकी त्रासदी का अंत यह हुआ।

पति-पत्नी एक-दूसरे को टूटकर प्यार करते हों और सदा एक-दूसरे के सान्निध्य की ऊष्मा में महफूज होने का अहसास रखते हों तो जीवन की हर कठिनाई का मुकाबला करने में वे सक्षम रहेंगे। कितना भी सख्त जान व्यक्ति क्यों न हो, उसे भी मनोबल के लिए मॉरल सपोर्ट की जरूरत कभी न कभी, कहीं न कहीं जरूर पड़ती है।

विवाह हो जाने पर अकेले रहना इससे बड़ी सजा किसी के लिए क्या हो सकती है। वास्तव में ही अगर मजबूरी है तो बात और है लेकिन महज ऐश से रहने के लिए या फिर कहा जा सकता है, अकारण ही कारण बनाकर अलगाव या तलाक जैसी स्थिति बना ली जाए तो यह सिवा मूर्खता के और कुछ नहीं कहा जा सकता। ऐसे लोगों की बुद्धि पर तरस आता है और यही उद्गार निकलते हैं, प्रभु इन्हें क्षमा करना। ये नहीं जानते ये किन सुखों से स्वयं को वंचित कर रहे हैं। नीलिमा एक मध्यमवर्गीय हाईस्कूल पास सुखी गृहिणी है। मां से मिले संस्कारों में यह बात कि संतोष धन सबसे बड़ा धन है, उसने हमेशा याद रखी। उसका पति पर विश्वास, आस्था और उत्कट प्रेम कई महिलाओं के लिए अनुकरणीय हो सकता है। वह कहती है, 'मेरे सबसे सुखी क्षण वे ही होते हैं, जब हम दोनों करीब-करीब बैठे मीठी-मीठी बातें करते हैं और भविष्य की योजनाओं को लेकर कल्पनाएं करते हैं।

उनके करीब रहना मुझे बहुत ही अच्छा लगता है। उनकी उपस्थिति मुझे मां की गोद जैसा सुकून देती है। उनकी ख्वाहिशें पूरी करने में मुझे जो सुख मिलता है उससे मेरी आत्म तृप्त हो जाती है। आज ऐसी कई पत्नियां है, जो पति से अलग दूर किसी शहर में पति या स्वयं अपनी नौकरी के कारण रहने के लिए मजबूर हैं। दूर रहने वाले जोड़ों में चाहे कितना भी प्यार क्यों न हो, उनके सम्बंध सहज नहीं रह सकते। दो तरफा बोझ स्त्री को कई बार चिड़चिड़ा बना देता है, जिसके परिणामस्वरूप बच्चे परेशान रहने लगते हैं। घर में तनाव की स्थिति आ जाती है। लोग कन्नी काटने लगते हैं। बीमारियां जैसे उच्च रक्तचाप, मानसिक असंतुलन, डिप्रेशन हो सकता है। कार्यक्षमता पर असर पड़ता है। कर्टसी कॉल, सोशल विजिट्स सब बंद हो जाती है।

सालों साल अलग रहने के बाद जीवन की सांध्य बेला में फिर आपस में एडजस्ट करना और तालमेल बिठाना मुश्किल हो जाता है । रिटायरमेंट वैसे ही अपने साथ अनेक समस्याएं लेकर आती है ।

व्यक्तिगत स्वतंत्रता, नारी उत्थान, अति भौतिकवादिता, बढ़ती स्वार्थपरता के कारण आज माहौल बहुत बदल गया है । महंगाई और महत्वकाक्षाएं, इन दो पाटों के बीच पिसते परिवारों के लिए साथ रहना असंभव सा लगने लगता है । तन की दूरियां जब पाटी न जा सके तो क्या किया जाए ?

इसका विकल्प है 'टच' में रहना, 'टच' में रहने के लिए संवाद, जिसे अंग्रेजी में कम्युनिकेशन कहा जाता है, जरूरी है । तरीके आपके अपने हो सकते हैं, मसलन पत्र लिखना, फोन करना या 'ई' मेल द्वारा संदेश और बातों का आदान-प्रदान । हर नकारात्मक बात का कोई सकारात्मक पहलू भी हुआ करता है । यहां दूरी आत्मनिर्भरता ले आती है, जो कई बार स्त्रियों का सबसे कमजोर पहलू होता है । इसी तरह पुरुष भी अपना कार्य स्वयं करना सीख लेते हैं, लेकिन यह बात भी ध्यान देने योग्य है कि यही निर्भरता पति-पत्नी के रिश्ते को जोड़ती है ।

जीवन को समझने में लोग सबसे बड़ी भूल यह करते हैं कि वे इसे अमर मान कर चलते हैं । जीवन कितना अनिश्चित है, यह गुजरात में हुई त्रासदी बताती है । ऐसे में प्यार और खुशी के लिए वक्त ही कितना है । महज रुपए-पैसे के लालच के लिए जब इनसे महरूम रहा जाए, वो भी तब, जब आपके पास काफी हो तो उसे क्या कहा जाएगा ?

●●

फरमाइश करें मगर सोचकर

"नीलू देख तो तेरे जीजाजी मेरे लिये कितनी सुंदर हीरे की अंगूठी लाये हैं, हाय, जब से मैंने रीमा की उंगली में हीरे की अंगूठी देखी है मेरा मन भी हीरे की अंगूठी के लिए ललचा रहा था, एट लास्ट मेरी ख्वाहिश पूरी हो ही गई।"

वाह दीदी ! कितनी सुंदर अंगूठी है हीरे की। अंगूठियां तो मेरे पास तीन-चार है इस बार शादी की सालगिरह पर अनिरूद्ध को मैंने एडवांस में ही बता दिया है कि मैं तो हीरे का ब्रेसलेट लूंगी।

"लेकिन वो तो बहुत महंगा आता होगा नहीं ?"

"तो क्या हुआ। आखिर पति लोग कमाते किसलिए हैं ? लानत है ऐसे मर्द पर जो पत्नी की ख्वाहिश भी पूरी न कर सके।"

"तू ठीक कहती है बहना अब हमारी पड़ोसन अंजली को ही देख क्या हमारा स्टैंडर्ड देखकर उसका मन नहीं ललचाता होगा लेकिन मन मारना तो कोई उससे सीखे, वही चार साड़ियां और दो गाउन में काम चला लेती हैं जेवर के नाम पर सिर्फ गले में मंगलसूत्र और चार चूड़ियां।"

नीलू की दीदी याने मिसेज आशा कोठारी के इस कथन में सच्चाई क्या है आईये जरा इसकी पड़ताल के लिये उनकी पड़ोसन अंजली के घर चलें।

"अंजू डियर क्या सोसायटी की और लेडिज को देखकर तुम्हारा भी तरह-तरह के जेवर कपड़े ऐशोआराम के सामान खरीदने का दिल नहीं करता ?"

देखिए मैं झूठ तो नहीं बोलूंगी क्यों नहीं करता लेकिन अपने मन को वश में रखना मुझे मेरे माता-पिता ने सिखाया है वे हमेशा कहते थे अपनी चादर देखकर पैर पसारने चाहिये।

तुम कितनी समझदार हो ! कहकर नरेश ने अंजली को सीने से लगाकर

उस पर प्यार भरे चुंबनों की बौछार कर दी ।

यह थी अंजली के दाम्पत्य जीवन की एक झलक ! अब जरा नीलू के घर का जायजा लिया जाये ।

"अगर कर्ज में डूब रहे हो तो मैं क्या करूं ? यह तुम्हारी समस्या है मुझे तो हीरे का ब्रेसलेट चाहिए अगर मेरी इच्छाए पूरी करने की हैसियत नहीं थी तो कॉलेज की ब्यूटी क्वीन नहीं किसी जमादारनी को ब्याह कर लाते" नीलू की जबान चलती रहती शायद तभी एक झन्नाटेदार तमाचा उसके गाल पर पड़ा और अक्षय उसे रोता छोड़कर बगैर खाना खाये ऑफिस चला गया । नीलू कितनी जिद्दी है वह जानता था आज फिर वह ऊंची दर के ब्याज पर कर्ज लेने की सोच रहा था क्योंकि उसे डर था ब्रेसलेट या तलाक !

प्राय: देखा जाता है अपरिपक्व दिमाग की स्त्रियां खुदगर्जी के आलम में डूबी पति की मजबूरी समझे बगैर अपनी फरमाईशों का पुलिन्दा खोले रहती हैं । आर्थिक स्थिति डॉवाडोल होने पर भी पत्नी की कलह से बचने के लिए मजबूर होकर उन फरमाइशो को अगर पति पूरा करता है तो वह परिवार को तबाही की ओर ले जाता है ।

शायद ही कोई पत्नी जानबूझकर पति को दु:खी करना चाहेगी आखिर वह उसके और परिवार के लिए ही तो जी तोड़ मेहनत करके कमाता है वह उसके बच्चों की मां होती है उसने साथ जीने मरने की कस्में खाई होती हैं जो वह निभाना भी चाहती है, पति की मजबूरी न समझ पाने का कारण है उसकी नादानी और उत्कृष्ट अभिलाषाएं जिन पर नियंत्रण रखना उसे नहीं आता । पति अगर पत्नी की समझदारी का कायल हो तो वह बगैर मांगे ही बहुत कुछ अपनी सामर्थ्य के अनुसार लाकर देता है वही खर्चीली पत्नी की बेजा मांगों से तंग आने पर वह लाने की स्थिति में होते हुए भी खुश होकर उसकी मांगे पूरा नहीं करेगा क्योंकि वह अपना इंप्रेशन पति पर बिगाड़ चुकी होती है ।

सच तो यह है कि हर पति अपनी पत्नी को बनी ठनी और सजी धजी जीवन के सुखों को भोगते हुए देखना चाहता है इसी के लिए वह प्रयत्नरत भी रहता है लेकिन जीवन में हर चीज आसानी से हासिल नहीं होती । पति कमाई में लगा रहे बीवी को कम्पनी न दे पाये तब भी वह नाराज रहती है और हर समय उसके ही पहलू में बैठा रहे तो उसकी ख्वाहिशें कैसे पूरी हो ?

हर स्त्री को यह समझना जरूरी है आर्थिक स्थिति सुदृढ़ होने में भी वक्त लगता है ।

अगली बार आप जब भी पति से फरमाइश करें अपने घरेलू बजट को ध्यान में रखकर करें पतिदेव ना नुकर करें तो आपको बात मनवाना तो आता ही है ।

●●

जब पति ज्यादती पर उतर आयें

"मम्मी राजेश ने मुझ पर हाथ उठाया मैं अब और बर्दाश्त नहीं कर सकती समझता क्या है वह अपने आप को कोई बादशाह ! या खुदा ! मुझे तो बस अपनी जरखरीद गुलाम समझता है ।"

पति गुस्से में हो तो औरत को सब्र से काम लेना चाहिए । क्यों करे सब्र औरत ? आज बराबरी का जमाना है । मैं तो यही समझी थी कि राजेश के रूप में मुझे एक अच्छा साथी मिला है लेकिन हनीमून से लौटते ही उसने रंग दिखाने शुरू कर दिये और उसकी माताजी और घर के अन्य सदस्य तौबा ! बहुत हुआ अब मैं और नहीं सह सकती ।

राशिका का राजेश से विवाह हुए अभी साल भी नहीं गुजरा था । राशिका के माता पिता ने अपने एक करीबी रिश्तेदार की बातों का यकीन कर बगैर जांच पड़ताल किये ही राशिका का विवाह राजेश से कर दिया था । राजेश को जिस कम्पनी में पार्टनर बनाया गया था वह ऐसे ही कोई फर्जी कम्पनी थी । राशिका स्वयं हिन्दी में डॉक्टरेट किये थी और कॉलेज में लेक्चरार थी । राजेश बेरोजगारी का सारा फ्रस्ट्रेशन पत्नी पर निकालता, उधर सास की रूढ़िवादी सोच उसे परंपरागत बहू के रूप में देखना चाहती । यही हाल घर के अन्य सदस्यों का था । अपनी अस्मिता के प्रति सजग आर्थिक रूप से स्वतंत्र राशिका को अपने पर जुलम भला क्यों कर बर्दाश्त होता उसने भी निर्णय ले लिया था । अगर मुझे भी इंसान का दर्जा देंगे तो ठीक वर्ना अपने पैरों पर खड़ी हूं अपाहिज नहीं हूं मैं । स्थिति और बदतर होने पर राशिका अलग कमरा लेकर रहने लगी । जब राजेश को पता चला तो वह पति का अधिकार जताते हुए साथ रहने आ गया । कुछ समाज का डर कुछ संस्कार और नैतिकता का तकाजा वह उसकी ज्यादतियों के बावजूद उसे घर से

निकाल न सकी ।

राशिका की कलीग मिस डॉली गोदरेज को राशिका की बुजदिली पर आक्रोश है । पति के नाम पर एक पेरेसाइट (रक्तशोषक) को पालना कहां की नैतिकता है । डॉली को उन स्त्रियों से जरा भी हमदर्दी नहीं जो जानते बूझते स्वयं अपना शेषण करवाती हैं जो सक्षम होते हुए भी जुल्मों को बर्दाश्त करती है । उन्हें वह नारी उत्थान में अवरोध पैदा करने वाली मानती है ।

टेलीफोन ऑपरेटर का कार्य करनेवाली शैलजा ढींगरा को राशिका से हमदर्दी जरूर है । लेकिन बेचारी ऐसी परिस्थिति में और कर भी क्या सकती है ? आखिर राजेश उसका पति है । उसे साथ रहने देकर वह ठीक ही कर रही है ? कम से कम समाज में राशिका की इज्जत तो बनी हुई है ।

बी.एच.ई.एल. में सीनियर डी.जी.एम. के रेंक पर कार्यरत पारूल शर्मा मानती हैं । "बाह्य तौर पर नार्मल दिखने वाले मेंटल पति के साथ जिंदगी भर रहना एक नॉर्मल संवेदनशील स्त्री के लिए यातना शिविर में रहने जैसा है ।" लेकिन अलगाव को भी वे समस्या का हल नहीं मानतीं । वे कहती हैं "औरत आज कितनी भी तरक्की कर ले उसे यह नहीं भूलना चाहिए कि उसकी जड़ें उसके अपने ही परिवार में हैं । जब अधिकांश पुरुष बेमेल पत्नी का साथ निभा सकते हैं तो औरत भी क्यों नहीं ? अपने को पुरुषों के समकक्ष मानने वाली कमाऊ औरत को पुरुषों से इस बात का सबक लेना चाहिए । आखिर इसमें हर्ज ही क्या है अगर वह यह समझे कि जैसे एक पति पत्नी को पालता आ रहा है वह पति को पाल रही है । रही ज्यादती की बात उसका भी हल है । वह खामोशी का कवच-धारण कर संपूर्ण आत्मविश्वास के साथ पत्नी धर्म निभाती रहे । पति स्वतः ही हीनता बोध से ग्रस्त होकर देर सबेर उसके काबू में होगा ।"

पारूल शर्मा के इस तर्क का विरोध करती हुई मातृछाया नर्सिंग होम की संचालक डॉक्टर सुषमा जैन कहती हैं आज विवाहेतर सम्बंधों का चलन बढ़ता ही जा रहा है । सेक्स को लेकर अब समाज में कोई टैबूज नहीं रहे खासकर पुरुषों के मामले में । जब अपनी जरूरतें दूसरी औरतों से पूर्ण करने के लिए पुरुष आजाद हैं तो वह बीवी कैसी भी हो माइंड नहीं करता जब तक उसकी सुविधाओं में खलल नहीं पड़ता । लेकिन एक शादीशुदा औरत के लिए विवाहेतर सम्बंध बना पाना इतना आसान नहीं । उस पर चारों तरफ से दबाव

पड़ता है । बच्चों के प्रति लगाव, बदनामी का डर, बेवफाई से उपजनेवाला अपराधबोध सब मिलकर उसकी रूमानी आकांक्षाओं को दबा डालते हैं । अतृप्ति उसे हर समय तनावग्रस्त और डिप्रेस्ड रखती है इससे क्या यह उचित नहीं कि वह भी विवाहेतर सम्बंधों का लुत्फ उठाकर अपना जीवन अपने लिये जीना सीख ले ।

गलत प्रतिद्वंद्विता में स्त्री पुरुष दोनों का ही ठौर नहीं । न ही विवाहेतर सम्बंध बनाने से समाज स्वस्थ रह पायेगा । जागरूकता और अस्मिता को लेकर महिलाओं में जो तनाव और कुंठाएं बढ़ रही हैं उसका कुछ न कुछ हल तो खोजना ही होगा । आज न वह पूरी तरह परिवार की बन पा रही है न पूर्णतः बिंदास और निर्द्वन्द । पुरुषों की मानसिकता देखी जाये तो वह बुद्धिजीवी स्त्रियों के प्रति आकर्षित उसकी बौद्धिकता के लिये कम और ज्यादा इस बात के लिए होता है कि ऐसी स्त्रियों में उसके ख्याल में यौन वर्जनाएं नहीं होती वह प्रायः उनके चरित्र के विषय में यही भ्रम लिये रहते हैं । दरअसल उसकी समस्त उदारता आधुनिक दृष्टिकोण रखने का दावा उसके दोहरे मापदण्ड का एक हिस्सा है । भीतर से वह आज भी पारंपरिक पुरुष है जिसकी सोच अधिक 'एक्सपोजर' के बावजूद भी स्त्री को लेकर अनुदार है खासकर पत्नी को लेकर । यही कारण है कि स्त्री आज विद्रोह पर उतर आई है । इसमें वह स्वयं से भी लड़ने पर मजबूर है क्योंकि संस्कार उसमें भी कहीं वे ही यानि कि पारंपारिक हैं । यही कारण है कि पति की ज्यादतियों के बावजूद राशिका उसे घर से बाहर नहीं कर सकी । इंजीनियर पारूल शर्मा का यह तर्क वजन लिए है कि अलगाव समस्या का हल नहीं वह यह समझे वह पति को पाल रही है । ज्यादती की बात का हल है खामोशी आत्मविश्वास के साथ पत्नी धर्म निभाती रहे पति देर सबेर काबू में होगा ।

शोषण के खिलाफ विद्रोह के नाम पर आपा खो देने से बात सिर्फ बिगड़ती है । कहावत है सब्र का फल मीठा होता है । यहां यह मतव्य कदापि नहीं कि जोर जुल्म ज्यादती सहना ही सब्र है । इसका निर्णय पत्नी को अपने विवेक से लेना है कि स्थिति कितनी गंभीर है । जान पर बन आये और पत्नी सब्र करती रहे यह भीरूता होगी । लेकिन आप ज्यादती किसे कहेंगी ? पहले यह दिमाग में स्पष्ट करें उसके बाद तदनुसार कार्यशील हों । वर्ना हल्की फुल्की लड़ाई नोक झौंक कहासुनी बहस तकरार को पति की ज्यादती का नाम

न दें। अपना कसूर नजर अंदाज न करें। ठंडे दिमाग से सोचकर देखें। नफरत बीमार से नहीं बीमारी से करें। प्यार की डोर उचित देखभाल और सेवा से यह बीमारी ठीक की जा सकती है। इसके अलावा तुरंत ठीक होने की उम्मीद रख के नाउम्मीद न हों इसके लिये थोड़ा समय भी आपको देना होगा टाइम इज द बेस्ट हीलर।

●●

बेरोजगार पति की उपेक्षा न करें

सागरिका के पति मधुर की नौकरी स्थायी न थी शादी के चंद महीने बाद ही वह बेरोजगार हो गया। संयुक्त परिवार था इसलिये खाने के लाले तो नहीं पड़े लेकिन सागरिका के पिक्चर, होटल, शॉपिंग के सपने बिखर गये। इसके लिए पति को जिम्मेदार समझ वह मधुर को बात-बात में ताने देने लगी। उसकी तुलना अपने अमीर भाईयों और कमाऊ जेठ से कर उसे हेयदृष्टि से देखने लगी।

भला मधुर का अहम यह कैसे बर्दाश्त करता। नतीजन रोज उनमें वाकयुद्ध होने लगा और नौबत मार-पिटाई तक पहुंचने लगी। दुःख और क्रोध से भरकर एक दिन सागरिका ने घर छोड़ दिया। वह जानती थी कि पीहरवाले उल्टे उसे ही लैक्चर देंगे इसलिए वह एक सहेली के घर चली गई चार दिन में ही उसकी अकल ठिकाने आ गई जब सहेली के पति ने उसका फायदा उठाना चाहा। आज मधुर साथ होते तो किसी की मजाल थी जो मेरी इज्जत पर हाथ डालने की कोशिश करता, उसने दुःखी मन से सोचा। वह जब लौटकर घर पहुंची तो मधुर ने खुशखबरी सुनाई कि उसे एक बड़ी फर्म में बहुत अच्छा जॉब मिल गया है, सागरिका अपने आप से शर्मसार थी।

जिसके साथ सुख-दुःख में साथ निभाने की कसम खाई होती है उसे न जाने कुछ स्त्रियां कैसे भूल जाती हैं, जिसका सुख बांटने की वो स्वयं को पूर्ण हकदार समझती हैं क्या उसकी परेशानियां भी उनकी नहीं हैं ?

बेरोजगारी की समस्या आज हमारे देश की एक अहम समस्या है। नौकरी पाना न पाना अपने हाथ में नहीं है। अच्छी क्वालिफिकेशन, ऊंची डिग्री के बावजूद काम नहीं मिलता इसके लिए कसूरवार पति नहीं है। हां कसूरवार वह तब है जब वह नौकरी या किसी काम के लिए प्रयत्न न करे। और बीवी

की कमाई पर गुलछर्रें उड़ाए । इसका विरोध स्त्री जरूर करे लेकिन महज अपनी कमाई पर घमण्ड कर पति को हेयदृष्टि से देखना उचित नहीं है ।

आमतौर पर पुरुष खुद्दार होते हैं वो ज्यादा से ज्यादा पैसा कमाना चाहते हैं ताकि अपनी पत्नी और बच्चों की फरमाइश पूरी कर सकें । बेरोजगार होने पर वह काफी डिप्रेस्ड रह सकता है, ऐसे में पत्नी का कर्तव्य है उसे सपोर्ट दे न कि जली-कटी सुनाये ।

उसे अतिरिक्त सावधानी बरतनी चाहियें कि कोई ऐसी बात न कहे जिससे पति के अहम् को चोट पहुंचे । याद रखिए हर सफल पुरुष के पीछे एक स्त्री का हाथ होता है ।

पति-पत्नी में सामंजस्य होना बहुत जरूरी है । उसके लिए स्त्री का दायित्व ज्यादा है क्योंकि ईश्वर ने उसे ज्यादा भावुक और गहरा बनाया है । पति से बराबरी करने जैसी निरर्थक आधुनिक नारेबाजी को छोड़कर उसे स्वयं में रहना चाहिए । अपने अंदर ईश्वर प्रदत्त गुणों को पहचानकर उसी तरह व्यवहार करना चाहिए । पत्नी का प्यार पति को बुलंदियों तक पहुंचा सकता है उसके जीवन में सुख-चैन भर सकता है । जबकि उसकी उपेक्षा उसका कलेजा छलनी कर देती है । बेरोजगारी तो वैसे ही उसे परेशान किए रहती है, उस पर पत्नी बेरहम हो जाए तो पति के जीवन में आशा का दीप कैसे जला रहेगा ?

जीवन में सब दिन एक से नहीं रहते आज पति बेरोजगार है तो उसका यह मतलब नहीं कि वह आजीवन बेरोजगार ही रहेगा । जीवन संघर्ष में उसका साथ दें । इसका अपना फायदा है जो आगे जाकर पता चलता है । बहुत धन मिले न मिले पति का प्यार तो अपना रहेगा ।

●●

घरेलू काम पत्नी की जिम्मेवारी

सदियों से हमारे यहां यही परंपरा चली आ रही है कि घरेलू कार्य सिर्फ स्त्री का ही क्षेत्र है जिसमें पुरुष की दखल अंदाजी ठीक नहीं इससे पुरुष का व्यक्तित्व कमजोर पड़ जाता है, उसकी छवि बिगड़ जाती है पुरुष का क्षेत्र बाहरी कार्य है, धनोपार्जन करना है, यही उसे सजता है ।

घरेलू कार्यों में बच्चों की परवरिश से लेकर बड़ों की सेवा, घर का रख-रखाव, सफाई, सजावट, मेहमानदारी, दोनों वक्त का भोजन, नाश्ता सभी कुछ आ जाता है, इन्हें हम महत्वपूर्ण किन्तु थैंकलैस जॉब कह सकते हैं क्योंकि इनकी कोई अहमियत नहीं मानी जाती है ।

वक्त ने करवट ली और स्त्रियों में तेजी से शिक्षा का प्रचार बढ़ा । पहले स्त्री महज घरेलू कार्यों को करके ही संतुष्ट रहती थी क्योंकि इसके अलावा वे कुछ और कर भी नहीं सकती थी । किन्तु आज की शिक्षिताएं अब महज घरेलू कार्यों में ही संतुष्ट होकर नहीं रह जाती । वे अपनी शिक्षा का उपयोग करना चाहती । इसके लिए वे नौकरी करती है, वैसे भी आज की बढ़ती महंगाई में एक ही सदस्य की कमाई से घर खर्च चलाना मुश्किल है ।

स्त्री की लाइफ स्टाइल में परिवर्तन आया, इसकी मानसिकता बदली, इसके क्षितिज का विस्तार हुआ । किन्तु पुरुष की मानसिकता आज भी वही है उसके शोषक रूप में जरा भी परिवर्तन नहीं आया गृहकार्य करना आज भी वह अपनी हेठी समझता है ।

पत्नी की भावनाओं को समझने में वह आज भी सक्षम नहीं । अपने को वह घर में बॉस समझता है और पत्नी को सबआर्डिनेट, जबकि पति-पत्नी जीवन साथी माने जाते है । आज कितने पति ऐसे मिलेंगे जो पत्नी की अस्मिता को स्वीकारते हों, उसकी शख्सियत को पहचान दे पाते हो, शायद वे अंगुली

पर गिने जा सकते हैं ।

अवतार सिंह किसी कारखाने में सुपरवाइजर थे । चार-चार बेटियों के बाप होने के कारण उन्हें कभी रसोई में झांकने की भी जरूरत नहीं पड़ी । सब चीजें उन्हें बगैर हाथ पैर हिलाए टेबल कुर्सी बिस्तर पर ही मिल जाती । आर्थिक स्थिति सुधारने के लिए उनकी पत्नी भी नौकरी कर रही थी । उन दिनों वायरल फैला हुआ था । स्कूल में ही एकाएक तबीयत खराब होने पर वे घर लौट आई । लड़कियां स्कूल जा चुकी थी पति घर पर ही थे । शाम तक वे भूखी प्यासी लेटी रहीं । पति महोदय आराम से अखबार पढ़कर फैक्ट्री चले गये । ये कहने पर कि कम से कम चाय तो बना लेते । उनका जवाब था- उन्होंने कभी चाय बनाई ही नहीं ।

औरत पति की सेवा टहल में सारी उम्र बिता देती है, किसलिए ? क्या इसीलिए कि वह अपने पुरुषत्व के अहंकार में उसके प्रति संवेदनाहीन बना रहे ?

मजे की बात यह है कि घरेलू कार्यों में पत्नी का हाथ बंटाने वाले पुरुष का मखौल औरतें ही ज्यादा उड़ाती है । पड़ोस में रहने वाली रश्मि कुछ दिन हुए बता रही थी कि एक दिन वह अपने बेटे को सुबह-सुबह स्कूल के लिए तैयार कर रही थी, तो पतिदेव स्वयं चाय बनाने लगे । मंदिर जाते हुए बुआजी दो मिनट को आकर कभी-कभी हालचाल पूछ जाती है । उन्होंने रश्मि के पति को चाय बनाते क्या देख लिया सभी रिश्तेदारों में उसे बदनाम करके रख दिया कि उससे जरा भी घर का काम नहीं होता । बेचारा पति ही रसोईघर में लगा रहता है । बुआजी तो खैर फिर भी बुजुर्ग थी । लेकिन आजकल की पढ़ी-लिखी अपने को अत्याधुनिक जताने वाली औरतों का भी यही रवैय्या है । इसलिए सबसे पहले औरत को ही अपनी विचारधारा बदलनी होगी ।

जब पुरुषों के मन से यह भय निकल जाएगा कि घरेलू कार्य करने से उनकी हंसी नहीं उड़ेगी या उन्हें जोरू का गुलाम या 'औरताना मर्द' नहीं कहा जाएगा, तभी वे घरेलू कार्यों में पत्नी का बेंझिझक होकर हाथ बंटा सकेंगे । ये इस बात को समझ पायेंगे कि ऐसा करना, यानी कि गृहकार्यों में पत्नी की मदद करना, उनका पत्नी के प्रति प्यार, अपनापन, सहानुभूति का इजहार है, वर्ना ये साबित होता है कि ये पत्नी को प्यार नहीं करते ।

सोचिए पति खाली हाथ पर हाथ धरे बैठा है और पत्नी अकेली लस्त पस्त

सब कार्यों से एक साथ जूझ रही है । ऐसे पति के लिए पत्नी के मन में प्यार कैसे होगा ? 'इन्हें मेरी रत्ती भर परवाह नहीं' यही तो सोचेगी वह । सहनशील हुई तो घुटकर मर जाएगी और तेज तर्रार हुई तो पति-पत्नी में इस बात को लेकर तकरार गंभीर झगड़े का रूप ले सकता हैं ।

घर में मधुर वातावरण तभी रहेगा जब एक अकेली पत्नी पर सारा कार्यभार नहीं होगा । अगर वह तनावग्रस्त और खीजी चिड़चिड़ी होगी तो न उसके पास मधुर वार्तालाप के लिए वक्त होगा न हंसने मुस्कराने, तसल्ली से जवाब देने का स्टेमीना । पत्नी अगर आटा गूंद रही है, पति, खाली वक्त हो तो सब्जी काट दे । इस दौरन वे हल्की-फुल्की बातचीत भी कर लेंगे । पत्नी का काम हल्का होने से उसका मूड़ भी दुरूस्त रहेगा, लड़के भी पापा से यही सीख ग्रहण करेंगे ।

वक्त के साथ जहां बहुत कुछ बदला है वहां स्त्री पुरुष के कार्यक्षेत्र भी पहले की तरह अलग-अलग नहीं रहे । इसलिए पुराने नजरिए से आज उनके कार्यों को देखना और देखकर आज के संदर्भ में उनकी आलोचना करना सरासर गलत है ।

●●

विवाहेत्तर सम्बंध : ऊब का विकल्प

शिक्षा के विकास ने स्त्रियों को आत्म निर्भर बनाया हैं । वे बाहर नौकरी करने लगी । उनके व्यक्तित्व का विकास हुआ । अब वे घर की चारदीवारी से बाहर सार्वजनिक क्षेत्रों में पुरुष के बराबर भागीदार बनके कार्य करने लगीं लेकिन समाज आज भी पुरुषों का ही है । अपनी अस्मिता की चाह लिये जब स्त्री उसमें अपनी जगह ढूंढने चली तो उसे कई एक कठिनाईयों का सामना कई मुकामों पर एक साथ करना पड़ा । सहयोग की अपेक्षा उनके लिए मृगमरीचिका ही बनी रही ।

वह चाहे नौकरीपेशा हों या गृहिणी, गृहकार्य उसी की जिम्मेदारी है । अगर बच्चे हैं तो उनकी देखरेख भी उसे ही करनी है । घर बाहर के बोझ तले दबी नारी जब कुंठाग्रस्त होकर खीज से भर उठती है तो उसकी भावनाओं को पति या घर के दूसरे सदस्य समझ नहीं पाते । उल्टे उसे बदमिजाज होने पर प्रताड़ित करते हैं । इसका सीधा असर उसके दांपत्य जीवन पर पड़ता है । पति के साथ उसके रिश्तों में ठंडापन, विसंगति और दरार आने लगती हैं । दोनों ही जब घर में सुकून नहीं पाते तो सुकून की तलाश में भटकने लगते हैं । वैवाहिक जीवन की ऊब भरी असफलता व नीरस यौन जीवन न केवल पुरुषों को बल्कि स्त्रियों को भी विवाहेत्तर सम्बंध बनाने की ओर प्रेरित करते हैं ।

विवाहेत्तर सम्बंधों में फंसी सुनीला दत्ता एक शिक्षित नारी इस तथ्य को स्पष्ट करते हुए कहती है, मेरी शादी को नौ वर्ष हो गए हैं । मेरे दो बच्चें भी हैं । शादी के कुछ वर्ष बाद सब कुछ बासी लगने लगा । रोज-रोज वही रूटीन एक दम ऊबाऊ जिन्दगी से मैं बोर होने लगी थी । शिवम और मेरे बीच जैसे कुछ भी नया नहीं रहा । वह ऑफिस से ही क्लब चला जाता । घर में रहते हुए भी बस औपचारिकता ही बरतता । अनायास ही मेरे जीवन में मेरा सहकर्मी

जावेद आ गया। सब कुछ अचानक ही हो गया था। जिन्दगी मुझे फिर से जीने लायक लगने लगी। उसने मुझे औरत होने का अहसास दिलाया। वर्ना मैं तो भूल ही गयी थी कि मे मिसेज दत्ता और बच्चों की मां से अलावा भी कुछ हूं।

राहुल जिसे पहले अपनी निहायत सीधी सादी घरेलू किस्म की बीवी दुनिया की सबसे सुदंर और अच्छी स्त्री लगती थी, अब उसके लिजलिजे यस वूमन वाले व्यक्तित्व से ऊबने लगा था। उसे अपने दोस्त की नई नवेली पत्नी जो साधारण रूप रंग का होने के बावजूद बहुत बोल्ड और फैशनेबल साथ ही नंबर वन फ्लर्ट थी, आकर्षित करने लगी।

आज नैतिकता के मापदण्ड बदल गए हैं। ज्यादा से ज्यादा आधुनिक विचारों वाले विवाहेत्तर सम्बंधों के पक्ष में मिलेंगे। अगर इससे जीवन की एकरसता टूटती है ऊब मिटती है, तो इसमें बुरा क्या है बशर्ते आप परिवार के प्रति जिम्मेदारी निभाते रहें, उसे टूटने न दें। ये सम्बंध अगर आप में नई स्फूर्ति भरते हैं नये संदर्भों में पुराने को तोलने का मौका देते हैं और दाम्पत्य को स्थायित्व दिलाते हैं, तो इन पर किसी को आपत्ति क्यों होनी चाहिए। एक सच्चाई यह भी है कि ऊब को मात्र बहाना मान कई व्यक्ति स्त्री हो या पुरुष, अपनी मूल प्रवृति को ऐसे सम्बंध बनाकर संतुष्ट करते हैं।

●●

न उड़ने दे गलतफहमियों की चिंगारियां

निथि का विवाह जब भुवन से हुआ तो सभी मेहमानों ने उस जोड़ी को सराहा। निथि की सखी आशना ने मम्मी से कहा–'मां, इन्हें देख ऐसा लगता है कि ये एक दूजे के लिए ही बने हैं, मेड फॉर इछ अदर।'

गोवा में हनीमून मनाकर यह जोड़ा सेनफ्रांसिस्को उड़ गया जहां भुवन आई बी.एम. में बतौर बिजनेस एक्जीक्युटिव कार्यरत था। निथि घर में अकेली बोर होती। घर परिवार की याद उसे बहुत रूलाती। भुवन ऑफिस की बोल्ड हंसमुख छमकछल्लो सहकर्मियों के मुकाबले निथि का मुरझाया कुम्हलाया चेहरा देख खीझ उठता। उसे लगता उसकी पत्नी इस शादी से खुश नहीं है।

अंतरा की आदत थी, पति के ऑफिस से आने पर वह पूछती, और सुनाइए शेखू (शेखर), आज का दिन कैसा रहा। मुस्कुरा कर शेखर भी उसके गले में बाहे डालकर ऑफिस की, सहकर्मियों की दास्तान मजे लेकर सुनाता।

लेकिन इधर कुछ दिन से उसका बॉस से शीत युद्ध चल रहा था। बॉस उसे सबके सामने अपमानित करने का जैसे मौका ढूंढता रहता। शेखर बेहद तनाव की स्थिति से गुजर रहा था। उसने अंतरा को यह बात इसलिए नहीं बताई कि वह सुनकर परेशान होगी। तनावग्रस्त होने की स्थिति में वह अंतरा को अब पहले की तरह मजेदार बातें न सुनाता, न ही उससे ज्यादा बात करने के मूड में रहता। उसके ज्यादा बोलने पर वो प्लीज अंतरा, मुझे कुछ देर अकेला रहने दो' कहकर अपने में गुम हो जाता। पति का सर्द व्यवहार अंतरा को तड़पा जाता। उसे लगता शायद प्रेगनेंसी की वजह से वह अब शेखर को आकर्षक नहीं लगती। उसका आकर्षण समाप्त हो गया है। पति की रूखाई को वो अपना अपमान समझ बैठी। उससे चुप नहीं रहा गया। वह आये दिन शेखर से बगैर उसकी मजबूरी परेशानी जाने झगड़ा करने लगी। एक तो

ऑफिस का तनाव, दूसरे घर पर कलह, शेखर का सब्र जवाब दे गया। उसने अंतरा पर ऐसे में अक्सर पति जो करते है, वहीं किया यानि हाथ उठा दिया। बस, फिर क्या था ? उच्च शिक्षित गोल्ड मेडेलिस्ट बीवी प्लेन से उड़कर मायके पहुंच गई, कभी न लौटने के लिए, यह कहकर कि अब मेरा वकील ही तुमसे बात करेगा।

यहां पत्नी अंतरा ने शेखर की मानसिक स्थिति के बारे में जरा भी सोचने का कष्ट नहीं उठाया। नासमझी के कारण ही उसने यह गलतफहमी पाल ली कि वह आकर्षणहीन हो गई है जबकि वास्तविकता कुछ और थी।

मौली ने पति प्रदीप को जब तनावग्रस्त देखा तो उसका मन आद्र हो उठा। पति की परेशानी शेयर करना उसने अपना कर्त्तव्य जान पति से कारण जानना चाहा मगर उसकी बात टालते हुए पति के अहम् ने उसे यह सोचने पर मजबूर किया कि अब जरा जरा सी बात और वो भी ऑफिस की, पत्नी को क्या बताना। वह भला क्या समझ पाएगी।

मौली उसके संक्षिप्त रूखे उत्तर तुम बेकार खुद परेशान होती हो और मुझे भी परेशान करती हो सुनकर पति को लेकर शंकालु हो उठी। न जाने ऐसी क्या बात है जो ये मुझसे छिपा रहे है। कहीं किसी दूसरी औरत का चक्कर तो नहीं। आजकल तो यह फैशन हो गया है। एक घरवाली दूसरी बाहर वाली। वो इसी ऊहापोह में अपना सुख चैन गंवा बैठी।

नेहा सॉफ्टवेयर कंपनी में बिजनेस एक्जीक्युटिव थी। कार्यभार ज्यादा होने से उसे अक्सर ऑफिस में देर हो जाती, ऊपर से दिल्ली का ट्रैफिक। एक दिन उसकी कार खराब होने पर उसके ऑफिस में कार्यरत इंजीनियर अमर ने उसे घर तक लिफ्ट क्या दे दी, पति अर्नव ने नेहा का जीना हराम कर दिया।

उसके चरित्र पर शक करना अब उसकी आदत बन गई थी। पैसे के लालच में वो नेहा को नौकरी भी नहीं छोड़ने देता। उनके दाम्पत्य को तो मानो उस रोज से ग्रहण ही लग गया।

पति-पत्नी में सारे झगड़े की जड़ अक्सर उनके बीच होने वाली गलतफहमियां हैं जिसके मूल में होती है समझ का अभाव और नकारात्मक सोच की आदत। पॉजिटिव सोच वाले लोग आसानी से गलतफहमी के शिकार नहीं होते, ये एक ठोस सत्य है।

पति पत्नी में गलतफहमी पैदा न हो, उसके लिए जरूरी है उनमें साथ होने का अहसास ।

इस अहसास को मिटाने वाली उस बात से पति पत्नी को बचाना चाहिए जो उनके प्यार की दुश्मन हो ।

पति बाहर से थका मांदा आता है । पत्नी एकल परिवार की तनहाई से गुजरती है । ऐसे में जब दोनों का मिलन होता है तो दोनों अपनी-अपनी तरह से 'एक्ट' करते हैं और जब उसका रिएक्शन वैसा नहीं होता जैसा होना चाहिए तो डायनामाइट का विस्फोट होता है ।

थका हुआ पति आते ही न तो गंभीर शिकायतें सुनने के मूड में होता है, न सवालों की बौछार सहने के यह बात हर पत्नी को जान लेनी चाहिए ।

ईश्वर ने उसे गहरी अन्तर्दृष्टि यूही नहीं दी है । उससे वह समझ सकती है कि कब पति बतियाने के मूड में है, कब उन्हें अकेला छोड़ स्पेस देना है ।

स्त्री पुरुष की मौलिक प्रकृति में अंतर है । स्त्री ज्यादातर भावुक होती है, पुरुष व्यवहारिक । स्त्री को लगातार प्यार की बार-बार स्वीकृति का इजहार चाहिए । पर पुरुष सांसारिक कार्यों के चलते उनमें उतना लीन रहता है कि समझ नहीं पाता । यही स्त्री के क्षोभ व असंतुष्टि का कारण बन जाता है जिसे स्त्री पुरुष की उपेक्षा समझती है, दरअसल वह उपेक्षा नहीं उसका अहम् होता है ।

पति पत्नी अगर स्त्री पुरुष के मनोविज्ञान से अच्छी तरह परिचित हो तो उन्हें एक दूसरे को अच्छी तरह समझ पाना आसान होगा ।

तब उन्हें एक दूसरे को पूर्णता स्वीकार करने में देर नहीं लगेगी । उन्हें एक दूसरे की जो बातें ऑफेंड करती है उनके प्रति उनका नजरिया भी बदलेगा यानि उनमें उदारता पनपेगी, आउटलुक बदलेगा, सोच का दायरा विस्तृत होगा । तब गलतफहमियों के लिए भला गुंजाइश कहां होगी ।

●●

पत्नी के मन को भी समझिए

वे दम्पत्ति बहुत खुशनसीब होते हैं, जो एक–दूसरे की भावनाओं को समझते हैं, जिनमें आपस में गहरा प्यार होता है और जो एक–दूसरे पर जान छिड़कते हैं । एक–दूसरे का संबल होने पर वे बगैर हथियार डाले कठिनाइयों से मुकाबला कर सकते हैं । एक–दूसरे के मनोबल को बढ़ाते हुए वे दुनिया के सितम भी हंसकर झेल सकते हैं । भावनात्मक सुरक्षा मिलने पर व्यक्ति कभी अपने को अकेला और असहाय नहीं पाता ।

उनके आपसी तालमेल से घर में जो एक खुशनुमा वातावरण रहता है, उसका असर घर के बच्चों से लेकर दोस्तों, रिश्तेदारों सभी पर पड़ता है । उनके घर लोग आना पसंद करते हैं । उनका उदाहरण दूसरों को देते हुए पीठ पीछे उनकी प्रशंसा करते हैं । यह एक मनोवैज्ञानिक तथ्य है कि हर कोई अपने आदर्श वैवाहिक जीवन के सपने को कहीं न कहीं साकार होते देख संतुष्ट होता है ।

सुखमय वैवाहिक जीवन के लिए कोई दवा अब तक न तो ईजाद हुई है और न ही भविष्य में ऐसी कोई दवा बनने की संभावना ही है । हालांकि हर छोटी से छोटी बात और काम के लिए नित नए उपकरण और कैमिकल्स बन रहे हैं । वैवाहिक जीवन की सफलता तो पूर्णतया पति–पत्नी के स्वभाव, आदत और आचरण पर ही निर्भर है ।

सिर्फ शादी की बर्बादी को लेकर मातम मनाने से कुछ हासिल होने वाला नहीं होता । शादी आबाद रहे, इसके लिए पति–पत्नी दोनों को थोड़ी समझदारी से चलना होगा । अक्सर पुरुष स्त्री के मन को समझ नहीं पाते । सिंसियर होते हुए भी वे पत्नी को खुश रखने में कामयाब नहीं हो पाते । पत्नी अक्सर पति को भरपूर प्यार, सम्मान और खुशी देने के लिए तत्पर रहती है और बदले

में अगर वह भी पति से इन्हीं की कामना करती है तो इसमें आखिर गलत क्या है ।

पति द्वारा बात-बात पर पत्नी को टोकना, उसके हर कार्य में मीन-मेख निकालते रहना पत्नी के अहम् को चोट पहुंचाकर उसे कुंठित कर देता है । ऐसे में उसका आत्मविश्वास डगमगाने लगता है और वह तनावग्रस्त रहने लगती है । इस तरह अनायास ही घर की खुशियों पर ताला पड़ जाता है । पत्नी को लेकर पति का नकारात्मक रवैया उसके वैवाहिक जीवन की बगिया को झुलसा देता है । वहां अब खुशी के फूलों की महक और कोमलता की जगह कांटों की चुभन ले लेती है ।

करन एक बेहद हंसमुख नौजवान था । शादी के बाद कुछ माह तक तो उसके हंसमुख स्वभाव में कोई बदलाव नहीं आया लेकिन प्रेगनैंसी से बेडौल होती बीवी के प्रति धीरे-धीरे वह उदासीन होने लगा ।

पत्नी सुमन कुछ समझ न पाई । वह अक्सर सोचती कि वह तो पहले की ही भांति इनका पूरा ख्याल रखती है और इनसे उतनी ही मोहब्बत भी करती है, फिर भी ये ऐसे क्यों होते जा रहे हैं ? सुमन को दुःख तो इस बात का ज्यादा होता कि अपने मित्रों, उनके बीवी-बच्चों या रिश्तेदारों से तो पतिदेव खूब हंसते, इधर-उधर की बातें करते मगर उसे देखते ही जैसे उनका मूड एकदम ऑफ हो जाता । अपने दोस्त की एक तीस वर्षीय कुंवारी अति आधुनिक बहन, जो अक्सर जींस-टॉप पहने मुंह में सिगरेट दबाए हुए ही दिखाई पड़ती थी, के साथ करन का अफेयर चल रहा है, यह बात सुमन को जब गैरों से पता चली तो वह भीतर ही भीतर पूरी तरह टूट गई । उसे होने वाले बच्चे के प्रति भी अब कोई उत्साह न रहा ।

इसे कहते हैं अपनी बेवकूफी से अपने ही घर में आग लगा बैठना । एक वफादार, सुशील, सेवापरायण, स्वस्थ और सुंदर पत्नी को छोड़कर करन एक सस्ती फ्लर्ट किस्म की लड़की के जाल में ऐसा फंसा कि अपनी आधी से ज्यादा तनख्वाह वह उसकी ऐशपरस्ती पर ही लुटाने लगा । प्रेमिका को जब करन से ज्यादा मालदार दूसरा बेवकूफ मिल गया तो उसने एक ही झटके में करन से अपना दामन झटक लिया ।

पत्नी केवल शारीरिक सुख ही नहीं चाहती, वह पति के लाड़-दुलार की भी भूखी होती है । अगर उसे विश्वास हो कि पति उसे बहुत चाहते हैं और

उसके दिल में उसके लिए खास जगह है तो वह हमेशा उनके प्रति उत्साह से भरी रहती है।

नासमझी की परतों में अपना प्यार छिपाए कई पति अपने को परमेश्वर समझने की भूल कर बैठते हैं।

अपने को सर्वज्ञ समझते हुए वे पत्नी को अपने अनुरूप बनाने में जुट जाते हैं। इसके लिए वे कभी पत्नी को नीचा दिखाते हुए उसकी तुलना दूसरी स्त्रियों से करते हैं तो कभी अपना आतंक जमाते हुए हर बात के लिए बेकसूर होते हुए भी उसे ही दोषी ठहराते हैं।

हर समय किट-किट करते रहने वाले पति की गैर मौजूदगी पत्नी को ज्यादा राहत प्रदान करती है लेकिन उसका मन तो हमेशा प्यासा ही रहता है। ऐसे में भला वह खुश कैसे रह सकती है। कुछ समय की गैर हाजरी के बाद वह यही चाहती है कि पतिदेव घर आ जाएं।

जहां मन मिले हों, परफैक्ट ट्यूनिंग और अंडरस्टैंडिंग हो, वहां पति-पत्नी पल भर के लिए भी एक-दूसरे से जुदा नहीं होना चाहेंगे।

●●

जिन्दगी संवर जाती है प्यार सच्चा हो तो

प्रेम एक चिंतन एहसास है । यह मनुष्य में जन्म से मृत्यु तक साथ रहता है हां इसका स्वरूप उम्र के साथ बदलता रहता है । प्रेम करना कोई पाप नहीं है फिर भी न जाने क्यों समाज इसे अच्छा नहीं समझता । प्रेम करने वालों को आवारा और बदचलन तक कहा जाता है । कुछ ही समय पूर्व एक गांव में एक प्रेमी युगल को चूंकि वे अलग जाति के थे जिस तरह पूरे गांव के सामने क्रूरता से मारकर उन्हें इस अपराध की सजा दी गयी वह हमारे सभ्य समाज के नाम पर कलंक है । यह ठीक है कि किशोरावस्था में जन्मा प्यार महज आकर्षण हो सकता है । नादान उम्र का प्यार भी नादान होता है । इसमें प्रेमी दुनियादारी से अनभिज्ञ सिर्फ जज्बात के वश में होता है । कई बार प्रेमी अपना अच्छा बुरा सोचने समझने की स्थिति में नहीं होता है । न उन्हें अपने कैरियर की चिंता होती है न भविष्य का ख्याल । जज्बात की रौ में बहने वाले कभी अपने दिमाग से काम नहीं लेते । जल्दबाजी में वे शादी कर लेते हैं बाद में उनका दाम्पत्य विफल होने के पूरे चांस होते है । क्योंकि शादी महज रोमांस नहीं । यहां जिन्दगी की हकीकतों का सामना करना पड़ता है और आटे दाल का भाव मालूम करते-करते सारा रोमांस काफूर हो जाता है । यही नहीं कि सभी प्रेम विवाह असफल रहते हैं किन्तु ज्यादातर यही देखा गया है ।

मां बाप को चूंकि जिन्दगी का तर्जुबा होता है, वह अपनी संतान को कोई गलत कदम उठाने से रोकना चाहते है । इसलिए अक्सर वे प्रेम में गिरफ्तार युवक या युवती का विवाह जल्दबाजी में अपनी ही जाति के योग्य वधू-वर से कर देते है । दबाव में आकर वे विवाह तो कर लेते है लेकिन इसके दुष्परिणाम कभी-कभी गंभीर होते है । पागल प्रेमी कभी-कभी एक दूसरे के विछोव में आत्महत्या तक कर लेते हैं । सच यह है कि अप्राय के प्रति

आकर्षण कुछ ज्यादा ही होता है । इंसान को जो-जो चीज आसानी से उपलब्ध हो जाती है उसे वह स्वीकृत समझ उसके प्रति लापरवाह हो जाता है । इसी प्रकार व्यक्ति विवाह के पश्चात अपने जीवनसाथी को हमेशा करीब पाकर उससे विमुख हो प्रेमी के प्रति तीव्र आर्कषण महसूस करता है । ऐसे में जीवनसाथी अकारण ही बलि का बकरा बनकर रह जाता है ।

हेमलता की मां विधवा थी । बड़ी मुश्किल से आर्थिक तंगी होने के बावजूद उन्होंने हेमलता के ससुराल वालों की मांगे पूरी कर बेटी का ब्याह किया लेकिन शादी की पहली रात ही उसके पति सतीश ने स्पष्ट रूप से कह दिया कि शादी उसने सिर्फ माता-पिता की खुशी के लिए की है क्योंकि वे घर में मुस्लिम लड़की लाने के बजाय जहर खाकर मर जाना पसंद करते । वह ताहिरा के बगैर नहीं जी सकता । दूसरे दिन सास ने भी बात का खुलासा करते हुए कहा मैंने यह सोचकर सतीश का ब्याह तुमसे किया है कि तुम उसे सुधार लोगी । उन्हें पल भर भी दूसरे की बेटी की जिन्दगी बर्बाद करने का मलाल न हुआ । कुछ समय बाद जब सतीश की प्रेमीका को उससे हमल रह गया तो लड़की के घरवालो ने सतीश पर उससे ब्याह करने के लिए दबाव डालना शुरू किया । परेशान सतीश को जब कुछ न सुझा तो उसने पत्नी को जहर देकर मार डाला ।

ऐसी दु:खद स्थिति से सामना न करना पड़े इसके लिए माता-पिता को चाहिए कि वे जल्दबाजी में कोई निर्णय न लें । प्रेमी की तीव्रता का अनुमान जरूर लगाने की कोशिश करें, किशोरावस्था का प्रेम मंत्र आकर्षण भी हो सकता है । यह समय बीत जाने पर प्रेमियों के दूर हो जाने पर स्वत: ही प्रेम समाप्त भी हो जाता है, किन्तु प्रेमी अगर कुछ परिपक्व है और अपने प्रेम के प्रति गंभीर हैं तब माता-पिता को लड़के-लड़की के बारे में जांच पड़ताल करनी चाहिए । अगर लड़का आर्थिक रूप से आत्मनिर्भर है या पढ़ते हुए उसका भविष्य सुरिक्षत नजर आता है, पत्नी को सपोर्ट करने की हैसियत रखता है या वे दोनों घर गृहस्थी का भर उठाने योग्य है और स्वभाव से लड़का ईमानदार सरल है तो माता-पिता को उनके विवाह पर ऐतराज नहीं होना चाहिए । इसी तरह लड़की के बारे में जानना भी उतना ही आवश्यक है । अत्याधुनिक दिखने वाली बिगड़ैल घमंडी छिछली लड़की, लड़के का जीवन नरक बना देगी । ये बातें संतान को विश्वास में लेकर माता-पिता स्नेहपूर्वक

समझा सकते है, उसके बाद उन्हें स्वयं सोचकर समझ कर निर्णय लेने का अधिकार अवश्य दें। वरना कहीं हेमलता जैसा हश्र फिर किसी और लड़की का न हो।

क्षणिक आकर्षण वक्त गुजारने के साथ समाप्त हो जाता है किन्तु प्यार अगर सच्चा है उसमें गहराई है तो प्रेमी उसके लिए आवेश में जुदाई असहनीय होने पर जान तक दे देते है। अगर जबरदस्ती इमोशनली ब्लेकमेल कर उनका ब्याह कर दिया जाये तो पति पत्नी को रास्ते से हटाने के लिए उसकी जान तक ले सकता है। पत्नी बेवफाई कर पूर्व प्रेमी से सम्बंध बनाये रख सकती है।

●●

पति का काम सिर्फ रीझना ही क्यों ?

पति का काम सिर्फ रीझना ही क्यों है ? वह यह क्यों मानने को तैयार नहीं कि नारी भी चाहती है कि कोई उसे भी रिझाने का प्रयत्न करे । पुरुष अपनी सूरत आईने में देखे बगैर ही ऐसी पत्नी की कल्पना करते हैं जो उर्वशी, मेनका से कम न हो । सिर्फ रूप में ही क्यों गुणों में भी पूर्ण सम्पन्न हो शिक्षित तो हो ही साथ ही गृहकार्यों जैसे पाककला, सिलाई–कढ़ाई, बुनाई अच्छी तरह जानती हो । साथ ही वह आधुनिक भी हो जिससे कि उनकी मित्र मंडली प्रभावित होकर उनकी किस्मत से रक्स करे । महंगाई के इस दौर में आजकल जहां एक की तनख्वाह से घर का खर्च चलाना मुश्किल हो गया है तो पति यह भी आशा करता है कि उसे कमाऊ बीवी मिले ।

सच पूछा जाये तो उसकी आशाओं की कोई सीमा ही नहीं । कुछ पुरुष जिन्हें कला से लगाव है वे पत्नी भी कलाकार ही चाहते हैं । ऐसी पत्नी जो उन्हें आत्मिक संतुष्टि प्रदान कर सके ।

विवाह एक पवित्र बंधन ही नहीं एक अलिखित समझौता भी है । जिसमें दोनों ही पक्षों (वर तथा वधू) को एक दूसरे के अनुकूल बनने का प्रयत्न करना पड़ता है क्योंकि, तभी उनका वैवाहिक जीवन सफल हो सकता है । आपसी प्यार में अहं दूध में पानी की तरह घुल जाता है । तुम्हारा और मेरा शब्द यहां हमारा बन जाता है । ऐसी स्थिति होने पर ही घर में सुखचैन शांति और खुशी स्थायी रूप से बस पाती है ।

इसके विपरीत जब पति अपना पौरुषत्व जमात हुए पत्नी को मित्रवत नहीं बल्कि आका की हैसियत से आदेश देता है तो स्थिति बिगड़ जाती है । अब मिसेज लाल को ही लें वे वैज्ञानिक अफसर की हैसियत से अपने पति से ज्यादा तनख्वाह पा रही थीं । उन्हें अपने कार्य से पूर्ण संतुष्टि थी । उधर मिस्टर लाल को विदेश जाने की धुन सवार थी । मिसेज लाल को वे जमी जमायी नौकरी छोड़ने को कह रहे थे जो उन्हें मंजूर न था । कितना ही रोयीं कलपीं, मिन्नतें करती रहीं, लेकिन उनकी एक न चली । उधर ससुराल और मायके

वालों ने भी उन्हें पति की बात मानने के लिए ही दबाव डाला । मजबूर होकर उन्हें नौकरी छोड़नी पड़ी । बाद में कारणवश मिस्टर लाल विदेश न जा सके बेचारी मिसेज लाल न इधर की रही न उधर की ।

हमारे समाज में पत्नी को विरोध करने का अधिकार नहीं है । पति अपनी हर इच्छा पत्नी पर जबरदस्ती लादकर अपने अहं की संतुष्टि करता है अपनी दबंगता को यह मर्दानगी समझता है । पत्नी का काम सिर्फ सहना है, हर अत्याचार जुल्म को अपने प्रतिदिन की खुराक समझ चुपचाप गटकना है । अगर वह पति के आदेशों को मानने से इंकार कर देती है, तो घर में तनाव और कलह की संभावना बढ़ती है । जिस पति के साथ उसे संपूर्ण जीवन बिताना है जिसके प्रति उसमें भावनात्मक जुड़ाव है जिससे अंतरंग रिश्ता है उसे पल भर में नकार कर घर में अशांति लाना भी तो इतना आसान नहीं । इन सम्बंधों में आपसी अंडरस्टैडिंग होना जरूरी है ।

स्पष्टत: इस तरह के नैराश्य और तनाव को दूर करने के लिए पति को अपनी मानसिकता को बदलना होगा । नारी को सिर्फ भोग्या अपनी सुविधा की वस्तु न मानकर उसकी शक्ति को परखना होगा तभी पुरुष वर्ग नैराश्य और तनाव से छुटकारा पा सकता है । पति को पत्नी की लोकप्रियता, आत्मनिर्भरता, गहन आत्मविश्वास तथा स्पष्टवादिता से किसी भी प्रकार का कांपलैक्स सा रश्क नहीं होना चाहिए । पत्नी की अस्मिता को मान्यता देकर तथा उसके अस्तित्व के प्रति सजगता रखने पर ही वह अपने मालिकाना अंदाज से मुक्ति पा सकेगा ।

हर पति की निगाह में आदर्श पत्नी वही है जो उसके प्रति लापरवाह न हो । उसके सुझावों को मान्यता देती हो, अगर वे उन्हें उचित न भी समझती हो तो उसका तत्काल विरोध न कर बाद में अपना मन मीठे ढंग मधुर लहजे में बता दे ।

संसार में सबको मनचाही इच्छित सभी वस्तुऐं प्राप्त नहीं होती इसलिए इसी गम को सीने से लगाए कुंठाग्रस्त तथा क्षुब्ध रहने से फायदा ? नतीजा कुछ भी नहीं निकलेगा क्योंकि इच्छाओं की कोई सीमारेखा नहीं, एक पूरी होने पर हजार और पनप जाती है । तब क्या यह उचित नहीं कि उन पर अंकुश लगाकर जो कुछ जितना भी मिला है उसी में जो कुछ संभव है सुधार कर तृप्ति खोजी जाए । यही मानसिकता पुरुष में परिपक्वता ठहराव लाऐगी तथा उसके दाम्पत्य को स्थायित्व प्रदान करेगी ।

●●

क्या आप अपनी पत्नी के पति दिखाई देते हैं ?

कभी-कभी कोई पति ऐसे भी होते हैं कि उन्हें सिर्फ पैसा कमाने और जमा करने की धुन रहती है । अपने हूलिये की तरफ वे बिल्कुल लापरवाह होते हैं । 'अरे शेरों के मुंह किसने धोये हैं ?' यह इनका अपनी सफाई में सदाबहार तर्क होता है ।

अक्सर साधारण शक्ल-सूरत या इससे भी कमतर दिखने वाले पतिगण अपनी खूबसूरत बीवी को अपनी व्यक्तिगत संपदा मान उसी के सुन्दर और टिपटॉप रहने में मदद कर अपने अहं की संतुष्टि कर लेते हैं । इसी में वे अपने कर्त्तव्य की इतिश्री भी समझते हैं ।

यह एक निर्विवाद सत्य है कि पहनावे का व्यक्ति के व्यक्तित्व को संवारने बिगाड़ने में बहुत बड़ा हाथ होता है । अपने पहनावे से ही राजा-राजा और रंक-रंक दिखाई देता है ।

तरह-तरह के फैशन सिर्फ स्त्रियों के लिए ही नहीं बदलते । पुरुषों के फैशन में भी समय-समय पर बदलाव होता रहता है । कभी तंग मोहरी की ड्रेन पाइपनुमा पेंट, कभी बैल्बाटम, कभी-छोटे तो कभी चौड़े कॉलर की कमीज । कभी संकरी तो कभी चौड़ी टाई । इसी तरह सूट के डिजाइनों में भी तब्दीली होती रहती है ।

संजना अपने पति की जोकरों जैसी ड्रेस के कारण हमेशा जान-पहचान वालों के सामने बड़ी शर्मिंदगी महसूस करती थी । नतीजन उसके स्वभाव की मिठास धीरे-धीरे लुप्त होने लगी । वह बेहद खिजी और तनावग्रस्त रहने लगी । बात जब तलाक तक पहुंच गई तब जाकर कहीं पति महोदय को अक्ल आई । अब उसने ढंग के सलीकेदार कपड़े पहनने तथा अपने हुलिये की तरफ उचित ध्यान देना शुरू कर दिया है । स्वाभाविक है कि अब वह आत्मविश्वास

से भरपूर रौबदार स्मार्ट जैंटलमैन दिखने लगा है । संजना भी पहले वाले लल्लूदीन से छुटकारा पाकर फिर पहले सी चहकने लगी है ।

पति के खराब हुलिये के लिए पत्नी भी किसी हद तक जिम्मेदार है । कामचोर, फूहड़, आलसी स्त्रियां जब अपनी ही देखभाल ठीक से नहीं कर पाती तो पति की तरफ तो क्या ध्यान देंगी । उन्हें तो बस महारानी की तरह दिन भर पसरे रहने से गरज रहती है । पति बेचारे घर बाहर दोनों को संभालते अगर अपना हुलिया खराब कर बैठें तो उनका इसमें क्या कसूर । महारानी की नौकरी बजाते चक्कर घिन्नी से व्यस्त पति अगर उनके दरबान दिखाई दें तो क्या आश्चर्य ।

दूसरी तरफ गरिमा जैसी नारियां भी है । बेहद चुस्त, स्मार्ट और सौंदर्य पारखी गरिमा पति की सारी तनख्वाह कुछ अपने और कुछ पति के लिबास, सौंदर्य प्रसाधन, रख रखाव पर खर्च देती है । बगैर भविष्य के लिए सोचे यह बेपरवाह खर्च चाहे उसे अपने सर्कल में प्रशंसा और वाहवाही दिला देता है लेकिन किसी भी बात में सीमा का अतिक्रमण बुरा होता है । पति महारानी का दरबान न दिखें किन्तु हर समय बालों को संवारते इत्र सेंट से महकते टिपटॉप छैला बाबू भी न रहें वरना फिर तो किसी भी काम को करते उनके हाथ मैले होंगे, पैंट शर्ट की क्रीज खराब होगी ।

उचित तो यही है कि पति पत्नी मध्य मार्ग अपनायें । न पत्नी महारानी की तरह रहे, न पति दरबान की तरह दिखें ।

●●

कैसा है आपका लाइफ पार्टनर ?

यह सवाल जरा टेढ़ा है क्योंकि आज तक कोई ऐसा फार्मूला नहीं बन पाया है जिसे ध्यान में रखकर लाइफ पार्टनर चुन लिया जाए। जो बात किसी एक दम्पति के लिए ठीक बैठती है वही दूसरे के मामले में फ्लॉप आइडिया बन जाती है। फिर भी बार-बार इस विषय पर विचार होता है जिन में समयानुसार फेरबदल भी होते रहते हैं। कुछ बातें जरूर ऐसी हैं, जिनको मद्देनजर रखकर चुनाव किया जाए तो वैवाहिक जीवन सफल होगा, ऐसा सोचा जा सकता है।

जोड़ी बेमेल न हो :- शारीरिक, मानसिक और आर्थिक तीनों बातों को देखकर ही पार्टनर चुनना चाहिए। एक पतला, दूसरा बहुत भारी हो, मानसिक स्तर में बहुत फर्क हो या आर्थिक रूप से बहुत असमानता हो तो जोड़ी सही नहीं रहती। दूसरे को हीन भावना हो सकती है। यह खीज किसी न किसी रूप में बाहर आकर रिश्तों में दरार डाल सकती है। एक बार सुर बेसुरे हुए नहीं कि जीवन राग बेसुरा होता चला जाएगा।

सवाल जिन्दगी भर का है :- लाइफ पार्टनर का मतलब ही जीवन साथी है। चूंकि इस रिश्ते में इतनी अंतरंगता होती है, स्वार्थ जुड़े होते हैं कि इसके आगे सब रिश्ते फीके पड़ जाते हैं। चुनाव बहुत सोच-समझ कर करना जरूरी है। शादी हो जाने के बाद न निभने पर सिर्फ पछतावा ही हाथ रह जाता है या फिर तलाक की त्रासदी और अगर बच्चे हों तो उनका जीवन बहुत मुश्किलों में पड़ जाता है।

सगाई हो जाने पर भी अगर पार्टनर के बारे में कुछ ऐसी जानकारी पुख्ता तौर पर मिले या आपने खुद अनुभव किया हो जैसे कि उसका चरित्र अच्छा न हो या मां-बाप दुष्ट प्रवृत्ति के हों तो तोड़ने में संकोच न करें। खून के रिश्ते ही ऐसे हैं जहां आपको रिश्ते चुनने की आजादी नहीं होती। यहां आप अपनी इच्छा के मालिक हैं।

डिग्री ही योग्यता का मापदंड नहीं :- शशांक ने एम.ए. पास सरल स्वभाव की मंजुषा को छोड़ आर्किटेक्ट अपर्णा को शादी के लिए पसंद किया हालांकि उन्हें इस बात की खबर थी कि लड़की अक्खड़, कामचोर और करियर को लेकर बेहद महत्वाकांक्षी है लेकिन शशांक और उसके घर वालों को लड़की से ज्यादा उसकी डिग्री प्रभावित कर गई । नतीजा उम्मीद से भिन्न न था । सारा घर उससे परेशान हो गया । बातचीत में वह घर के सदस्यों को नीचा दिखाती । अपनी डिग्री के घमंड में वह पति को भी अपमानित करने से न चूकती । अंत में उसे तलाक देकर ही शशांक की जान छूटी ।

दहेज के लोभ में न पड़ें :- 'दुल्हन ही दहेज है' इस छोटे से वाक्य में विवाहित जीवन के लिए अच्छा निर्देश है । आप एक जीते-जागते व्यक्ति को बेजान भौतिक चीजों पर तरजीह देते हैं तो स्वत: ही कई समस्याओं और बदमजगी से बच जाते हैं ।

मोटा दहेज लेकर आने वाली दुल्हन में कहीं न कहीं यह बात जरूर घर किए रहती है कि मेरे मां-बाप ने यह सब दिया है और ये चीजें मेरी हैं, इन पर मेरा अधिकार है । अगर अपने ऊपर विश्वास है तो अपनी कमाई करने में आस्था रखें । डबल इंकम से घर भरते देर नहीं लगती । जरूरत है थोड़े सब्र की ।

केवल बाह्य रूप ही न देखें :- किसको कौन सुंदर लगता है, यह कभी-कभी व्यक्तिगत पसंद भी हो जाती है । जो एक को सुंदर लगे, हो सकता है दूसरे को न लगे । दरअसल सुंदरता देखने वाले की नजर में होती है । फिर लुक्स कल्टीवेट भी किए जा सकते हैं । उदाहरण के लिए सिमी ग्रेवाल सुंदरता के मापदंड में कहीं से खरी नहीं उतरती । फिर भी अपने बोलचाल के ढंग व बॉडी लैंग्वेज से वे बेहद आकर्षक लगती हैं ।

बगैर साथ रहे किसी को जान पाना या समझ पाना आसान नहीं । तभी शादी को जुआ कहा जाता है । फिर भी काफी बातें मनुष्य की फितरत का इजहार कर जाती हैं । पारखी नजर होनी चाहिए । ज्यादा तेज-तर्रार लड़कियां जहां अच्छी पार्टनर साबित नहीं होती, वहीं बेहद संकोच इंट्रोवर्ट लड़कियां भी आज के जमाने के हिसाब से अच्छी पार्टनर नहीं बन पातीं । दोनों स्वभाव में मध्य मार्ग ही गोल्डन रूल माना जाएगा जो हर माहौल में एडजस्ट कर ले, ऐसा साथी ही चुनें ।

●●

विवाह से पूर्ण होती है जीवन की सार्थकता

बैंक में कार्यरत सलिला अच्छे पैसे कमा रही है । लालच के कारण मां-बाप उसका विवाह नहीं करना चाहते जबकि उससे छोटी दो बहनें ब्याही गई हैं । उसकी सहेली निशिकांता ने उसे एक दिन सलाह देते हुए कहा ऐसे तो तू कमाते-कमाते ही बूढ़ी हो जाएगी शादी की उम्र निकल जाने पर तेरा हाथ कोई नहीं थामने वाला । अपने आप ही प्रयत्न करके अपना घर समय रहते ही बसा ले ।

बात सलिला को जांच गई, उसने अपने कलीग शैलेश से कोर्ट मैरिज कर ली । मां-बाप भले ही उससे खफा हों । उसका विवाहित जीवन खुशहाल है ।

सेन बाबू बहुत अच्छी पोस्ट पर थे, लेकिन अधेड़ होने के बावजूद उन्होंने विवाह नहीं रचाया । घंटों अकेले बालकनी में चुपचाप बैठे रहते थे । पास पड़ोसियों से भी वे बात नहीं करते । पड़ोस की हंसा बेन अक्सर कहती—ये आदमी एक दिन जरूर पागल थई जाशे हूं गांरटी करूं छूं । दूसरी पड़ोसन मिस जैकब- नई मेन इसकू ऐसा इच अच्छा लगता होगा । नई करने को मांगता होगा शादी वादी । मिसेज नाहर का इस पर जवाब था, शादी नहीं करेगा तो क्या जीवन भर यूंही दीवारों से बातें करता रहेगा । अरे आदमी को हंसने बोलने को भी तो कोई चाहिए । ऐसे गुम-सुम रहने से तो जिन्दगी आधी हो जाती है, जोड़े से रहने वालों की उम्र भी लम्बी होती है । फिर अचानक ये पड़ोसने क्या देखती है कि मिस्टर सेन जो पूजा पर छुट्टी लेकर कोलकात्ता गये थे, अपने साथ एक सुन्दर तीस बत्तीस वर्षीय युवती को ब्याहकर ले आये । अब तो उनकी खुशी देखते ही बनती । दो साल के भीतर उन्हें एक प्यारा सा बेटा भी हो गया । वे वास्तव में जैसी कि कहावत है कि अकेला आदमी आधा पागल होता है, उस पागलपन से बच गये ।

विवाह एक बायलॉजिकल नेसेसिटी ही नहीं मानसिक सहारे के लिए भी यह जरूरी है । हर व्यक्ति यह चाहता है कि उसका कोई अपना बहुत करीबी

हो जिसमें वह अपना सुख-दु:ख बांट सके । अपनी अस्मिता बनाये रखने के लिए भी साथी ही चाहिए । जो दूसरे साथी को उसके अस्तित्व के प्रति अश्योअर करता रहे । व्यक्ति के जीवन में कई ऐसे क्षण आते हैं, जब उसे मॉरल सपोर्ट की शिद्दत से आवश्यकता होती है । जीवन साथी से बढ़कर उसे कौन मॉरल सपोर्ट दे सकता है ।

आज की तनावभरी जिन्दगी में खासकर महानगरों में जब दिन भर का थका हारा पति शाम को घर वापस आता है तब अपने हंसते चहकते घर के खुशनुमा वातावरण में वह अपनी सारी थकान और तनाव भूल जाता है । अगर अविवाहित रहकर वह एक सूने घर में लौटता है, विचारों के भंवर में डूबा हुआ खुद ही चाय बनाकर पीता है तो उसे वो राहत कदापि नहीं मिल सकती जो एक खुशहाल परिवार उसे दे सकता है । बीवी की प्यारी सी मुस्कान और बच्चों की भोली बातें, इससे बढ़कर सुख और कहीं नहीं । यह सिर्फ समझने की बात है ।

समाज भी जो मान सम्मान घर गृहस्थी वाले को देता है वो किसी बैचलर या अकेले रहने वाली स्त्री को नहीं । यह समझा जाता है कि घर गृहस्थी वाले हैं तो जरूर शरीफ लोग ही हैं । जीवनसाथी में अगर आपसी अंडरस्टैंडिंग है तो वे एक दूसरे की बात को पूर्ण महत्व भी देगे । इस प्रकार एक दूसरे की गलतियों को वे बता सकते है । व्यक्तित्व के विकास में इस तरह का नियंत्रण जरूरी है । क्योंकि कोई भी व्यक्ति अपने आप में सम्पूर्ण नहीं होता—गलती प्रूफ नहीं होता ।

कहते है कि खाली दिमाग शैतान का घर होता है । यह विवाह का जुआ ही है जो इंसान को हिल्ले से लगाये रहता है । पुरुष गहरे सागर में गोते लगाता है, क्यों ? अपनी पत्नी को मोतियों से सजाने के लिए । यही वैवाहिक जीवन का आधार है । इसीलिए विवाह की संस्था को सदियों से मान्यता प्राप्त है, दरअसल इसका कोई विकल्प हो ही नहीं सकता । स्त्री पुरुष का मिलन प्राकृतिक है । विवाह इसी मिलन की समाज द्वारा दी गई मान्यता है । कानून भी इसकी रक्षा करता है ।

विवाह जीवन को सार्थक बनाने, उसमें खुशियां भरने के लिए है लेकिन चूंकि विवाह एक जुआ ही है, गलत निर्णय लिए जाने पर प्रतिकार स्वरूप विवाह को तलाक द्वारा खत्म भी किया जा सकता है । इसीलिए इसे बेड़ी न समझा जाकर गले में पड़ा सुगंधित फूलों का हार ही समझना चाहिए, जिससे आपका जीवन सदा महकता रहता है । ●●

जीवन साथी एक दूसरे को मधुर साहचर्य दें

शैलजा को अपनी सुंदरता पर बहुत घमंड था। वह अपने आगे किसी को कुछ समझती ही न थी। उसे यह गलतफहमी थी कि वैवाहिक जीवन सफल बनाने व पति को बांधे रखने के लिए उसका अपूर्व रूप काफी है लेकिन उसकी गलतफहमी बहुत जल्दी दूर होने लगी जब विवाह के कुछ ही समय पश्चात पति से उसकी अनबन रहने लगी। उसकी बदमिजाजी, कामचोरी की आदत से उसका पति राकेश इतना तंग हुआ कि गुस्से से उसने एक दो बार उस पर हाथ भी उठा दिया। शैलजा ने जितना समय अपने बनाव सिंगार, फैशन व शॉपिंग पर व्यय किया उसमें से थोड़ा सा समय अपने पति के मन को समझने में लगाती कि उसका पति उससे क्या अपेक्षा रखता है, किस बात से वह संतुष्ट-परितृप्त रह सकता है, उसका इगो किन-किन बातों से चोट नहीं खायेगा तो पति उसके लिये क्या कुछ न करता। जीवन भर उसके सुख-दु:ख का सच्चा साथी बनकर रहता।

आज की उपभोक्तावादी मूल्यहीन संस्कृति में व्यक्ति की सोच सिर्फ अपने निजी हित व सुख-साधनों तक ही सिमटकर रह गई है। आज जब स्त्री घर से बाहर कार्य करके आर्थिक रूप से स्वतंत्र हो गई है तो उसके भीतर की कोमल भावनाओं का ह्रास होता जा रहा है। वह बेहद दंभी होती जा रही है। स्त्री का बराबरी के नाम पर पुरुष की तरह व्यवहार करना प्रकृति के खिलाफ है। प्रकृति ने अपने मास्टर माइंड से दोनों को बेहद सूक्ष्मता से एक दूसरे का पूरक बनाया है। प्रकृति के विरुद्ध जाने से गड़बड़ी की स्थिति तो आयेगी ही।

यूं मजबूरी में पुरुष अपना औदार्य दिखा एडजस्टमेंट के नाम पर ऊपर से सब कुछ सहन करता दिखाई देता है लेकिन भीतर ही भीतर उसका आदिम

पुरुष पत्नी को एक परंपरागत आदर्श भारतीय नारी के रूप में ही देखना चाहता है जैसा उसने अपनी मां दादी का रूप देखा है । भले ही वह वेशभूषा मॉडर्न पसंद करता हो, फर्राटेदार अंग्रेजी से प्रभावित होता है, किन्तु बंधता वह स्त्रियोचित गुणों से ही है जिनका नारी मुक्ति की अनुयायी अत्याधिक कही जाने वाली नारियों में सर्वथा अभाव रहता है । नतीजन पुरुष घर बाहर दोनों ही स्थान पर दबावों से घिर जाता है । कार, स्कूटर रिपेयर, इलैक्ट्रिकल गैजेट्स का रखरखाव, राशन पानी, बिजली के टेलीफोन बिल भरने बैंक का काम ऑफिस वर्क के अलावा पत्नी पति से किचन में भी पूरी मदद चाहती है क्योंकि वह स्वयं दफ्तर के कार्यों की धकापेल महानगरीय जीवन के तनावों से घिरी बिल्कुल पस्त होकर घर लौटती है । ऐसी हालत में स्त्री पति को क्या दे सकती है । सिर्फ एक मोटी तनख्वाह के लिफाफे से खर्च करके वो चीजे नहीं खरीदी जा सकती जो जीवन के लिये महत्वपूर्ण है । पति के लिये भी दु:ख मुसीबत तनाव में पत्नी का भावनात्मक सहारा उतना ही जरूरी है जितना पत्नी के लिये ।

आज पुरुष पत्नी की व्यस्तता के कारण ज्यादा से ज्यादा एकाकी होता जा रहा है । ताज्जुब नहीं कि ऐसे में वह दूसरी औरत में दिलचस्पी लेने लगता है । इसमें संदेह नहीं कि कुछ तो नौकरीपेशा औरतों की मजबूरी होती है कि चाह कर भी वे घर पति व बच्चों की तरफ उतना ध्यान नहीं दे पाती जितना उनसे अपेक्षित होता है । कुछ उनकी लापरवाही भी होती है । जिसके कारण तलाक तक की नौबत आ जाती है ।

मजबूरी की बात समझ में आती है किन्तु लापरवाही के लिये कोई क्षमा नहीं । यह एक ऐसी नादानी है जिसके आगे चलकर भंयकर परिणाम होते हैं । अपनी नासमझी, मैं की भावना घमंड के कारण कितनी ही स्त्रियां अपने सुखी संसार में आग लगा लेती हैं ।

सितारा के पति आई.ए.एस. आफिसर हैं । उसका एक सात आठ बरस का बहुत ही सुंदर प्यारा सा बेटा है । पति उस पर जान छिड़कते थे । घर में सुख साधनों की कमी न थी लेकिन इतना सुख उसे रास न आया । एक लफंगे किस्म के नाकारा युवक रिश्तेदार के साथ वह एक दिन बगैर कुछ कहें घर से चली गई । जब घर वालों ने समझाया कि देवता जैसा पति है तेरा तो उसने उत्तर में कहा मुझे देवता नहीं इंसान चाहिये । उसका भविष्य अनिश्चित नहीं

बल्कि सामने साफ दिखाई दे रहा है । पत्नी की आवश्यकता से अधिक कद्र करना ही शायद पति के लिये दुःख का कारण साबित हुआ । ये सच है कि ज्यादा सिधाई सज्जनता भी ठीक नहीं ।

आज की भागदौड़ वाली बेहद व्यस्त जिन्दगी से पुराना सब कुछ तेजी से बदलता जा रहा है । रिश्ते नाते दोस्ती सम्बंधों को निभाना व्यक्ति पर भारी पड़ने लगा है ।

जीवनसाथी एक दूसरे को मधुर साहचर्य न देकर अगर एक दूसरे पर बोझ बनने लगें तो ऐसे में एक-एक पल काटना भारी हो जाता है । जीवन नरक बन जाता है । विवाह का चरमोत्कर्ष सिर्फ संतोष पर ही समाप्त नहीं होता क्योंकि किसी ने ठीक कहा है संतोष मृत्यु समान है । इसके लिये तो लगातार पोषण चाहिये । जीवनसाथी एक दूसरे को बोझिल न लगें इसके लिये सतत् प्रयास की आवश्यकता है । हर बात की हां में हां मिलाने वाला पति या पत्नी भी एक दूसरे को ऊब से भर देते हैं । कभी-कभी मतभेद जीवन को रसीला बनाते हैं । यह सोचना गलत है कि दूसरे आपको खुशी दें । अपनी खुशी हर एक को आप ही जुटानी पड़ती है जैसे अपने दुःखों का सलीब ढोना । दुःख का मूल दूसरों से की जाने वाली आशायें हैं । चाहें फिर वे पति पत्नी ही क्यों न हों । आत्मनिर्भरता का गुण अपने में अगर पनपने दें और पति पत्नी एक दूसरे पर बहुत ज्यादा निर्भर न हो, उससे भी बोझिल बनने से बचा जा सकता है ।

पति का काम भी सिर्फ रीझना ही नहीं होना चाहिये । जीवनसंगिनी को रिझाना भी उसका कर्त्तव्य है । अगर पत्नी को अपनी शारीरिक सुंदरता की ओर ध्यान देना चाहिये तो पति की भद्‌दी तोंद, अस्तव्यस्त कपड़े, मैले दांत पत्नी को भी ऊब दे सकते हैं । उसी तरह जैसे मोटी थुलथुल स्त्री पति में वितृष्णा जगाती है ।

पति पत्नी एक दूसरे को बोझिल न लगें इसके लिये लोगों से मिलना जुलना, क्लब बगैरह जाना, सोश्लाइजेशन भी एक उपाय है । अपने व्यवसाय में लीन पति को पत्नी के मनोरंजन का भी ध्यान रखना चाहिये । पुरुष तो फिर भी बाहर लोगों से मिलजुलकर अपनी ऊब मिटा लेता है । उसे आउटिंग की इतनी जरूरत नहीं जितनी घर की चारदीवारी में रहने वाली पत्नी को है । गृहकार्य वैसे भी इस कदर ऊबाऊ, एकरस और अनुपयोगी सा लगता है कि

स्त्री, खासकर पढ़ी लिखी स्त्री में क्षोभ भर देता है । वह सोचती है पढ़ लिखकर भी अगर चौका चूल्हा ही संभालना था तो ऐसी पढ़ाई का क्या फायदा ? एकरसता को दूर करने के लिये मित्र मंडली में थोड़ा हंसना बोलना पति पत्नी दोनों के लिये फायदेमंद हैं ।

हर समय साथ रहने से भी एक दूसरे से ऊब होने लगती है । यही ऊब बोझिलता बन जाती हैं जिससे जीवन रस मर जाता है । जुदाई के बाद के मिलन का अपना ही आनंद होता है ।

वैवाहिक जीवन में बोझिलता न आये, इसके लिये उसमें विविधता होनी चाहिये । इसके तरीके अपनी हैसियत परिस्थिति फुरसत व कल्पना के अनुसार व्यक्ति के अपने हो सकते हैं ।

●●

पति को प्रेमिका के चक्कर में पड़ने से बचाएं

शालीन सुदर्शन, व्यक्तित्व वाला बहुत ही खूबसूरत व्यक्ति है वह तिस पर छोटी सी उम्र में मिल मालिक भी बन गया है। युवतियां उससे दोस्ती करने के लिए लालायित रहती है लेकिन वह अत्यंत साधारण नयन नक्श वाली अपनी पत्नी सुचिता को छोड़ किसी युवती की ओर आंख उठाकर भी नहीं देखता।

राघव की पत्नी आरूषि अपने शहर की ब्यूटी क्वीन रह चुकी है फिर भी वह उसे न चाहकर अपने से उम्र में बड़ी डॉक्टर सरिता शर्मा पर फिदा हो गया है। क्योंकि सरिता डॉक्टर होने के बावजूद भी अहंकार से अछूती है। वह राघव के अंह को कभी ठेस नहीं पहुंचाती 'सरिता के सान्निध्य में मुझे लगता है कि मुझमें बहुत खूबियां है। मैं न सिर्फ दिखने में पुरुष हूं मेरा स्वभाव भी पुरुष का है।' वह कहता है। आरूषि जबकि अपने रूप के घमंड में हमेशा उसे नीचा दिखाने की कोशिश करती है, मानो राघव से विवाह कर उसने उस पर अहसान किया हो।

सुन्दर और जवान पत्नी के होते हुए अभिमन्यु कॉल गर्ल्स के चक्कर में पड़ा रहता है। उसका भला चाहने वालों के टोकने पर अभिमन्यु का उत्तर होता है' मैंने विवाह एक औरत से किया था, ठंडी शिला से नहीं' मैंने उसे सभी डॉक्टरों को भी दिखाया वह शारीरिक दृष्टि से सामन्य है। जब तक वह स्वयं रसपोंस नहीं करेगी, डॉक्टर ही क्या कर लेगे।

अक्सर पत्नी की कमियां ही पुरुष के कदम भटका देती है। इसमें शक नहीं कि पुरुष स्वभाव से ही रसिक होता है। ये पत्नी ही है, जो उसकी इस फितरत पर अंकुश रखती है। पति पत्नी के बीच स्थापित दैहिक सम्बंध नैतिक माने जाते है, जबकि विवाहेत्तर सम्बंध अनैतिक। कानून व्यक्ति को एक ही शादी की इजाजत देता है। हां मुस्लिम कानून की बात और है जहां चार-चार विवाह करके चार पत्नियां तब जायज मानी जाती है।

शादी ब्याह हमारे यहां आजीवन का बंधन माना जाता है । तलाक को हालांकि कानूनी मान्यता प्राप्त है, लेकिन समाज में आज भी तलाक को बुरा माना जाता है, और इससे पूरा परिवार बदनाम होता है । बाहर के देशों में तलाक एक मामुली सी बात मानी जाती है और पलक झपकते ही वहां तलाक मिल भी जाता है । तलाक आसानी से न ले सकने के कारण भी विवाहेत्तर सम्बंध बना लिये जाते है ।

पति कितना भी दुष्ट व्यभिचारी नाकारा हो पत्नी उसे निभाती है लेकिन पत्नी निर्दोष होने के बावजूद भी कई बार पति के मन से उतर जाती है । पति दूसरी औरत के चक्कर में अपने परिवार, पत्नी, बच्चों के प्रति फर्ज को भूलने लगता है । ऐसा क्यों होता है ? क्या अगर पत्नी चाहे तो वह पति को दूसरी औरत के चुंगल में फंसने से बचा सकती है ?

इस रिश्ते को हरा-भरा रखने के लिए कोशिश दोनों तरफ से होनी चाहिए । लेकिन फिर भी सच्चाई यह है कि स्त्री की जिम्मेदारी ज्यादा है, सबसे पहले तो जरूरी है कि वह पति की मानसिकता को समझे चाहे वो कितना ही गलत क्यों न हो, गुस्से और नफरत के बजाए धैर्य से काम लें । क्योंकि अगर वह चिढ़कर उनसे दूरियां बना लेगी तो कोई भी तीसरी बड़ी आसानी से वह जगह हथिया लेगी । पति पत्नी का रिश्ता एक करीबी रिश्ता है नजदीकियां होगी तो किसकी मजाल है जो उस में सेंध मार सकें । आपसी प्यार विश्वास और सम्बंधों की मधुरता में बड़ी ताकत है ।

एक बात जो गौरतलब है वह है पत्नी का अत्यधिक पजेसिव होना इसका उल्टा असर होता है । कई बार महज चिढ़ाने के लिए पति दूसरी स्त्री से सम्बंध बना लेता है । इसी तरह औरत का नेगिंग वाईफ होना पति को कतई नहीं सुहाता यानि कि हर वक्त की रोक टोक और मीन मेख निकालना । सम्बंधों की मधुरता के लिए आपसी विश्वास भी जरूरी है । समझ लीजिए विश्वास वह पुख्ता नीव है जिस पर इस रिश्ते की इमारत टिकी होती है ।

इसके अलावा एक आखिरी लेकिन कमतर नहीं, बात है ऐसी स्थिति से सावधान रहना जब देखें आपकी ही कोई अभिन्न सहेली आपके पतिदेव पर डोरे डाल रही है तो उसे अप्रत्यक्ष रूप से सावधान करें और अगर तब भी वो बाज नहीं आती है तो उससे मिलना जुलना छोड़ दें ।

●●

जीवन साथी से बढ़कर दोस्त नहीं

आस्था को शादी के कुछ समय बाद ही ऐसा लगने लगा कि अभय से शादी कर उसने भयंकर भूल की है । असल में वह एक-दूसरे के लिए बने ही नहीं हैं, तभी उनकी आपस में जरा भी पटरी नहीं बैठती ।

लेकिन यह सच नहीं है । जब उन्होंने शादी के पूर्व एक-दूसरे को अच्छी तरह जांच-परख लिया था तो बाद में उनका रिश्ता 'भयंकर भूल' कैसे माना जा सकता है । प्रेमी-प्रेमिका की तरह मिलना और पति-पत्नी बनकर एक साथ एक ही छत के नीचे रहने में फर्क होता है । जहां पहले किसी तरह के कमिटमेंट्स नहीं होते बाद में कुछ बंदिशें तथा कुछ कमिट्मेंट्स तो होते ही हैं । भले ही वे दम्पति कितनी ही आजादी का दम क्यों न भरते हों ।

वैवाहिक जीवन की सफलता के लिए प्रयत्न पति-पत्नी दोनों की ओर से होना चाहिए । यह वह अलाव है, जिसे जलाए रखने के लिए हमेशा प्रयत्नरत रहना पड़ता है । वरना शनैः-शनैः यह आग ठंडी पड़ने लगती है ।

कम्युनिकेट करें—सम्बंधों की मजबूती के लिए यह बेहद जरूरी है कि आप दोनों आपस में अपने विचार बांटे । सिर्फ सांसारिक बातें ही काफी नहीं होती । भावनाओं को समझना भी जरूरी है ।

एक-दूसरे को समय दें—सामाजिक सम्बंधों के फेर में या ओवर एंबीशन के चलते साथी को उपेक्षित न करें । उसे पर्याप्त समय दें, जिसमें प्यार की गुटरगूं का बहुत महत्व है । इससे न केवल टेंशन रिलीज होगा, बल्कि यह आपको सदा जवान, वाइबरेंट लाइवली रखेगा । जितना ज्यादा बढ़िया इंटरएक्शन होगा उतना ही प्यार बढ़ेगा एक-दूसरे की फीलिंग्स को समझ पायेंगे ।

चुलबुलापन, विनोद, मस्ती— ऐसा अक्सर होता है कि विवाह के कुछ समय बाद ही जहां परिवार बढ़ा, दम्पति गंभीरता का लबादा ओढ़ लेते हैं ।

बातचीत के विषय सिर्फ कार्य से सम्बंधित ही रह जाते हैं। सारी मस्ती हवा हो जाती है। अतीत बनके रह जाता है सारा चुलबुलापन, विनोद, मस्ती। क्या दाम्पत्य में अब इनकी कोई अहमियत नहीं रह जाती है ? ऐसा सोचना सरासर गलत है। जीवन मजेदार बना रहे, रस से आप्लावित रहे, उसके लिए हल्की-फुल्की छेड़छाड़ शरारत तो पति पत्नी में ताजिन्दगी होती रहनी चाहिए।

दोनों के बीच ताजी हवा के लिए स्पेस–प्रसिद्ध लेखक खलील जिब्रान के अनुसार जीवनसाथी के करीब रहते हुए भी दोनों के बीच इतनी दूरी होनी चाहिए कि उन दोनों के बीच ताजी हवा आ जा सके। एक-दूसरे से जी भरकर प्यार तो करे, लेकिन किसी बंधन में न बांधे।

खलील जिब्रान की इस बात में गहरी सच्चाई है। कई दम्पति पजेसिवनेस को ही प्यार समझने की गलती कर बैठते हैं। जो कई बार ऑबसेशन की हद तक पहुंच जाता है जो कि एक मानसिक व्याधि है। साथी के इर्द-गिर्द ऐसा सर्कल बना देना जिसमें सिर्फ वही हो साथी के व्यक्तित्व का हनन है। विवाहोपरांत हालांकि पति-पत्नी दोनों साथ ग्रो करते हैं, लेकिन अपनी तरह अपनी स्वतंत्र जमीन-आसमान लेकर।

जीवनसाथी से बढ़कर दोस्त नहीं–पारंपरिक रिश्ते से भिन्न आज पति-पत्नी का रिश्ता आका और गुलाम का न होकर दोस्ती का होने लगा है। यह इस रिश्ते का एक सुखद पहलू है। आज स्त्री भी पुरुष की तरह ही उच्चशिक्षित है। बराबर की समझ और ज्ञान रखती है, बल्कि समझदारी के मामले में उसके पास एक्स फैक्टर है जो पुरुषों में कम ही देखने को मिलेगा। एक अंतर्ज्ञान, एक सिक्सथ सेंस है उसके पास जो मुसीबतों से निपटने में सहायक होती है।

पुरुष ज्यादातर कर्मठ और जल्दबाज होते हैं। स्त्री का धैर्य उसकी जल्दबाजी को संतुलित रखता है। इसी तरह उनके अन्य गुण एक-दूसरे के विरोधी न होकर पूरक होते हैं जो एक-दूसरे को कॉम्पलीमेंट करते हैं, इसीलिए उनकी दोस्ती आदर्श हो सकती है। वे बढ़िया साझीदार हो सकते हैं, अपनी हर बात, हर प्रॉब्लम शेयर करते हुए। बस इतनी सावधानी जरूर बरतें कि अपने को खुली किताब न बना लें। कुछ राज, राज ही रहने दें, पुरुष की साइकोलॉजी को समझते हुए। वे पूर्व प्रेमी की बात आसानी से पचा नहीं

पाते चाहे अपने लव अफेयर्स की कितनी ही डींग मार लें ।

प्यार को चाहिए डेलीडोज–आज जबकि ज्यादातर युवतियां नौकरीपेशा हैं या अपना बिजनेस करने में व्यस्त हैं ऐसे में संभव है कि उनके बीच प्यार अनचाहे या अनजाने ही उपेक्षित रहने लगे और फिर उसके गंभीर परिणाम सामने आएं। इसे डेली यानी कि नियमित रूप से डोज देते रहें, ताकि उसका स्वस्थ विकास होता रहे, तभी तो यह मजबूत और स्वस्थ होकर सदाबहार फूल बरसाएगा ।

आप मोबाइल फोन चार्ज करना नहीं भूलते फिर दाम्पत्य के प्यार को रीचार्ज करना क्यों भूले। बैट्री डाउन होने ही न दें। नजरों से दूर भले हों मगर टच में रहें ।

ई–मेल तथा मोबाइल फोन की सुविधा का भरपूर लाभ उठाते हुए अच्छी–सी पिक्चर, कुछ भी फनी–सी बात, ई–मेल या मोबाइल फोन पर भेजकर तो देखें कनेक्शन बने रहेंगे । पति सेक्रेटरी की बांहों में नहीं झूलेंगे, पत्नी बॉस को बढ़ावा नहीं देगी । छूट देकर भी गिरफ्त रहेगी मजबूत । और दाम्पत्य बना रहेगा सदाबहार ।

●●

पति-पत्नी एक ही छत के नीचे अजनबी क्यों ?

मधुरिमा और पुलक की जोड़ी इतनी सुंदर सजीली थी कि देखने वाले देखते ही रह जाते, जैसे ईश्वर ने उन्हें एक दूसरे के लिए ही बनाया हो । न सिर्फ शारीरिक तौर पर बल्कि मानसिक तौर पर भी वे एक दूसरे के लिये बने लगते । एक दूसरे को कॉम्पलीमेंट करते आदर्श पति पत्नी ।

समय के साथ जैसे-जैसे शारीरिक सम्बंधों की ऊष्णता कम होती गई, उनके आपसी रिश्ते भी सर्द होने लगे । उनका आपसी तालमेल बेताल होने लगा । एक दूसरे के सुख-दुःख में भागीदारी कम होने लगी । अपने-अपने स्वार्थ में डूबे वे एक दूसरे की बात सुनना ही भूल गये जैसे । पुलक अपने ऑफिस की परेशानियां घर लाकर मधुरिमा पर खीज निकालता । वह दिन भर का ऊबाऊपन दूर करने के लिए पति से उलझ पड़ती । जहां वह पहले पुलक के आने के समय घड़ी देखकर ठीक साढ़े पांच तक सज संवर के गर्म चाय नाश्ता तैयार कर उसके आते ही मुस्कुराती हुई द्वार खोलती थी, अब बड़ी मुश्किल से घिसटते हुए द्वार खोल, फिर शयनकक्ष में आकर लेट जाती । चाय नाश्ता तो दूर अपनी तरफ से वो कोई बात करने को ही तैयार न थी ।

इस तरह रिश्तों में आये ठंडेपन के कारण उनके वैवाहिक जीवन में कड़वाहट घुलने लगी । उन्हें हर समय एक दूसरे में कमियां नजर आने लगीं । उनकी मित्र-मंडली जहां पहले उनकी प्रशंसा किया करती थी, उनके फूले मुंह और एक दूसरे से कटुतापूर्ण बातचीत करते देख अव्वल तो उनसे कतराने लगी, कभी मिलना बैठना हो भी जाता तो एक दूसरे को इशारा कर मुंहफेर कर उनपे हंसने से बाज न आते ।

विवाह एक पवित्र बंधन है । विवाह के समय पति पत्नी आजीवन साथ निभाने की शपथ लेते हैं । सुख में, दुःख में हर हाल में साथ रहने के लिए

दोनों को ही अपने आपको कुछ-कुछ बदलना पड़ता है। दोनों ही अपने को ही उचित समझ एक दूसरे पर हावी होने का प्रयत्न करेंगे तो वैवाहिक जीवन चटख जायेगा। विदेशों में तो खैर बहुत मामूली सी बातों पर पति पत्नी तलाक ले लेते हैं लेकिन हमारे यहां आज भी सांस्कृतिक मूल्य, समाज का डर और व्यक्ति के अपने संस्कार वैवाहिक जीवन को बिखरने नहीं देते। एक ही छत के नीचे अजनबी बने पति पत्नी सारा जीवन गुजार देते हैं।

विवाह को लेकर अक्सर लड़के लड़कियां ख्यालों में डूबे होते हैं। जीवन उन्हें फूलों की सेज नजर आता है। जिसमें हकीकत के लिये कोई गुंजाइश नहीं होती। शादी के बाद जब उन्हें यथार्थ से टकराना पड़ता है, तो धीरे-धीरे फूलों में छुपे कांटे नजर आने लगते हैं जिनकी चुभन से वे तिलमिला उठते हैं।

वैवाहिक ऊब जैसी स्थिति के जिम्मेदार कई कारण हो सकते हैं जैसे कि खस्ता माली हालत, आपसी समझ-बूझ का न होना, बढ़ती जिम्मेदारियां, ऊंचे-ऊंचे ख्वाबों का पूरा न होना तथा एक दूसरे की कमियों के प्रति असहिष्णुता।

इनमें से एक भी समस्या ऐसी नहीं जिसका निदान नहीं। सीमित आय में भी पति-पत्नी आपसी प्रेम, सद्भाव, एक दूसरे पर पूर्ण विश्वास और निष्ठा रख सुखी रह सकतें हैं। क्योंकि सिर्फ पैसे से ही सुख नहीं खरीदा जा सकता? जिम्मेदारियों का बोझ मिलकर उठाया जा सकता है। ख्वाब वे ही देखे जायें, जिनका पूरा न होना दिल न तोड़े।

दुनिया में कोई भी स्त्री पुरुष सम्पूर्ण नहीं है। कमी हर किसी में होती है, ये मानकर चलें तो पति पत्नी एक दूसरे की छोटी मोटी कमियों, बुराइयों को आसानी से अनदेखा कर सकते हैं। बशर्ते उनमें आपस में दुराव, छुपाव न हो। एक दूसरे की अस्मिता को स्वीकारते हुए उन्हें ऐसी कोई बात नहीं कहनी या करनी चाहिए जिससे दूसरे के स्वाभिमान को चोट पहुंचे। दोनों को चाहिये कि वे आदेशात्मक रवैया अपनाकर कोई काम न बतायें। 'प्लीज मेरी कमीज में बटन टॉक देना जानू' ऐसी मिठास भरी विनती की कोई भी पत्नी अवहेलना नहीं करेगी। क्या करती रहती तो सारा दिन, इतना सा भी नहीं होता कि जरा कमीज में बटन ही टांक दो। बहुत आलसी होती जा रही हो, पड़ोस वाली मिसेज दत्ता को देखो कितना काम करती हैं, घर, पति बच्चे

सबके लिए जान लड़ाये रहती हैं। ऊपर से इतनी हंसमुख कि बात करके भी दिल खुश हो जाए। अब ऐसी तीखी आलोचना की प्रतिक्रिया क्या होगी, ये अनुमान करने की बात है।

दाम्पत्य में अंतरंगता शारीरिक सम्बंधों के कारण ही आती है। इसमें छाया असंतोष दीमक की तरह रिश्ते को खोखला कर देता है। चूंकी हमारी संस्कृति में ऐसे सम्बंधों पर खुलकर बातचीत करना वर्जित है, इससे कई समस्याऐं बगैर सुलझी रह जाती हैं जो जीवन का सुख चैन लूट लेती हैं। पति पत्नी को इस विषय में एक दूसरे से निःसंकोच बातचीत करनी चाहिए, क्योंकि यही सफल वैवाहिक जीवन की बुनियाद है।

आज जब कि स्त्री पुरुष की बराबरी की बातें होती हैं और स्त्रियां ज्यादा से ज्यादा उच्च शिक्षा ग्रहण कर रही हैं तो ये अजीब बात, लेकिन एक कटु सत्य है कि वे पहले की अनपढ़ औरतों की तरह पति से समायोजन नहीं कर पाती हैं। कामकाजी स्त्रियों के साथ ये समस्या और भी ज्यादा है। कार्यभार बढ़ने से वे ज्यादा व्यस्त रहने लगी हैं। कुछ आर्थिक स्वतंत्रता उनमें आत्मविश्वास के साथ गुरूर भी ले आई है। वे कम सहिष्णु होती जा रही हैं, अपनी अस्मिता स्वीकारने के फेर में स्त्रियोचित गुणों को भूलती जा रही हैं। पुरुष की बराबरी करते–करते तो कितना कुछ अमूल्य खो रही हैं, ये शायद वे नहीं जानती। आपस में उनमें टकराव न हो, वे एक दूसरे के पूरक बनें, प्रकृति ने ऐसा ही इंतजाम कर रखा था। उसमें दखलअंदाजी करने से जीवन में सिर्फ अराजकता ही आ सकती है। बढ़ती हुई तलाक की संख्या इस बात की गवाह है। पुरुष स्वाभावतः उग्र होता है। उसकी यही उग्रता उसे बाहर शक्ति प्रदान करती है। उसका यही रूप नारी को सुरक्षा प्रदान करता है। अब बराबरी के नाम पर अगर स्त्री भी उग्र रूप धारण कर ले तो टकराव की स्थिति उत्पन्न होगी। स्त्री का बड़प्पन इसी में है कि वह पति को सुपरमैन मान कर देखे, खासकर बाहरवालों के समक्ष। वो देखेगी फिर पति को घर की चारदीवारी में 'डॉमिनेट' करना उसके लिए कितना आसान होगा। एक हाथ से देंगी, तभी दूसरे में मिलेगा। एक छत के नीचे अजनबी वाली स्थिति फिर भला आयेगी ही क्यों।

●●

रौब गालिब न करें पत्नी पर

तनुजा पुलिस महकमे में डी.एस.पी. के पद पर कार्यरत है । अपने महकमे में और जनता में उसका अच्छा खासा रौब है । वह एक भारतीय पत्नी भी है । उससे यह उम्मीद की जाती है कि पति की हर अच्छी-बुरी बात को वह बिना जिरह किए स्वीकार करे । उसके पति ऑफिसर हैं । हाई सोसाइटी में उनका उठना-बैठना है । पार्टी वगैरह में जमकर पीते हैं । पीने के बाद फिर होश कहां, सबके सामने वह तनुजा को जलील करने लगते हैं 'तेरी अफसरी चलती होगी तेरे चमचों पर मेरा तो एक झापड़ ही तेरा मुंह बंद करने के लिए बहुत है ।' सबके सामने इस तरह अपमानित होने पर तनुजा का मन करता है कि वह या तो नौकरी से इस्तीफा दे दे या ऐसे पति को छोड़कर तलाक ले ले, लेकिन फिर उसे अपने मासूम बच्चों का ख्याल आ जाता है । नशा उतरने पर पति महोदय भी क्षमा मांग लेते है । किन्तु जहां यार-दोस्त होते हैं, वहां पत्नी पर रौब गालिब कर वह शायद अपना महत्व दर्शाना चाहते हैं । अपने छोटे-छोटे कार्यों के लिए उसे दौड़ाने में शान समझते हैं । दोस्तों में अक्सर वह कहा करते हैं कि वह मर्द ही क्या, जो बीवी को वश में न रख सके ।

उस दिन अनुकल की दोनों बहनें अपने परिवार सहित रक्षाबंधन का त्योहार भाई के यहां मनाने के लिए आई हुई थी । सभी लोग टी.वी. से चिपके हुए बैठे थे । शायद कोई फीचर फिल्म आ रही थी । करूणा अकेली रसोई में लगी हुई थी । तभी पति ने आर्डर फरमाया, 'भई, खाना यहीं ड्राइंगरूम में ही ले आओ । पिक्चर देखते हुए खाने का मजा कुछ और ही है ।' इसके बाद खुद हाथ बंटाना तो दूर पूरे समय करूणा ये लाना अचार, पापड़, सलाद गरज ये कि उनकी फरमाइशें पूरी ही नहीं हो रही थीं । पिक्चर कोई भी मिस नहीं करना चाहता था । बहन-बहनोई के सामने पत्नी पर रौब गालिब कर पति

महाशय शायद अपने अहम् की संतुष्टि कर रहे थे । करुणा को दूसरे दिन स्कूल पढ़ाने भी जाना था । थकान से उसे हल्का बुखार हो आया । अकेले में अनुकूल जरूर उसका ध्यान रखता । उसे आराम करने को कहता परंतु मेहमानों के सामने उसका रवैया सिर्फ रौब गांठने का ही रहता ।

बात सिर्फ तनुजा या करुणा की ही नहीं है । आम भारतीय परिवारों में यही देखने को मिलता है । दूसरे दर्जे की नागरिक, दासी, गुलाम, वे लेबल हैं, जो भारतीय नारी के साथ चिपका दिये गये हैं । तुलसीदास जी कह गये हैं । 'ढोल, गंवार, शूद्र और नारी, ये सब ताड़न के अधिकारी ।' और पुरुषों ने उनकी आज्ञा शिरोधार्य कर उस पर जैसे पूरी तरह से अमल करना ही अपना ध्येय मान लिया है । जिस प्रकार पुरुष का अपना व्यक्तित्व है उसी प्रकार स्त्री की भी अपनी अस्मिता है अपनी गरिमा है । वह पति की सहचरी है । सुख-दुःख की साथी जरूर है किन्तु उसकी गुलाम नहीं, जो दिन-रात उसका रौब सहे । अगर पत्नी भी उस पर रौब गालिब करे तो कैसा लगेगा ? पत्नी के रौब में रहने वाले पति को तुरंत समाज जोरू का गुलाम, चिड़ी का गुलाम, हैनपैक्ड, भड़वा और न जाने कैसे-कैसे टाइटल देकर उसका मखौल उड़ाता है । पति के रौब में रहने वाली पत्नी के लिए ऐसा कोई टाइटल नहीं है क्योंकि समाज इसे स्वीकृत मानकर चलता है ।

यह नहीं कि पत्नी को पति का कहना नहीं मानना चाहिए या पति को अपना कोई कार्य पत्नी से नहीं करवाना चाहिए, लेकिन कहने और करवाने का भी एक तरीका है । रौब से यह कहने की बजाये कि 'सब काम छोड़ो और चलो पहले खाना बनाओ' यह कहा जा सकता है कि 'प्रिये, बड़ी भूख लगी है । खाना खिला रही हो क्या ।' अगर पति महोदय मजाकिया स्वभाव के हैं तो महाभारत स्टाइल में कह सकते हैं-'अन्नपूर्णा, कब से भोजन की प्रतीक्षा में हूं ।' अपनी बोली में नम्रता लाने या मजाक का पुट देने से पति महोदय अपना काम आसानी से करवा सकते हैं । पत्नी को तब यह महसूस नहीं होगा कि वह किसी आज्ञा का पालन कर रही है ।

●●

विवाहित पुरुष से प्रेम खतरनाक खेल है

संध्या को घरवालों ने बहुत समझाया, लेकिन इसके बावजूद उनकी बातें अनसुनी कर संध्या, सिद्धांत के चक्कर में आ गई यह जानते हुए भी कि वह विवाहित और दो पुत्रों का पिता है । कुंआरी मां बनते हुए वह तनिक भी विचलित न हुई, उसे यकीन था उसके प्रेम में पागल सिद्धांत उसे धोखा नहीं देगा, लेकिन सिद्धांत ने तो संध्या के बच्चे का बाप होने से ही साफ इंकार कर दिया, अपनाना तो दूर रहा ।

सिर्फ संध्या के साथ ही ऐसा हुआ हो ऐसा नहीं, अक्सर पुरुष पत्नी के होते हुए दूसरी औरत की जिम्मेदारी लेने से कतराता है । मौजमस्ती अपनी जगह है, लेकिन परिणाम भुगतान पड़ता है औरत को, कुंआरी मां बनकर या समाज के डर से उसे एबॉर्शन करवाने को मजबूर होना पड़ता है, क्योंकि समाज नाजायज औलाद को तिरस्कार से देखता है तथा उसकी मां को चरित्रहीन समझता है ।

विवाहित पुरुष मान लो दूसरी औरत को अपना भी लेता है तब भी उसे सिर्फ उपपत्नी का दर्जा ही प्राप्त होता है । पुरुष की प्राथमिकता उसकी विवाहित पत्नी और उससे हुए बच्चे ही होते हैं ।

जुगनू ऐसी ही एक उपपत्नी है । भावुकता में बहकर उसने विवाहित आलोक से मंदिर में मालाओं का आदान-प्रदान कर ब्याह तो रचा लिया, किन्तु यौवन का ज्वार शांत होते ही उसे जीवन की कड़वी सच्चाइयां नजर आने लगीं । वह कहती है आलोक मेरे पास होकर भी जैसे पास नहीं होता । उसे हमेशा भागने की जल्दी रहती है । मेरे पास वह सिर्फ ड्यूटी निभाने आता है । ऐसे बंटे हुए इंसान के साथ रहने से अकेली ही भली थी । तब त्योहार कम से कम सखी सहेलियों के साथ मना लेती थी । अब त्योहार मेरे लिए सिर्फ

उदासी लेकर आता है, क्योंकि त्योहार आलोक अपने परिवार के साथ मनाना पसंद करते हैं ।

कहते हैं प्रेम अंधा होता है इसमें अच्छा बुरा कुछ सुझाई नहीं देता या कि प्रेम किया नहीं जाता बस हो जाता है, ये सब कोई भावुकता की बातें हैं सच्चाई तो यह है कि भावुकता से जिया नहीं जा सकता। एक सहज खुशहाल जिन्दगी के लिए बुद्धि से काम लेते हुए सोच-विचार करना नितांत जरूरी है । प्रेम होता है तो होने दें किन्तु उस पर शांत मन से विश्लेषण कर भविष्य के प्रति सजगता से सोचें। अपनी जैसी दूसरी औरतों की दुर्दशा से सबक लें तभी अपने ही हाथों अपनी बरबादी से बच पाएंगी ।

जो पुरुष अपनी पत्नी को धोखा दे सकता है वह अपनी प्रेमिका को भी धोखा नहीं देगा इस बात की क्या गारंटी है । विशेषकर दिलफेंक आशिक मिजाज पुरुषों के सम्बंध एक साथ कई औरतों से होते हैं, जिनकी वे एक दूसरी औरत को हवा तक नहीं लगने देते ।

कई विवाहित पुरुष अपनी पत्नी में झूठमूठ की कमियां और दोष बताकर दूसरी स्त्री जिसकी ओर वे आकर्षित होते हैं की सहानुभूति प्राप्त करना चाहते हैं। कई स्त्रियां वास्तव में भोली होती हैं और वे मर्दों के फैलाए जाल में फंस जाती हैं किन्तु हमेशा ऐसा नहीं होता । कई बार खासकर जब पुरुष कोई प्रतिष्ठित व्यक्ति हो औरतें ही उन्हें अपने आकर्षण में बांधने की पुरजोर कोशिशें कर अंततः उन्हें अपने सम्मोहन में जकड़ लेती हैं । अपने स्वार्थ में अंधी वह कभी-कभी विवाहित पुरुष को पत्नी को रास्ते से हटाने के लिए जान से मार डालने तक को बाध्य करती है ।

अपनी हवस के लिए किसी का बसा बसाया घर उजाड़ना मानवीयता नहीं। भारतीय स्त्री ने तो हमेशा दुनिया के सामने ऊंचा आदर्श रखा है। सच्चा प्रेम तन से नहीं मन से किया जाता है ।

अविवाहित पुरुषों की दुनिया में कमी नहीं फिर विवाहित पुरुषों से प्रेम का खतरनाक खेल क्यों खेला जाए ? खासकर जब इस खेल में जीतने का चांस ही नहीं है ।

●●

कैस रखें दाम्पत्य को खुशहाल ?

पारंपरिक वैवाहिक बंधन का स्वरूप बहुत ही आनंददायक रहा है। बाजे गाजे, दूल्हा, बारात, सजे-धजे रिश्तेदारों की गहमागहमी, कहीं खाने की उड़ती सोंधी खुशबू, कहीं फूलों से महकता वातावरण, ऐसे में नई नवेली कमसिन दुल्हन आंखों में सपने संजोए ससुराल आती है जहां बच्चे जवान बड़े-बूढ़े घर के सभी सदस्य उसके स्वागत के लिए तत्पर रहते हैं।

सब से बढ़कर एक नए जीवन साथी का अंतरंग साथ बहुत कुछ नया अनबूझा अनुभूत करने, एक्सप्लोर करने को है। धड़कनें बेकाबू हो जाती हैं। पिया का स्पर्श मात्र बदन में हजार वोल्टेज के करंट मारने लगता है।

पति-पत्नी तन-मन से एक दूजे को स्वीकार लेते हैं। एक एवरेज शादी, एक साधारण मध्यवर्गीय युगल जीवन के उतार-चढ़ाव के साथ-साथ प्रेम अपनत्व में डूबे यूं ही अपनी जिन्दगी का सफर गुजार लेते थे। इन्होंने दाम्पत्य पर कोई पोथी नहीं पढ़ी, कोई रिसर्च काउंसलिंग नहीं की होती थी।

पत्नी आज की भाषा में दब्बू होती थी। पति को आसानी से अपने ऊपर हावी हो जाने देती, आज की भाषा में जिसे प्रताड़ना कहते हैं, ऐसा कुछ उसकी सोच में न था। पति उसे लेकर पजेसिव था। वह उसे अपने से जुदा नहीं समझता। यहां पर सेपरेट आइडेंटिटी नहीं, सहअस्तित्व अहम् बात थी।

समय के बदलाव ने बहुत कुछ अच्छा बुरा देखा। यह क्यों और कैसे हुआ, यह सोशल एनालिस्ट को देखने दें। हमें तो सिर्फ यह देखना है कि आज जो तलाक के बढ़ते मामले एक ज्वलंत समस्या बन गए हैं, उनको कैसे रोका जाए। औरतों का अति शिक्षित होना निःसंदेह मुख्य कारण है क्योंकि इस शिक्षा ने अपने में नैतिकता बोध सम्मिलित नहीं किया है। यह भौतिक तरक्की का मार्ग प्रशस्त करती है लेकिन घर में अंधियारा करवाकर। इसमें

दो राय नहीं कि वैवाहिक जीवन सुखमय हो, इसकी जिम्मेदारी स्त्री पर ज्यादा होती है । बराबरी का डंका पीटते रहे तो स्थिति बद के बदतर होती चली जाएगी । आज जो सच है, हमें उसका सामना करते हुए ही चलना है । आज सबके लिए आदर्श स्थिति एक ही नहीं क्योंकि समाज में तेजी से उथल-पुथल हुई है । आज पारंपरिक, आधुनिक तथा अत्याधुनिक, तीनों तरह के रिश्ते निभाए जा रहे हैं । यहां पर भी मध्यम मार्ग ही गोल्डन रूल है ।

काम में हाथ बटाएं :- संयुक्त परिवार में पति को घरेलू कार्यों में हाथ बटाने की जरूरत नहीं पड़ती थी लेकिन आज ज्यादातर औरतें कामकाजी हैं और परिवार भी एकल । ऐसे में पति के लिए गृहकार्यों में मदद करना जरूरी हो जाता है । पत्नी के छोटे-छोटे कार्यों में हाथ बंटा देने से आप यही जाहिर करेंगे कि यू केयर फॉर हर । आपको उसकी फिक्र है, उससे प्रेम है । आप उसे साथी समझते हैं, बांदी नहीं ।

सेक्स में रुचि लें :- यह एक बायलॉजिकल सच है कि स्वस्थ सेक्स सम्बंध तन-मन से दम्पति को सुखी रखते हैं । यौन संतृप्ति दम्पति के सुखमय जीवन का आधार है । सेक्स के मामले को लेकर आज लोग काफी शिक्षित हो चुके हैं । प्रॉब्लम होने पर वे डॉक्टरी राय लेने में देर नहीं करते । वे एक्टिव सेक्स लाइफ में विश्वास रखते हुए प्यार बढ़ाते हैं ।

एक दूसरे को उपहार देते रहें :- आज जबकि पत्नी भी कमाने लगी है, अपने पैसों से पति के लिए वह यदा-कदा उनकी जरूरत की चीज उन्हें उपहार स्वरूप देती रहे तो पति को अच्छा लगेगा । पति तो पत्नियों को उपहार देकर उन्हें खुश करने के लिए जाने ही जाते हैं । जरूरी नहीं कि उपहार पर आप हजारों रुपये खर्चें । उपहार में मिली छोटी सी चीज भी मन को खुशियों से भर देती है । आपसी प्यार बढ़ाने का यह नायाब नुस्खा सदियों पुराना है, आजमाया हुआ है ।

प्यार का इजहार करते रहें :- 'आई लव यू' तीन शब्द हैं जिन्हें हर चाहने वाला चाहे जाने वाले से सुनने को बेताब रहता है । क्या ही अच्छा हो कि हर सुबह गुड मॉर्निंग की जगह पति पत्नी से कहे 'आई लव यू' और बदले में वह भी कहे 'आई लव यू टू' । जीवन की यह कितनी बड़ी त्रासदी है कि व्यक्ति जिसके साथ जवानी से बुढ़ापे तक साथ रहा, जिसके लिए मन में इतना प्यार था कि उसके लिए वह अपनी जान तक दे सकने को तैयार था लेकिन

अक्सर उससे प्यार का इजहार करना ही भूल जाता है ।

एक दूसरे को समय दें :- मात्र उपस्थिति को महसूस करने से काम नहीं बनेगा । साथ-साथ हंसना बोलना व इंटरएक्ट करना भी निहायत जरूरी है । स्पर्श की भी एक भाषा होती है जिसमें दम्पति को एक्सपर्ट हो जाना चाहिए । रसभीना संसार होगा तो कड़वाहट, खीज, लड़ाई की गुंजाइश नहीं होगी । रूठना, मनाना भी इस गेम का एक नियम है । पति की पसंद की कोई डिश आप बनाएं तो खाने के साथ यह अहसास उन्हें ज्यादा तृप्त करेगा कि उनके लिए यह किया गया है । इसी तरह जो पति स्वयं कुछ बनाना नहीं जानते, कभी पत्नी के लिए पसंदीदा समोसे, गुलाबजामुन, पेस्ट्री आदि लाकर उन्हें खुश कर सकते हैं ।

सही मायने में सहारा बनें :- सुख के सभी साथी होते हैं । इस समय साथी बने रहना कोई बड़ी बात नहीं । असली परीक्षा दु:ख की घड़ी में ही होती है । इस समय पूर्ण धैर्य और लगन का परिचय देते हुए एक दूसरे का सहारा बनें । दु:ख की घड़ी तो टल जाएगी लेकिन इस समय का आपका व्यवहार साथी को हमेशा याद रहेगा । बीमारी में की गई तीमारदारी, इमोशनल सपोर्ट आपस में प्यार बढ़ाएगी और अपनत्व पुख्ता करेगी । सिंसियरिटी, वफा की अपनी एक खुशबू होती है जो जीवन महकाए रखती है ।

यह आपकी सपोर्ट ही है जो जीने का मकसद प्रदान करती है, सुरक्षा देती है जो दाम्पत्य को खुशहाल रखती है और मजबूती प्रदान करती है ।

●●

नहीं चाहते सुपर सक्सेसफुल वाइफ

भारतीय मां-बाप बेटी को उसके बचपन से ही बार-बार याद दिलाते रहे हैं कि जितना ज्यादा पढ़-लिख लेगी, वर ढूंढ़ने में उतनी ही परेशानी आएगी। पुरुषों की मानसिकता के लिहाज से इस बात में कुछ भी गलत नहीं है। पहले वे अपने से ज्यादा पढ़ी-लिखी बीवी नहीं चाहते थे और अब खुद से अधिक वेतन वाली पत्नी उन्हें मंजूर नहीं है। इस बारे में हुए अध्ययन यह साबित करते हैं कि मर्द शादी और इसी तरह के अन्य दीर्घकालिक सम्बंधों के लिए सफल और आत्मनिर्भर पत्नी के बजाय अधीन रहने वाली लड़की चाहता है।

अलग-अलग कहानी :- मुंबई में रहने वाली शुभा पवार 35 साल की हैं, खूबसूरत और स्मार्ट हैं तथा एक बहुराष्ट्रीय कम्पनी में एक्जीक्यूटिव स्तर पर हैं। उनमें वे तमाम खूबियां भी हैं, जो किसी संस्कारित बहू में होनी चाहिए। बावजूद इसके पिछले आठ वर्षों से वे लड़के के घरवालों को देखकर मुस्कराने, उनके सवालों का जवाब देने की प्रक्रिया बार-बार दोहरा रही हैं, पर हर बार आखिर में उन्हें नकार दिया जाता है। दरअसल, शुभा का वेतन और उनका स्टेटस ही उनके लिए नेगेटिव फैक्टर साबित हो रहा है, वहीं दूसरी ओर शालिनी की कहानी भी कुछ ज्यादा जुदा नहीं है। दरअसल वे एक एयरलाइंस कम्पनी में एयर होस्टेस हैं। ग्लैमर और हमेशा आसमान में उड़ते रहने की वजह से उन्हें एक अच्छा पति मिलने में दिक्कत आ रही है। शालिनी का कहना है कि उन्होंने अपने इस जॉब को पाने के लिए दिन-रात मेहनत की है, पर पारिवारिक माहौल ऐसा है कि जो भी आता है वह मेरी सैलिरी व अन्य सुविधाओं को देखकर मुझे बहुत हाई-फाई लड़की मान लेता है। शायद उसके मन में यह ख्याल आता होगा कि एक एयर होस्टेस घर और परिवार की जिम्मेदारी बहुत अच्छे से नहीं निभा सकती। अगर ऐसी सोच है तो गलत है।

क्या कहते हैं एक्पर्टस :- समाज-मनोविज्ञानी स्टीफन ब्राउन और ब्रायन लुइस के एक अध्ययन के अनुसार, पुरुष लंबे सम्बंधों के लिए 'अधीन

रहने वाली लड़की' चाहता है। यहां तक कि उच्च वर्ग के बजाय अपने से निचले स्तर की महिलाएं उसे ज्यादा आकर्षित करती हैं। इसका मतलब है कि शादी के बाजार में 'पावरफुल वूमन' को नुकसान उठाना पड़ता है, वहीं मुंबई स्थित टाटा इंस्टीट्यूट ऑफ सोशल साइंसेज की एसोसिएट प्रोफेसर डॉ. ऋतंभरा हब्बर बताती हैं कि स्त्री के मुकाबले हरदम विजेता बने रहने का पुरुषवादी अहंकार इस बात के आड़े आता है।

हालांकि बढ़ती महंगाई और लक्जरी प्रोडक्ट के बढ़ते क्रेज के चलते पुरुष जीवसंगिनी के रूप में कामकाजी महिला चाहता है, पर अंततः उसकी पसंद वही लड़की होती है, जो कमाई व सामाजिक रुतबे में उससे कमतर हो। जाहिर है कि ज्यादा कमाने वाली बीवी समाज में पति के रुतबे को कम ही करती है। अक्सर यह भी देखा गया है कि आत्मनिर्भर महिलाएं शादी के बाद भी घर से बाहर निकलकर काम करना पसंद करती हैं। दूसरी तरफ पुरुष चाहता है कि उसकी बीवी भले ही नौकरीपेशा हो, पर वह घर में परिवार वालों की देखभाल भी करे।

यह सिर्फ शादी की ही बात नहीं है, प्रेम में भी ऐसा ही होता है। चूंकि प्रेम स्वाभाविक होता है, इसलिए बहुत से मामलों में अफेयर के बाद भी बॉयफ्रेंड सफल, बुद्धिमान और कमाऊ प्रेमिकाओं को ठुकरा देते हैं। मनोचिकित्सक अंजलि छाबड़िया बताती हैं कि आत्मनिर्भर महिलाओं का गर्वीला व्यवहार पुरुषों को रास नहीं आता है। मर्द चाहता है कि औरत किसी भी क्षेत्र में उससे बेहतर न हो, रसोइघर को छोड़कर। उसकी ख्वाहिश होती है कि स्त्री उसे घर का स्वामी होने का एहसास दिलाए, न कि उससे प्रतिस्पर्धा करे। छाबड़िया कहती हैं, 'मर्द मानता है कि सफल स्त्रियां घर और बच्चों की अच्छी देखभाल नहीं कर सकती। यह ज्ञात तथ्य है कि सफलता के साथ नियंत्रण अपने हाथ में रखने की प्रवृत्ति भी विकसित होती है। यही कारण है कि पुरुष सुपर सक्सेसफुल बीवी नहीं चाहते।' मुंबई में एक आईटी कम्पनी में इंजीनियर आशुतोष जैसा हाईप्रोफाइल आदमी भी कैरियर ओरिएंटेड लड़की से शादी करने को लेकर असमंजस की स्थिति में है। उसका कहना है कि शादी के बाद वह चाहेगा कि उसकी पत्नी उससे ज्यादा न कमाए, क्योंकि ऐसा होने पर उनमें ज्यादा अधिकार पाने की भावना आ जाती है। बहरहाल जो भी हो यदि इस प्रकार का सोच लेकर चलेंगे, तो इससे किसका भला होगा यह बहस का मुद्दा हो सकता है, लेकिन फायदे का सौदा नहीं। ●●

पति की महिला मित्र

मॉडर्न कहलाने की धुन में आप भले ही झूठ का मुलम्मा चढ़ाकर सच छिपाएं कि आपका नजरिया व्यापक है, आपको पति के महिला मित्र रखने पर कोई एतराज नहीं, लेकिन अपनी प्राकृतिक भावनाओं से आप कैसे लड़ पायेंगी।

औरत को जब सास ही सहन नहीं होती क्योंकि वह पति का ध्यान बांटती है, उसके दिल पर एकछत्र राज करने में बाधक लगती है तो भला दूसरी औरत फिर चाहे वह दोस्ती का दम भरती महिला ही क्यों न हो वह पति के जीवन में कैसे स्वीकार सकती है। यह कहना है अनीषा ज्ञारद्वाज का जो नई दिल्ली में एक होममेकर हैं यानि कि एक घरेलू स्त्री।

शशि जड़ेजा इंटर पास एक छोटे शहर की महिला हैं देखने में अत्यंत साधारण और बोली भी उनकी ठेठ गंवई है। पति बिल्कुल विपरीत सॉफ्टवेयर इंजीनियर। देखने में अत्यंत हैंडसम बड़ी बेमेल जोड़ी है उनकी। लेकिन, शादी की गाड़ी चल रही है। शशि पति से बेहद प्रभावित सही मायने में चरणों की दासी है। पति की ढेर सी महिला दोस्त हैं घर भी आती हैं शशि उनके खाने पीने का इंतजाम खुशी से करती है। पति को उनके साथ हंसता बोलता देखकर वह भी बहुत खुश होती है। यह पूछने पर कि 'उन्हें ईर्ष्या नहीं होती ?' वे कहती हैं 'ईर्ष्या कैसी, यह खुश रहें बस मेरे लिये तो इनकी खुशी सबसे बढ़कर है।' लेकिन शशि जैसी सोच रखने वाली औरतें मुश्किल से सौ में दो-चार ही मिलेंगी। वर्ना पति की महिला मित्रों को पत्नियां कभी बर्दाश्त नहीं कर पाती हैं, उनका दाम्पत्य बिखराब के कगार तक भी पहुंच जाता है।

पत्नियों की इसमें गलती कम ही लगती है क्योंकि ये उन महिला मित्रों की हरकतें ही होती हैं जो पत्नियों को उकसाती हैं। अब मिसेज लाल को देखें यह उनके लिये क्रेडिट की बात थी कि पति की मौत के बाद उन्होंने

अपने को शीघ्र संभाल लिया । जीवन को पूरी शिद्दत से जीने की ठानकर वे बहुत ही एक्टिव लाइफ जीने लगीं । पैसा बहुत था । नौकर ड्राइवर और दोस्तों की भीड़ इर्द-गिर्द रहने लगी । लेकिन अकेली औरत के साथ जो बुनयादी दिक्कतें होती हैं, वे उनके साथ भी थी । उनका तिकड़मी दिमाग उन्हें कभी चैन से नहीं रहने देता । पैसा बढ़ाने का जुनून था उन्हें । उसके लिये वे पुरुष मित्रों की सहायता लेने में भी जरा न झिझकतीं । उन्हें अपना एक मकान बेचना था । उसकी कई औपचारिकताएं भी होती हैं उसके लिए उन्होंने मिस्टर सक्सेना की सहायता ली । ढेर सा काम था मकान पर रंग-रोगन, पेंट, पौधे वहां से शिफ्ट करना तथा अन्य औपचारिकाएं । वे मिस्टर सक्सेना को नचाये रखतीं, खाना खाने, ऑफिस जाने में भी वे डिस्टर्व होते । कभी फोन आ रहा है कभी मैडम स्वयं कुछ काम के लिये चली आ रही हैं । मिस्टर सक्सेना जरा आप बाजार से पेंट ले आना कहकर उन्होंने ढेर से रुपयों की गड्डी उन्हें थमा दी । स्वाभाविक था मिसेज सक्सेना के सब्र का पैमाना छलकना ।

महिला मित्र अक्सर पुरुष मित्रों को बेवकूफ बनाकर उनका इस्तेमाल करने में माहिर होती हैं । इसलिए इस खास ब्रीड की औरतों से शरीफ पत्नियां सावधान रहती हैं । कुछ जरूर शरीफ हो सकती हैं । वे अपनी मर्यादा समझती हैं और विवाहित पुरुष मित्र की गलफ्रैंड न होकर फेमिली फ्रैंड बनने में विश्वास रखती हैं । अगर पुरुष अकेला है बैचलर है तब शायद महिला मित्र बनने बनाने में हर्ज नहीं । हर्ज तब दिखता है जब अपनी अदाओं से औरत पुरुष से अपना हर छोटा बड़ा काम तब तक करवाती है जब तक उसे उससे अधिक पैसे वाला और ज्यादा समर्थ पुरुष नहीं मिल जाता ।

महिला मित्र कब प्रेमिका बन जाती है कब केमिस्ट्री बदल जाती है कुछ कहा नहीं जा सकता । पत्नी को पति की ऐसी ही महिला मित्रों को टैक्ट से संभाल पाना आना चाहिए । बगैर रूड हुए वे उन्हें उनकी सीमाओं का अहसास करा सकती है । उनका अपमान कर क्रोध में उन्हे अपशब्द कह कर तो वे स्वयं को औछा साबित करेगी ।

पति अगर आपकी सुनते हैं तो उनसे साफ शब्दों में नारजगी जाहिर की जा सकती है । आपकी बेरूखी पति की महिला मित्र न समझे यह नहीं हो सकता । लेकिन उसे एकदम खारिज करने की जरूरत भी नहीं । उसे अपने को प्रूव करने का मौका और समय जरूर दें । कभी-कभी औरत की मजबूरी

उसे पुरुष मित्र बनाने के लिये मजबूर करती है । उनमें वह सुरक्षा ढूंढती है वह लाख आधुनिक, स्वयं में पूर्ण, सशक्त होने का दावा करे उसे सहारे की जरूरत तब पड़ती है जब कुछ समय के लिये उसका मोरल लेवल बिल्कुल नीचे आ जाता है तब वह अवसाद से घिर कर अकेलापन महसूस कर सकती है । ऐसे में पुरुष की प्रशंसा तेज नशे की तरह होती है ।

ये मित्रता ठीक 'पति के जीवन में दूसरी औरत' के पुराने चक्र की तरह है । चाहे उसे नया नाम दें । बौद्धिकता का मुलम्मा चढ़ाकर न्यायोचित ठहरायें या सोच के विस्तृत दायरे के अंतर्गत समाहित करें ।

स्त्री पुरुष के बीच की केमिस्ट्री तो आज भी वही है जो सदियों पहले थी । अब माना कि हर क्षेत्र में हर जगह ज्यादा से ज्यादा साथ-साथ कार्यरत होने से उनकी संवेदनशीलता भोंथरी हुई है । लेकिन वे कब बहक जाये यह कोई नहीं जानता ।

इसके लिए परिपक्वता का स्तर, चारित्रिक सुद्धता, सोच संस्कार काफी हद तक जिम्मेदार है । भावनात्मक मित्रता गहरे विश्लेषण का विषय है । बहरहाल पुरुष की महिला मित्र बनकर महिला उसके अविवाहित होने पर विवाह कर ले यह तो जायज है लेकिन अगर वह उसका घर तोड़ती है उसकी पत्नी को दुःखी कर उसकी आह लेती है तो यह बात नारीत्व के लिये कलंक है । यह कहकर कि क्या करें दोस्त पर दिल आ गया आप फूलनदेवी का रोल अदा करती हैं ।

मित्रता का नाजायज फायदा हमेशा औरत ही उठती है अगर पुरुष उठाता है तब भी गलती स्त्री की ही मानी जायेगी वो क्यों सीधी और कमजोर साबित हुई ?

पुरुष को लाख अपराधी ठहरायें, कटघरे में खड़ा करें, वो जो है सो है । उसकी फितरत से आप क्यों वाकिफ नहीं ? अपनी करनी पर पर्दा डालने में औरत माहिर होती है । अच्छी औरतें यूं ही पुरुष मित्र नहीं बनाती फिरती हैं । इसी तरह चरित्रवान पुरुष भी जरूरमंद औरत की मदद तो करते हैं लेकिन उन्हें मित्र नहीं बनाते ।

मित्र का कार्य तो रिश्तों में ही हो सकता है । मां, बहन, भाभी, बेटी कोई भी मित्रवत हो सकती है । जान पहचान रखिए क्या यही काफी नहीं ? पत्नी मित्र क्यों नहीं हो सकती ? आज समाज में नई नामी गिरामी हस्तियां हैं जिन्होंने मित्रता का ढोंग रचाकर पति-पत्नी को अलग कर दिया बच्चों से उनका पिता छीन लिया । महिला मित्र का 'कंसेप्ट' ही गलत है अनैतिक है । ●●

वैवाहिक जीवन का आकर्षण

रोजमर्रा की एक-सी ऊबाऊ जिन्दगी में थोड़ा सा फेरबदल, थोड़ी-सी विविधता लाई जाए तो ऊबाऊपन से बचा जा सकता है। मनुष्य का स्वभाव है कि वह सदा नवीनता की खोज में लगा रहता है। जीवन की एकरसता यानी वही कार्य प्रणाली, सुबह उठना, नित्यकर्म से निवृत्त हो कार्यालय जाना, भोजन करना शाम को घर आकर चाय पीना, कुछ बच्चों के होमवर्क में उनकी मदद करना और फिर 'इडियट बॉक्स पर वही घिसे-पिटे कार्यक्रम समाचार देखना! गृहणियों के लिए रोज वही नाश्ता, सुबह शाम का खाना बनाना यानि की ज्यादा समय चौके-चूल्हे में ही बीत जाता है, जो समय बचता है उसमें घर के अन्य रोजाना के कार्य! हां, अगर ये अमीर तबके की हुई तो जरूर थोड़ा फेरबदल होता है, लेकिन ऐशोआराम की जिन्दगी में एकरसता नहीं है, ऐसा हम नहीं कह सकते। वही लोग, वही सैर सपाटे, पार्टीज, क्लब, डांस, डिनर, रोज-रोज इन सबसे भी ऊब होने लगती है।

पति-पत्नी के सम्बंधों में कटुता फैलने, दरार पड़ने का मुख्य कारण दाम्पत्य जीवन की एकरसता और ऊबाऊपन ही है, शादी के बाद लड़का हो या लड़की पहले की तरह स्वतंत्र नहीं होते। उन पर गृहस्थी का भार आ जाता है, जो बच्चों के आने पर और भी बढ़ जाता है, जिम्मेदारियों के साथ धीरे-धीरे जीवन में शुष्कता आने लगती है। जीवन का सारा उत्साह जैसे खत्म होने लगता है, इसमें उसके सुन्दर कोमल अहसास, अनुभूतियां, संवेदनाएं, सब रोजी-रोटी के चक्कर में स्वाहा होने लगती है। अब यह पति-पत्नी के अपने ऊपर निर्भर है कि जरा से चातुर्य, कौशल, बुद्धिमत्ता और थोड़ी-सी कल्पना से किस तरह से जीवन की एकरसता को दूर करें।

हमारे क्वार्टर के ठीक सामने वाले क्वार्टर में कुछ ही महीने हुए एक

नवदम्पति रहने आये हैं श्री व श्रीमती बलानी । दोनों ही काफी खूबसूरत, हंसमुख और आधुनिक हैं । लगता है कि ईश्वर ने दोनों को एक दूसरे के लिए ही बनाया है । उनकी खिल-खिलाहटें और आपस का प्रेम देखकर किसी को भी उनसे रश्क हो सकता है । अक्सर सुबह श्रीमती बलानी को श्री बलानी के ढीले कुर्ते में या श्री बलानी को कभी श्रीमती बलानी की साड़ी तहमद की तरह लपेटे देख आस-पास के लोग उनका काफी मजाक बनाते हैं । वास्तविकता यह है कि वे जानते हैं कि जीवन विविधता से जीना भी एक कला है । कई औरतों को आदत होती है कि चाहे उनके पास तरह-तरह के ड्रेसेज, साड़ी व गाउन का भंडार भरा हो, लेकिन पहनने के लिए निकालेंगी दो जोड़ी कपड़े या दो साड़ियां, एक को धोया दूसरे को पहना, दूसरे को धोया पहला पहन लिया । अब आजकल कपड़े ज्यादातर पॉलिस्टर और टेरिकॉट के ही होते हैं जो कि आसानी से फटते नहीं, ऐसी सूरत में पास पड़ोसी तक उन कपड़ों को रोज-रोज देखकर ऊब जाते हैं, तो क्या वे खुद नहीं ऊबते होंगे । ऐसी बातें कई बार प्रत्यक्ष अपना असर ना भी छोड़े तो अप्रत्यक्ष रूप से मन मस्तिष्क पर असर डालती है ।

आप खुद ही महसूस करेंगे कि जिस दिन आप कोई नयी ड्रेस पहनते हैं मन कितना प्रफुल्लित रहता है । लोगों से मिलने जुलने का भी मन करता है । आप चाहते हैं कि कोई आपकी नई ड्रेस को देखे । ड्राइंगरूम में सजे कागजी फूल रोज-रोज देखे जाने पर अपना आकर्षण खो बैठते हैं, यहां तक कि आप उनका नोटिस तक लेना बंद कर देते हैं । वही हाल एक जैसा रहने पर पति या पत्नी का भी हो सकता है । जरूरी नहीं कि आपके कपड़े कीमती हों । सादा सुरुचिपूर्ण लिबास सलीके से पहना जाए तो वही काफी मनमोहक लगता है, शर्त बस यही है कि उन्हें रोज यूनिफार्म की तरह दुहराया न जाए । आप अगर साड़ी पहनतीं हैं तो बदलाव के लिए सलवार-कमीज या अन्य ड्रेस भी पहन सकती है ।

रोजमर्रा के जीवन में छोटे-छोटे फेरबदल करना बहुत मुश्किल नहीं है, इसकी सिर्फ आदत डालनी होती है । कुछ लोगों में यह आदत कुदरती होती है, कुछ को अपनानी पड़ती है । कल्पनाशील व्यक्ति के लिए यह फेरबदल बहुत आसान होता है । उन लोगों के लिए, जिनमें मौलिक सुझबूझ की कमी होती है, थोड़ा-सा टेढ़ा काम है लेकिन ऐसे लोग जहां और बातों में सदैव

नकल से काम चलाते हैं, इसमें भी वही फार्मूला इस्तेमाल कर सकते हैं ।

उदाहरण के लिए पति महोदय का कोई छोटा-सा काम बहुत दिन से टल रहा है और आज तो दफ्तर जाते समय वे आपको अल्टीमेटम ही दे गये हैं कि काम हो जाना चाहिए वर्ना (खैर ये उनकी और आपकी आपसी प्रेम की भाषा है) तो आपने सब काम छोड़कर फटाफट पहले उनका ही काम कर लिया है । आते ही वे पूछते हैं । 'काम हो गया ?' अब आपने भी कह दिया, 'हां कर लिया है ।' ये है एक नीरस पत्नी का जवाब । लेकिन अगर पत्नी शोख, चुलबुली है, पति को रिझाने की कला जानती है तो भोलेपन से कहेगी-'ओह गॉड, मैं भी कितनी भुलक्कड़ हो गयी हूं । आपके काम की बात मेरे दिमाग से बिलकुल ही उतर गयी ।' अब जहां पति महोदय का फ्यूज उड़ा और वो शुरू हों, इसके पहले ही उनका बताया गया काम, जो कमीज में बटन टांकने से लेकर रफू, रिपेयर, प्रेस कुछ भी हो सकता है, जो आपने कर लिया है, एकदम से उनके आगे लाकर रख दें, अब उनके मुखमंडल पर जो संतोष भरी मुस्कराहट आपको देखने के लिए मिलेगी यही आपकी मेहनत का ईनाम है । एक सही दिनचर्या जिन्दगी में इस कदर ऊब भर देती है कि जिन्दगी, जिन्दगी नहीं लगती, बल्कि वक्त के हाथों घिसटती ठेला गाड़ी बन जाती है । जिन्दगी जैसी खूबसूरत नियामत की क्या इतनी बेकदरी ठीक है ? जीवन रंगीन बनाने के लिए जरूरी नहीं कि आपके पास ढेर सी दौलत, रुपया-पैसा हो, अगर आपको जीने का सलीका नहीं आता तो ये रुपया-पैसा आपके किसी काम का नहीं ।

वे लोग जिन्हें जीने की कला आती है थोड़े में भी खुश रह लेते हैं । वे जिन्दगी में विविधता का महत्व भली भांति समझते हैं इसलिए अपने-जीवन को वे सिर्फ मशीनी जिन्दगी की तरह ही नहीं जीते ।

●●

क्यों जरूरी है मैरिज काउंसिलिंग

विवाह केवल दो लोगों का जीवनपर्यंत के लिए बंधन ही नहीं बल्कि दो परिवारों का एक अटूट रिश्ते में बंधन भी है । पहले संयुक्त परिवार में लड़कियों को लोक व्यवहार, दुनियादारी, तहजीब व तमीज की ट्रेनिंग स्वतः ही प्राप्त हो जाती थी । वे अपनी मां, ताई, चाची को दादी की सेवा करते देखती थीं । दादा जी की इज्जत, उनकी आज्ञा का पालन करते देखती थी । उन्हें रिश्तों की अहमियत किसी को समझानी बतलानी नहीं पड़ती थी इसलिए ससुराल जाकर वे आसानी से एडजस्ट कर लेती थीं । इसी तरह कितनी भी बेमेल जोड़ी क्यों न हो, पहले शादियां बहुत कम टूटती थी । समाज व परिवार के दबाव के कारण लड़कियां इस पवित्र बंधन को तोड़ पाने की हिम्मत जुटा नहीं पाती थी । पर आज ऐसा नहीं है । एकल परिवार के कारण एक तो रिश्तों के मामले में लड़का-लड़की दोनों ही निपट अनाड़ी रह जाते हैं । दूसरा उच्च शिक्षा और पाश्चात्य संस्कृति से प्रभावित वे स्वंय को ही सब कुछ मानने की भूल कर बैठते हैं । अपने से हटकर भी कोई दुनिया है, रिश्ते हैं, उनकी कितनी अहमियत है, इस विषय में लड़कियों को जरा भी ज्ञान नहीं होता । कई बार उच्च शिक्षा और नौकरी के गुरूर में वे पति को अपने आगे कुछ न समझ कदम-कदम पर उसके अहम को ठेस पहुंचाती हैं । ऊपर से आज की फिजा में तैरती तमाम भड़काऊ बातें रही सही कमी पूरी कर देती है ।

काउंसलिंग पहले भी होती थी हालांकि, छोटे पैमाने पर ही सही । तब लड़कियां बगैर तर्क किये जैसा घर की बड़ी औरतें समझाती, फॉलो कर लेती थीं । इसी में उनका सुख निहित था । लड़की वाले हमेशा विनम्र होकर चलते । दो पार्टियों में से एक भी झुक जाए तो मामला सुलझते देर नहीं लगती ।

आज लड़की वाले लड़की की शिक्षा और उसकी बराबर की कमाई को

लेकर विनम्र होना तो दूर, अपने को समधियों से ऊपर समझते हैं । चूंकि दामाद भी लड़की की आज्ञानुसार ही चलता है तो अपर हैंड हर तरह से लड़की वालों का होने लगा है । अगर दहेज में उन्होंने मोटी रकम दी है तो उसे वसूलने का मौका भी उन्हें बाद में मिल जाता है । लड़की के घर में उनकी पूरी दखलअंदाजी होती रहती है । लड़की पर भी भावनात्मक रूप से वे पूरा कब्जा जमाए रखना चाहते हैं ।

लव मैरिज होने पर तो और भी बुरा हाल है । 'मियां बीवी राजी तो क्या करेगा काजी' की तर्ज पर पति पत्नी अपनी ही दुनिया में मस्त रहते हैं । परिवार के विरोध करने के फलस्वरूप वे उनसे रिश्ता ही तोड़ बैठते हैं जिसके बुरे अंजाम शीघ्र ही उनके सामने आ जाते हैं । भयावह अकेलापन, असुरक्षा, तनाव, खालीपन आगे उनके लिए यही रह जाता है ।

मैरिज काउंसलिंग क्या है ? :- ब्यूटी पार्लर, मनोचिकित्सालय, स्लिमिंग सेंटर आदि की तरह मैरिज काउंसलिंग भी आज की आधुनिक जिन्दगी का हिस्सा है । यहां यह स्पष्ट हो जाना चाहिए कि मैरिज काउंसलिंग के नाम पर अनट्रेंड केवल व्यवसायिक दृष्टिकोण को ध्यान में रखने वाली दुकानें भी बहुत खुल गई हैं । अगर कार्यकर्ता मनोवैज्ञानिक ट्रेंड, अनुभवी सोशलवर्कर हैं तो उनसे उम्मीद की जा सकती है ।

यहां केवल किताबी बातों से काम न चलेगा । फिर भी जैसा होता है मैरिज काउंसलर भावी पति-पत्नी को शादी के बाद आने वाली आम समस्याओं के प्रति सचेत कर उनसे निपटने के तरीके बताते हैं । खाली युगलों को समझाने से ही बात नहीं बन सकती क्योंकि असली प्रॉब्लम तो ससुरालिए हैं, इसलिए मैरिज काउंसलर डॉक्टर मीरा माथुर के अनुसार काउंसलिंग उनके लिए भी उतनी ही अहम मानी जानी चाहिए ।

काउंसलिंग के क्या लाभ है ? :- वैवाहिक जीवन का आधार स्तंभ सेक्स है लेकिन चूंकि सेक्स हमारे यहां एक वर्जित विषय रहा है अतः युवा इसके बारे में जानकारी हासिल करने के हिचकतें हैं । आधी अधूरी जानकारी से ही वे वैवाहिक जीवन में प्रवेश करते हैं । नतीजा कई बार किसी छोटी-मोटी साइकोलोजिकल प्रॉब्लम को वे शारीरिक दोष मान बैठते हैं । कई बार इसी के चलते वे नीम हकीमों के चक्करों में फंस कर अपना समय और पैसा बर्बाद कर लेते हैं । उनके भय को ये झूठे और मक्कार चिकित्सक खूब भुनाते हैं ।

मैरिज काउंसलर युवाओं को पूरी सेक्स एजुकेशन देकर वैवाहिक जीवन को सफल बनाने के गुर बताते हैं। साथ ही गर्भनिरोध के लेटेस्ट वैज्ञानिक उपाय बताते हैं। वे ये सब बातें भावी दम्पत्ति की आयु तथा अन्य जरूरी बातों को ध्यान में रख कर करते हैं।

वे लड़कों को भी उनकी जिम्मेदारियां समझाते हैं। मैरिज काउंसलर मनीष मेहता बताते हैं कि काउंसलर भी एक मनोविश्लेषक की भांति उन्हें ट्रीट करता है। उससे बातें करते हुए उनकी जो सोच सामने आती है उससे पता लग सकता है कि विवाहोपरांत इनके बीच कांपेटिबिलिटी संभव है या नहीं। इससे शादी के लिये फैसला ले पाना सरल हो जाता है। सिद्धांत मुखर्जी जो मैरिज ब्यूरो और मैरिज काउंसलिग दोनों साथ चला रहे हैं, दावा करते हैं कि उनके यहां काउंसलिंग के बाद विवाह शर्तिया सफल होंगे। दरअसल शादी के बाद एक नया जीवन शुरू होता है। उसमें हर कदम पर जिम्मेदारियां ही जिम्मेदारियां हैं। हर भावी दम्पत्ति सुखी एवं सफल वैवाहिक जीवन की कामना करता है। यह दोस्तों या सखी सहेलियों की अपरिपक्व, अनैतिक, खुदगर्जी सिखलाने वाली बातों से अच्छा है किसी अच्छी प्रतिष्ठित जगह से काउंसलिंग कर ली जाएं।

●●

पति को चाबी वाला गुड्डा न समझें

ऐश्वर्य महाजन ऐश्वर्य राय की तरह 'ब्यूटी क्वीन' तो नहीं थी, फिर भी काफी सुन्दर थी । उसके लिए घर बैठे अच्छे रिश्ते आने लगे । एक समृद्ध बिजनेसमैन फैमिली के लड़के सुभाष सरीन से उसका रिश्ता तय हो गया । शादी होने तक वे अकंठ प्यार में डूबे एक-दूसरे के दीवाने हो चुके थे । घंटों फोन पर बातें करते लेकिन मिले बिना पल भर भी चैन नहीं । तोहफों का आदान-प्रदान चलता रहता ।

विवाहोपरांत कुछ माह हनीमून की तरह बीते । फिर सुभाष को रायपुर का प्लांट देखने के लिए अपनी पत्नी को साथ लेकर रायपुर ही बसना पड़ा । यहां आकर सुभाष काम में अत्यधिक व्यस्त रहने के कारण पत्नी को बहुत कम समय दे पाता । थका-मांदा घर लौटने के कारण उसके प्यार में पहले जैसी गर्मी नहीं रही, इसलिए ऐश्वर्य अपने को उपेक्षित महसूस करने लगी ।

नीरजा विवाह के 10 महीने बाद दो जुड़वां बेटियों की मां क्या बनी, उसके बदन पर चर्बी बढ़ती चली गई । पति को वह आकर्षणहीन लगने लगी । नतीजतन उन्होंने इधर-उधर ताक-झांक शुरू कर दी । नीरजा की खूबसूरत जवान बहन सजल जब नीरजा के पास से लौटकर घर वापस गई तो उसने दीदी को एक लंबा सा खत लिखते हुए सावधान किया-"दीदी, जीजू की डोर जरा कस के थाम लो, अब वे तुम्हारे पति कम और दूसरी औरतों के प्रेमी बनने की फिराक में ज्यादा रहते हैं ।" पति की बेवफाई पर क्रोध के अतिरेक में नीरजा की आंखें भर आई । ये वही जनाब हैं जो अपने प्यार की कसमें खाते नहीं थकते थे । देख लिया इनका प्यार ! कितना उथला था, केवल जिस्मानी आकर्षण । क्या ये मोटे हो जाते तो मैं भी इनके साथ ऐसा ही कर सकती थी ?

"तुम बहुत लक्की हो मीरा, अखिल तुम पर जान देते हैं।" रेणु ने जब अपनी सखी से यह कहा तो वह ठंडी आह भरकर चाय की प्याली से उड़ती हुई भाप की तरफ देखते हुए बोली–"देख रही हो ये धुआं ! ठीक ऐसे ही रोमांस भी विवाह के कुछ ही समय बाद उड़ जाता है। अब मैं उनके लिए महज एक अदद बीवी हूं। 'घर की मुर्गी दाल बराबर' जैसी मेरी उनके लिए कोई वैल्यू नहीं है। मेरी पसंद-नापसंद का भी उन्हें अब जरा भी ख्याल नहीं रहता।"

रजनी की समस्या कुछ और ही है। "मुझे इनकी हर वक्त की चुहलबाजी पसंद नहीं। ये भी नहीं देखते कि मैं काम में उलझी हूं। मना करने पर कहते हैं, यार तुम तो एकदम नीरस होती जा रही हो। बाद में मुझे दोष मत देना।"

यह सच है कि शादी के शुरूआती दिनों की तरह रूमानी मदभरी जिन्दगी हमेशा नहीं रह सकती लेकिन बदलाव के चलते भी उसे डल, नीरस, ऊबाऊ और एकरस होने से बचाया जा सकता है। क्यों इतने लापरवाह हो जाते हैं पति-पत्नी एक-दूसरे के प्रति ? एक-दूसरे को स्वीकृत समझ लेने की लगती करने लगते हैं।

पत्नी का गृह कार्यों में पागलपन की हद तक 'इंवोल्व' होना, मानो जीवन इससे इतर कुछ और नहीं या फिर पति द्वारा अपने कैरियर को ही 'दि एंड' समझना, यही भूल उन्हें बहुत महंगी पड़ती है। जीवन जीने की कला मानो वे भूल जाते हैं। इसका परिणाम होता है–रिश्तों में आने वाली उदासीनता, सर्द अहसास।

रोमांस खत्म न होने दें :- यह जरूरी है कि वैवाहिक जीवन में अंत तक रोमांस बनाए रखा जाए, चाहे आप जितने बूढ़े हो जाएं। एस्कार्ट हार्ट इंस्टीच्यूट के एक डॉक्टर ने अपने मरीज को डिस्चार्ज करते हुए उसकी पत्नी को खासतौर पर यह हिदायत दी कि पति को आप हमेशा यही महसूस करायें कि मानो आपकी अभी नई-नई शादी हुई हैं रोमांस करने वाले व्यक्ति को कभी मैंटल टेंशन नहीं होता, स्ट्रैस नहीं होता जो कि आजकल अधिकांश बीमारियों का सबसे प्रमुख कारण है।

सपनों को पकड़कर रखिए। उन्हें यूं ही आसानी से भाप की तरह विलीन न होने दें। ऐसी ही कुछ आवश्यक बातों का पालन करेंगी तो ऐसा वातावरण बना रहेगा जिसमें सपने चुम्बक की तरह खिंचकर टिके रहेंगे।

पति की प्रेमिका बनें शासिका नहीं। कार्यभार के कारण हो सकता है कि वे तनावग्रस्त रहते हों, अतः उन्हें आपकी मदद की जरूरत है, केवल अपनी ही न सोचती रहें। वे प्यार नहीं करते कहते रहने से बात नहीं बनेगी, आप भी तो पहल कर सकती हैं।

जीवन साथी को अपने खिलंदड़ स्वभाव से सदा जवान बनाए रखिए। अहम् को कभी इस रिश्ते में आड़े न आने दें। पति-पत्नी के बीच सिर्फ निस्वार्थ प्यार होना चाहिए, तेरे-मेरे का भेदभाव या अस्मिता की तेजधार कैंची नहीं, जो तलाक के रूप में इस रिश्ते को काट दे।

अपनी पसंद एक-दूसरे से प्यार से मनवा सकते हैं, थोपने जैसी भूल कभी न करें। पत्नी कोई चाबी वाली गुड़िया नहीं और न ही केवल पति की सुविधाओं का माध्यम।

••

फासले उम्र के

दाम्पत्य में पति बड़ा हो और पत्नी छोटी हो तो जिन्दगी खुशहाल रहती है । पुरानी मान्यता है यह । लेकिन जैसे जैसे उम्र का ग्राफ बढ़ने लगता है, दाम्पत्य की ऊष्मा भी पहले जैसी नहीं रहती । वह आग भी ढलती उम्र की तरह ठंडी होने लगती है । ऐसा मानने वालों की भी हमारे यहां कमी नहीं । लेकिन, सच तो यह है कि तन हो या मन, उसमें उम्र से ज्यादा दिल की भूमिका रहती है । इसलिए यह मान लेना कि उम्र के साथ-साथ यौन क्षमता भी प्रभावित होती है, मन का एक भ्रम तो हो सकता है, तन की सच्चाई नहीं ।

यौन क्षमता काफी हद तक मन से कंट्रोल होती है । पति-पत्नी का आपसी तालमेल अच्छा हो तो सेक्स लाइफ भी बनी रहती है बेहतर । वैसे भी कहा जाता है कि जैसे-जैसे उम्र की परिपक्वता आती है, पुरुष और स्त्री कामशास्त्र को न केवल बेहतर तरीके से समझते हैं, बल्कि व्यावहारिक रूप से उसका अनुभव भी लेते हैं । बस जरूरत होती है तो अपने ऊपर यह विश्वास बनाए रखने की कि अभी तो मैं जवान हूं । प्रयोग और नवीनता से उसे विशिष्ट बनाने की कला भी काम आती है । पार्टनर की पसंद-नापसंद का ध्यान रखने की भी जरूरत होती है । इसके अलावा केवल अपनी ही संतुष्टि के प्रति जागरूक न रहकर दूसरे की भावनाओं का भी पूरा ख्याल रखा जाना चाहिए क्योंकि सेक्स प्यार की अभिव्यक्ति है, स्वार्थ की नहीं ।

जब पति की उम्र हो ज्यादा :- ऐसा माना जाता है कि बड़ी उम्र का पुरुष शारीरिक संतुष्टि पर ज्यादा जोर देता है । भावनात्मक पहलू उसके लिए गौण होता है, जिसे वो नजरअंदाज कर जाता है । ऐसे में एक भावुक स्त्री उससे जुड़ाव महसूस नहीं करती । नतीजतन पहले मन छिटकता है फिर तन का जुड़ाव भी कम हो जाता है । सेक्स लाइफ दोनों की, उम्र के फासले के

बावजूद सही रहे, इसके लिए जरूरी है कि वह कम उम्र की पत्नी की भवनाओं को भी प्राथमिकता दे । तभी तन का मिलन सुखद होगा ।

जब पत्नी उम्र में बड़ी हो :- आजकल मेट्रोज में एक और चलन पकड़ने लगा है यानी कि पुरुष अपने से बड़ी उम्र की औरत से विवाह करने लगे हैं । ब्रिटेन में 26 फीसदी औरतें अपने से कम उम्र के पुरुष से विवाह करना पसंद करती हैं । कारण अनेक हैं । कई पुरुष भी पत्नी के रूप में मदर फिगर ही पसंद करते हैं । वो उनके साथ ज्यादा सुरक्षित महसूस करते हैं । देखा भी गया है कि बड़ी उम्र की औरत ज्यादा परिपक्व और संतुलित होती है । उसे पुरुष मनोविज्ञान की भी जानकारी होती है । मगर, जब बड़ी उम्र की पत्नी डॉमिनेटिंग हो जाए या उम्र की ढलान उसकी काया पर साफ दिखने लगे तब दाम्पत्य डोलता है । कम उम्र का पति यदि पत्नी से शारीरिक तौर पर संतुष्ट नहीं तो वह कहीं और अपनी सेक्सुअल पूर्ति का विकल्प ढूंढने लगता है । दाम्पत्य का रिश्ता लम्बे समय तक तब मजबूत बना रहता है जब बढ़ती उम्र में भी पत्नी अपना आकर्षण बरकरार रखे और डोमिनेट करना बंद कर दे । यदि पत्नी सुघड़ और समझदार है तो उसकी तार्किक बुद्धि से भी पुरुष प्रभावित होकर आकर्षण रखता है ।

हम उम्र हों जब दोनों :- अक्सर विवाह के थोड़े समय बाद ही उनमें विवाद होने लगता है । समझ की कमी, इगो प्रॉब्लम्स आड़े आ जाते हैं । मगर हमेशा ऐसा नहीं होता । कभी-कभी वे दो अच्छे दोस्त भी बनकर रहते हैं । सेक्स में नौसिखिएपन के चलते वे साथ-साथ कामकला में दक्षता प्राप्त करते चले जाते हैं जैसे कि साहिल और सरना थे । अब वे दादा-दादी बन गए हैं । लेकिन आज भी अकेले में वे अपने शुरूआती दौर को याद कर रोमांचित होते हैं । दोनों तब 23-24 के करीब थे ।

उम्र का असर :- सेक्सोलॉजिस्ट मीता अय्यर उम्र और यौनेच्छा के सम्बंध को कुछ इस तरह व्यक्त करती हैं । किशोरवय में सेक्स हारमोन्स सबसे ज्यादा प्रबल होते हैं । इस समय शरीर में काफी बदलाव आते हैं 21 से 28 साल तक न केवल यौनेच्छा ज्यादा होती है, बल्कि शारीरिक तौर पर ताकत भी सबसे ज्यादा होती है । लेकिन यहां परिपक्वता की कमी सबसे ज्यादा पाई जाती है । 28 से 35 साल तक की उम्र को सेक्स का गोल्डन पीरियड माना जा सकता है । इस दौरान सेक्सुअल तालमेल पूरी तरह सध चुका

होता है। साथी से संकोच झिझक दूर हो जाती है। मानसिक तालमेल रिश्ते को और पुख्ता बनाते हैं। इसलिए इसे प्लेटो पीरियड कहा गया है। इसके बाद शारीरिक इच्छाओं पर घर गृहस्थी हावी होने लगती है। कुछ एज फैक्टर भी होता है। ऑफिस बिजनेस के काम का प्रेशर अलग से होता है। हालांकि अधेड़वस्था का दौर दोनों के लिए मेनोपॉज का दौर है। लेकिन, इस उम्र में भी यदि मन जवान है तो तन के युवा होने की दरकार नहीं। रूमानियत से भरी बातें ही काफी हैं।

••

न पुरुष एकनिष्ठ है न स्त्री

आज विवाह दो व्यक्तियों का मिलन नहीं बल्कि दो व्यक्तित्वों का मिलन है । पुरुष हमेशा स्त्री पर हावी रहता हैं क्योंकि उसे बचपन से यही सिखाया जाता था कि वह स्त्री से सुपीरियर है शरीर और दिमाग दोनों से । स्त्री को सिखाया जाता था कि चूंकि वह स्त्री है उसे पराए घर जाना है, पुरुष के रहमो-करम पर ही रहना है, वो झुककर रहना सीख लें । किसी भी दशा में ऊफ न करें । पति उसका मालिक है उसे हर, तरह से खुश रखना उसका परम पुनीत कर्त्तव्य है । आज ऐसा नहीं है....

परिवेश बदला, स्त्री शिक्षा ने उसमें एक नई जागृति पैदा की । आर्थिक स्वतंत्रता ने उसमें आत्मसम्मान बढ़ाया । अपनी इच्छाओं को अपराध समझने की भूल करना उसने छोड़ दिया । हर इंसान चाहे, वह स्त्री हो या पुरुष 'यौन संतुष्टि' उसका प्राकृतिक अधिकार है । उसे इस बात का अहसास होने लगा ।

समाज ने इसके लिए विवाह संस्था की स्थापना जरूर की है, लेकिन आज का व्यक्ति पुरानी मान्यताओं को झुठलाने पर आमादा है । वह हर क्षेत्र में नए प्रयोग कर रहा है । विवाहेत्तर सैक्स सम्बंध को हम खैर नए प्रयोग के अंतर्गत नहीं रख सकते क्योंकि संसार का सबसे पुराना पेशा माने जाने वाली वेश्यावृति प्रमाण है कि विवाहेत्तर सैक्स सम्बंध पहले भी मौजूद थे । आज भी हैं । इसका स्पष्ट कारण है कि पति-पत्नी दोनों का नौकरीपेशा होना ।

स्त्री घर बाहर दोनों जगह वयस्त हो जाती है । वह भी मानव है मशीन नहीं, अपनी ऊर्जा का हर क्षण वह उपयोग करने की जी-तोड़ कोशिश करती है । लेकिन चाहकर भी वह पति की दैहिक वासना की पूर्ति नहीं कर पाती क्योंकि दिनभर की आपाधापी के बाद तकिए पर सिर रखते ही वह मीठी नींद सो जाती हैं । ऐसा ही पति भी जो दिन-रात परिश्रम में लगे होते हैं थककर

सो जाते है ।

कामकाजी दम्पत्तियों की यही समस्या है कि कि कैरियर के पीछे उनकी सैक्स लाइफ उपेक्षित रह जाती है । मानसिक तनाव और टूटते शरीर के साथ सैक्स केवल औपचारिक बनकर रह जाता है या फिर एक हॉबी जिसके लिए फुर्सत नहीं मिलती । इसके अलावा और भी कई कारण है जिनके कारण पति-पत्नी के मध्य शारीरिक सम्बंध उपेक्षित रहता है पत्नी मेनोपॉज की स्थिति से गुजर रही हो दिखने में सुंदर सलीकेदार न हो, कम अक्ल हो पति को रिझाने की कला न जानती हो, कर्कशा या झगड़ालू हो, रौबदार हो ।

कई बार महिलाओं का सैक्स के प्रति गलत व्यवहार भी पति के बहकने का कारण होता है, वे सैक्स को केवल प्रजनन के लिए ही आवश्यक मान बैठती है । पत्नी को प्रसन्न रखना पति का कर्त्तव्य है, किन्तु इसकी पूरी जिम्मेदारी पत्नी पर ही डालने पर वह उन बांहों में पनाह लेता है जहां इतनी मांगें और अनगिनत शिकायतें नहीं होती । होता अक्सर यही है । इसके अलावा स्त्री स्वयं को अधिकतर असुरक्षित महसूस करती है, दूसरी औरत का खतरा उसे हमेशा बना रहता है । कोई उसका पति उससे छीन न ले यह डर उसे पति के प्रति शक्की बना देती है । पति को खो देने की आशंका से त्रस्त । वह उस पर कई तरह के प्रतिबंध लगा देती है । उसकी पूछताछ जासूसी पति को नागवार लगती है और वह बहकता ही है ।

यह एक मनोवैज्ञानिक तथ्य है कि 'अप्राप्त को प्राप्त करना' पुरुष को चुनौती लगती है इसीलिए इसे स्वीकारते हुए वह अप्राप्त की तलाश में जुट जाता हो । पत्नी चूंकि उसे आसानी से प्राप्त हो जाती है खासकर हर समय पति की ही जी हुजूरी करने वाली पत्नी भी पति के लिए आकर्षण खो देती है । पुरुष स्वभाव से ही एकनिष्ठ नहीं होता उसे हमेशा नएपन में ही कशिश अनुभव होती है शादी के बाद कि आम दिनचर्या से उसे विरक्ति होने लगती है जीवन रसहीन लगने लगता है ।

वैवाहिक जीवन में ठंडापन आने लगता है । ऊर्जा की तलाश में जो उसमें नवजीवन भर दे वह अन्यत्र रिश्ता कायम कर बैठता है । अब इसके लिए उस पर न सामाजिक दबाव है न पारिवारिक क्योंकि एकल परिवार में सिर्फ पत्नी और एक दो बच्चे होते है, पत्नी कामकाजी है तो वो भी अन्यत्र इसका समाधान ढूंढ लेती है ।

रोमांटिक पति और नीरस पत्नी

शोभा, देखो तो इस मैगजीन में कितनी अच्छी कविता छपी है । वाह ! पढ़कर तो हम भी आज अपने को जवान महसूस कर रहे हैं । बेगम साहबा काम धाम छोड़ो, घड़ी दो घड़ी कभी हमारे पहलू में भी बैठ जाया करो ।

"क्या बड़-बड़ कर रहे हो । देखते नहीं मेरे हाथ आटे में सने हैं । खाने में पहले ही देर हुई जा रही है । अभी दही बिलोना है, दाल में तड़का लगाना है, टमाटर प्याज काटना है ।"

'बस बस अपना रसोई पुराण अपने तक ही सीमित रखो ।'

यह एक आम मध्यवर्गीय परिवार की कहानी है । जहां एक-दो बच्चे हुए, विवाह कुछ पुराना हुआ, औरतें घर-गृहस्थी की ही होकर रह जाती हैं । प्रेक्टिकल होना अच्छी बात है किन्तु इतना नहीं कि रूमानियत को जीवन से बिल्कुल ही निकाल दिया जाये । फिर तो जीवन एकदम उबाऊ और नीरस बनकर रह जायेगा । थोड़ी रूमानियत, छेड़छाड़, चुहल, जिंदगी को जिंदादिल और जीने लायक बनाती है ।

रंजन बेहद खुशमिजाज हाजिर जवाब और रसिकमिजाज व्यक्ति हुआ करता था लेकिन जब से उसकी शादी क्या हुई, वह एकदम गंभीर और बुझा-बुझा सा रहने लगा । कारण था उसकी खूबसूरत किन्तु बेहद नीरस पत्नी । उसने रंजन के सारे स्वप्न चूर-चूर कर दिये । वह अपना बिस्तर उठाकर एक अत्यंत साधारण शक्ल सूरत वाली किन्तु खुशमिजाज सदा मुस्कुराहटों के फूल बिखरने वाली अपनी एक सहकर्मी के साथ रहने लगा ।

हल्की-फुल्की हंसी मजाक में कही बातों को उसी भावना से लिया जाना चाहिए जिसमें वह कही गई है । ऐसा करने से ही दाम्पत्य में सरसता बनी रह सकती है । कल्पना कीजिए कि पति दिन भर की प्रतीक्षा के बाद जब

घर आये तो सिर्फ खाना बन गया, मेरी कमीज प्रेस कर दी, कोई चिट्ठी तो नहीं आई आदि । महज काम की बातें ही करे । बाकी समय पेपर पढ़ने, बागवानी करने या बच्चों को होमवर्क में मदद करने में बिता दे । कैसा लगेगा तब पत्नी को ?

इसी तरह दिन का थका-हारा पति जब घर आये तो पत्नी 'खाना लगा दूं क्या, कमीज प्रेस कर दी है पेंट रफू कर दी है' आज की डाक शैल्फ पर रखी है, बस यही सब बताकर चुप हो जाए और रसोई में खटर-पटर करती रहे । बच्चों को पढ़ाये या टी.वी. पर अपनी पसंद का कोई प्रोग्राम देखने में तल्लीन हो जाये, तब पति को अपनी दाम्पत्य की गाड़ी बस घिसटती ही नजर आएगी ।

कुछ पत्नियां तो स्वभाव से ही तुनक मिजाज होती हैं और उनमें सेंस ऑफ ह्यूमर बिल्कुल नहीं होता । कुछ नकचढ़ी बीवियां अपने को बहुत पढ़ा-लिखा और हाई स्टेंडर्ड का समझ हल्के-फुल्के हानिरहित मजाक चुहलबाजियों को चीप क्लास समझ उसकी तीव्र आलोचना करती हैं और उन्हें अपनी शान के खिलाफ समझती हैं । वे यह भूल जाती हैं कि ऐसा करके वे जीवन में क्या कुछ खो रही हैं । जो कुछ वे खोती हैं वह एक महसूस करने की चीज है । एक कोमल अहसास है । प्यार का वह प्रतिदान है जिसके जल से दाम्पत्य की बगिया सदा हरी-भरी लहलहाती खूशबू बिखेरती रहती है ।

●●

तलाक के बाद पुनर्विवाह में कोई हर्ज नहीं

अंकिता के विवाह को अभी चंद रोज ही हुए थे कि पति की रंगीन मिजाजी का राज उस पर खुल गया। एक-दो नहीं बल्कि उनकी कई माशूकाएं थी, जिनके फोन निरन्तर घर पर आते रहते। ऐसे बेवफा पति के साथ भला वो सारी उम्र कैसे गुजार सकती थी। ऐसा नहीं कि उसने पति को सुधरने का मौका नहीं दिया, उनसे इस विषय पर खुलकर बातचीत नहीं की लेकिन उन्होंने बड़ी बेशर्मी से कहा, "अपन तो ऐसे ही है, तुम्हें एडजस्ट करना है तो करो वरना मेरी तरफ से तुम आजाद हो।"

अंकिता एक स्वाभिमानी युवती थी। पढ़ी-लिखी थी। अपने पैरों पर खड़ी हो सकती थी। फिर भला वो क्यों इस तरह की अपमान भरी जिन्दगी जीती। सो उसने तलाक लेना ही ठीक समझा। साल भर के भीतर ही उसने दूसरा विवाह कर लिया, जहां उसे पति का भरपूर प्यार मिल रहा था।

लद गए वो दिन जब सात फेरों के बंधन को आपस में बिल्कुल न पटने पर भी एक बंधन मानकर उससे आजाद होने की सोच भी नहीं पाते थे। विदेशों में तो आलम यह है कि पति के खर्राटे भी तलाक का मुद्दा बन जाते है। हमारा देश भी अब पश्चिमी संस्कृति का अनुयायी बन गया है। अब सहनशीलता गुण नहीं माना जाता बल्कि पिछड़ेपन की निशानी बन गया है। आज तलाक की बढ़ती संख्या चौंकाने वाली है।

अधिकांश प्रॉब्लम लड़कियों को ही होती है। कई बार उन्हें ससुराल वाले नहीं सुहाते। वे चाहती है कि पति के साथ वे अलग रहें मगर सुख सुविधा भी उन्हें एक वैल सैटल्ड घर की चाहिए। वे किसी तरह का कष्ट नहीं उठाना चाहती है। कई बार कैरियर को लेकर भी वे अत्यंत महत्वाकांक्षी होती है। घर की जरा भी जिम्मेदारी नहीं उठाना चाहती वे। पति के विवाहेत्तर सम्बंध

या सैक्स को लेकर समस्याएं भी कारण बन जाते है ।

अगर काउंसलिंग भी काम न आए और समस्या बढ़ती नजर आए, लड़की डिप्रैशन में आ जाए या आत्महत्या के बारे में सोचने लगे, ऐसी नौबत आने से पहले बेहतर है तलाक ले लिया जाए । ये सोचकर कि जहां और भी है ।

हर बार लड़की ही गलत हो, ऐसा भी नहीं है । कई बार उसकी समस्या वास्तविक और जेन्यून होती है । दहेज को लेकर प्रताड़ना, घर के किसी अन्य पुरुष सदस्य की कुदृष्टि, यौन शोषण आदि ऐसी समस्याएं है, जिनके चलते लड़की को तुरंत प्रतिकार करते हुए अपने बचाव का रास्ता ढूंढ़ लेना चाहिए । वैसे ये भी एक वास्तविकता ही है कि पुरुष प्रधान समाज होने के बावजूद सहानुभूति हमेशा लड़कियां ही बटोर ले जाती है, चाहे वे गलत ही क्यूं हों । सभी पुरुष एक जैसे नहीं होते । लड़कियां भी प्रताड़ित करने में पीछे नहीं रहती । अपने फर्ज भूलकर वे कई बार पति की कमाई अपनी ऐश और मौजमस्ती पर हैसियत से कही ज्यादा खर्च करती है या विवाहेत्तर सम्बंध बनाकर पति को अपमानित करती है । ऐसे में पति को भी चाहिए कि ऐसी पत्नी से शीघ्र ही छुटकारा पा ले ।

लड़के आमतोर पर तलाक की मांग क्यों करते है ? इसका जवाब देते हुए वैवाहिक सलाहकार रूबीना कुरैशी कहती है कि पत्नी का झगड़ालू स्वभाव, सैक्स से विरक्ति, पत्नी का किसी और से अफेयर या दहेज की मांग पूरी न कर पाना जैसे कारण आम बात है ।

यह बात समझ के परे है कि जब एक पार्टी तलाक चाहती है तो दूसरी पार्टी अपना स्वाभिमान ताक पर रखकर क्यों चिपके रहना चाहती है ? भला अनचाहा होकर साथ रहने की क्या तुक है ? जब एलीमनी का प्रोविजन है कानून में तो लड़कियों को भूखे मरने की नौबत तो आएगी नहीं, फिर मायके का आसरा भी होता है ।

'इट्स नेवर टू लेट' फिर से नई शुरूआत की जा सकती है । हां, बच्चे हो तो जरूर प्रॉब्लम आती है । हर किसी को अपने हिस्से की खुशी स्वयं ही ढूंढ़नी पड़ती है । अपनी जिन्दगी के निर्णय सोच-समझकर सही लेने होते है । दोबारा खुशी की तलाश में पुनर्विवाह में कोई हर्ज नहीं है । बीते कल को दुःस्वप्न समझकर भूलने की कोशिश करें । अपने को नए जीवन में रमा लें ।

एक बार की असफलता को लेकर पूर्वाग्रह न पाल लें । वैसे भी दूसरे

विवाह में आप अधिक अनुभवी और परिपक्व होने के कारण बेहतर एडजस्ट करते है ।

कहते है शादी ब्याह कोई गुड्डे-गुड़िया का खेल नहीं है । ये तो जन्म-जन्म का साथ है, इस बात में तथ्य तो है ही । एकदम से तलाक ही लेने की न सोचकर शादी को सफल बनाने की कोशिश तो करनी ही चाहिए ।

जब तलाक हो ही जाए क्योंकि यही एक रास्ता बचा था तो पुनर्विवाह को लेकर पॉजिटिव सोच रखें । पहले से ही ये सोचकर न चलें कि सभी विवाह असफल होते है और यह कि मुझे तो विवाह के नाम मात्र से ही नफरत है । मन में इसे लेकर एक डर बैठ गया है तो ये सरासर गलत है । आपके आसपास ढ़ेरों खुशहाल पति-पत्नी है, जिनमें बेहद प्यार है । बस, देखने के लिए आंखें होनी चाहिए ।

●●

नामी गिरामी हस्तियों के विवाहेत्तर सम्बंध

पति के दूसरी औरत से सम्बंधों को लेकर सहानुभूति हमेशा पत्नी के साथ ही दिखाई जाती है । पत्नी भी गलत हो सकती है, पति भी । चूंकि पति मानव ही है, आखिर उसे जहां सुख शांति, सुकून मिलता है वो उधर ही झुक जाता है । वो ठीक करता है या गलत इसे सोचने, इस पर निर्णय देने का रिवाज अब खत्म हो चला है क्योंकि अन्य बुराइयों की तरह ही समाज ने इसे स्वीकार कर लिया है । कानून ने नहीं किया है लेकिन नामी गिरामी लोग कानून जेब में लिए घुमते हैं और उन पर कोई एक्शन लेने की हिम्मत नहीं करता ।

कुछ लोगों ने धर्म परिवर्तन करके कानून की समस्या से छुट्टी पाई तो कुछ ने सीधे-सीधे शादी को ही नकार दिया जैसा कि प्रसिद्ध गायक उदित नारायण के केस में हुआ । यह बात दीगर है कि बाद में उन्हें सच्चाई को स्वीकारना पड़ा ।

अपने जीवन में दूसरी पत्नी को लाने वाले सेलिब्रिटिज की श्रेणी में नाम आते हैं धर्मेंद्र (हेमा मालिनी) कमलाहसन (सारिका) मोहम्मद अजहरूद्दीन (संगीता बिजलानी) रविशंकर (सुकन्या) आमिर खान (किरण राव) सैफ अली (करीना) जावेद अख्तर (शबाना आजमी) राजबब्बर (दिवंगत स्मिता पाटिल) ।

शोहरत वो शराब है जिसका नशा हर नशे से बढ़कर होता है । अच्छे बुरे का फर्क मिट जाता है । अब दूसरी औरत ज्यादा अहमियत रखने लगती है । ज्यादातर पहली बीवी सीधी सरल और दूसरी तेजतर्रार देखी गई है । शादीशुदा मर्द को फंसाने वाली कोई सीधी सरल बाला तो हो नहीं सकती । प्रेमी से ज्यादा उन्हें शोहरत लुभाती है ।

सैफ अली ने जब अमृता सिंह से शादी की, उसके कैरियर की शुरूआत

थी। उसकी फिल्में कोई खास बिजनेस नहीं कर रही थी। उसे मॉरलसपोर्ट की जरूरत थी जिसे अमृता ने उसे दिया। वो उम्र में बड़ी थी लेकिन तब इस बात के कोई माने न थे। जैसे ही सैफ की पिक्चरें हिट होने लगी और वो सेलिब्रिटी श्रेणी में आ गया उसे अपनी प्यारी डिंकी (अमृता का पेटनेम) में खोट नजर आने लगा और करीना दूसरी पत्नी बन गई।

धर्मेन्द्र को शोहरत मिलने के बाद ग्लैमरस हेमा मालिनी ने आकर्षण में बांध लिया। पहली पत्नी प्रकाशकौर का विलेज बैकग्राउंड था। उसकी किस्मत अच्छी थी कि पति का प्यार बंटने के बावजूद उनके स्टेटस में अंतर नहीं आया। भरे पूरे परिवार की मालकिन के रूप में उनका आदर सम्मान हर तरह से बरकरार रहा।

बोरियत दूर करने के लिए :- वैवाहिक जीवन में शुरू का खुमार उतरते ही बोरियत अपने पैर जमाने लगती है। तब शुरूआत होती है कुछ नये एक्साइटमेंट की। चूंकि विवाहेतर सम्बंध नियमों को तोड़कर बनाये जाते हैं, इसमें एडवेंचर होता है। कुछ गलत काम करने का मजा ही निराला होता है यह सोच यहां काम करती है।

लोकप्रियता की तेज रोशनी में नहाते सेलिब्रिटिज का प्रभामंडल आसपास चाहने वाले फीमेल पतंगों की भीड़ जमाकर लेता है। जवां हसीन लड़कियां जब उन पर गिरती हैं उनका अहम संतुष्ट होता है। जीवन की नीरसता दूर होती है। ऐसे में कोई भी हसीना पत्नी का विकल्प आसानी से बन जाती है। यह बात अलग है कि सारिका की तरह दूसरी पत्नी भी किसी और नयेपन की चाह में जीवन से निष्कासित कर दी जाती है।

तालमेल का अभाव :- प्यार नजदीकियों से ही पनपता है। इस रिश्ते में एक दूसरे को जितना नजदीक रहकर जाना जाए, प्यार पलने के लिए दिल की जमीं उर्वरक बनती है। सेलिब्रिटिज पत्नी को वक्त ही कितना दे पाते हैं। न भावनात्मक लगाव हो पाता है, न आपसी समझ डेवलप हो पाती है।

दोनों अगर एक ही क्षेत्र में कार्यरत हों तो अहं का टकराव हो सकता है जैसा प्रसिद्ध सितारवादक रविशंकर के केस में हम देखते हैं। अंतरराष्ट्रीय स्तर उन्हें यूं ही हासिल नहीं हो गया। मेहनत के साथ नैतिकता से भी समझौता किया है उन्होंने मगर 'समरथ को नहीं दोष गोसाइ'।

अपने गुरू की बेटी अन्नपूर्णा से विवाह के पीछे मकसद प्यार नहीं बल्कि

उनकी महत्वाकांक्षा थी । अपने स्वार्थ के कारण उन्होंने पत्नी की प्रतिभा को दबाते हुए उनके सितारवादन जिसमें वो माहिर थी, के सार्वजनिक शो पर रोक लगा दी । इसका फायदा उन्हें यह मिला कि वे स्वयं स्थापित हो गए । उन्हें इतनी ज्यादा फेम मिल गई कि विदेशों में भी उनके ढेरों शिष्य बन गए । उन्होंने करोड़ों रुपये कमाये । इसके साथ ही पत्नी के एहसानों को भी भुला बैठे । अपने से कई वर्ष छोटी सुकन्या को उन्होंने नई पत्नी बनाया । ममता शंकर के अलावा एक बेटी नोरा अंग्रेज पत्नी से है ।

जावेद अख्तर के नाम से कौन परिचित नहीं है । हनी इरानी किसी जमाने की बाल कलाकार उनकी पहली पत्नी थीं । दोनों ही फिल्मों के लिए कहानियां लिखते हैं । एक ही तरह के रूझान के बावजूद वे शबाना से जुड़ गए । मुस्लिम होने की वजह से हालांकि उनकी दूसरी शादी गैरकानूनी नहीं है ।

मशहूर फिल्म मेकर महेश भट्ट के अनुसार 'हम इंसान हैं मशीन नहीं, हम बटन से नहीं भावनाओं से संचालित होते है, किसी के प्रति आकर्षित होना मानवीय कमजोरी है ।' अगर कमजोरी को सही ठहराया जाने लगे तो किसी का मर्डर भी किन्हीं कमजोर क्षणों का कारनामा माना जा सकता है । इंसान के पास विवेक, नैतिकता, चरित्र जैसे सद्गुण भी होते हैं । उनसे बगैर कोई खास ठोस कारण हुए समझौता करना भी तो मानवता नहीं ।

●●

प्रेम विवाह करें पर सोच समझकर

टेलीविजन पर दिखाये जाने वाले सीरियल आई.एम. डबल्यू (इंडियाज मोस्ट वांटेड) में राजी नाम की एक खूबसूरत व प्रतिभाशाली नवयुवती का पिता की मर्जी के खिलाफ एक खतरनाक फ्राड अपराधी से कोर्ट में लव मैरिज कर लेने का जो भयानक परिणाम सामने आया है इससे इस तरह बगैर जाने बूझे किसी असामाजिक तत्व के चुंगुल में फंसकर प्रेमविवाह रचाने और एक दर्दनाक मौत को आमंत्रण देने जैसी मूर्खतापूर्ण भूल करने वाली असंख्य लड़कियों की त्रासदी से आधुनिक विद्रोही लड़कियों को सबक लेना चाहिए।

प्रेम जीवन का शाश्वत सत्य है, इससे कौन इंकार कर सकता है लेकिन सच्चा प्रेम एक सच्चा इंसान ही करेगा। वक्ती लगाव, रोमांस, हवस प्रेम नहीं है और यही बात छोटी उम्र की नादान अपरिपक्व लड़कियां तो क्या कई बार परिपक्व युवतियों को भी समझ में नहीं आती है। प्यार का नशा उन पर कुछ ऐसा हावी होता है कि वे किसी की कोई बात सुनने को तैयार ही नहीं होती।

वाग्मी के साथ यही तो हुआ। मां बाप की इच्छा के विरूद्ध उसने एक मुस्लिम युवक इखलाक से प्रेम विवाह रचाया। इखलाक के घरवालों ने उसे स्वीकार तो क्या किया उल्टे उसे धमकी दी कि अगर उसने उनके बेटे का पीछा नहीं छोड़ा तो वे उसे मारकर नहर में फिंकवा देंगे। अब तक युवक के प्रेम का नशा भी उतर चुका था। वह युवती को बगैर कुछ बताये एक दिन गायब हो गया। युवती अब घर की रही न घाट की। मायके लौटकर जाने का मुंह नहीं था, ससुराल वाले उसके खून के प्यासे थे।

गहने बेचकर कुछ दिन इधर-उधर भटकते हुए उसने गुजारा किया। उसे अकेली देखकर कुछ बदमाशों ने उसकी मजबूरी का फायदा उठाते हुए उसे कॉलगर्ल बना दिया। एक दिन पुलिस रेड में वह पकड़ी गई। उसे नारी

निकेतन पहुंचा दिया गया लेकिन नारी निकेतन में नारियां कितनी सुरक्षित हैं यह जगजाहिर है ।

आज औरत मर्द से बराबरी की होड़ में किस गलत दिशा की ओर मुड़ गई है यह वह राह भटकने पर आज नहीं तो कल जरूर महसूस करेगी । आधुनिकता के नाम पर कई अभिभावक भी अपने युवा बच्चों के कार्यकलापों पर ध्यान नहीं देते । नतीजा सुखद नहीं होता । बहुत कम युवक युवतियां आजादी को सही माने में लेते हुए उसे अपनी उन्नति, व्यक्तित्व विकास के लिये उपयोग में लाते हैं ।

प्रेम विवाह अपने आप में दोषपूर्ण नहीं लेकिन इसके साथ जुड़े बीसियों पहलू हैं जिन पर गौर करने के बाद ही यह कदम उठाया जाना चाहिए । सबसे पहले दोनों पक्ष के घरवालों की रजामंदी जरूरी है । परिवार का बहुत सहारा होता है । इससे कटकर कोई भी दम्पति अपूर्णता महसूस करेंगे । सोहनी महीवाल, हीरा रांझा के किस्से आज की हकीकत नहीं ।

मां-बाप, घरवालों से बढ़कर कौन आपका शुभचिंतक हो सकता है । अगर वे आपके प्रेमविवाह को उचित नहीं समझते तो उसके पीछे ठोस कारण होता है । प्रेम और विवाह दो अलग स्थितियां हैं । प्रेम बगैर सोचे समझे पहली नजर में हो सकता है लेकिन विवाह नहीं । विवाह ठोक बजाकर, ठंडे दिमाग से सोच समझकर किया जाता है । यह और बात है कि यह कभी-कभी असफल हो जाता है क्योंकि उसमें प्रेम का अभाव रहता है ।

सभी प्रेम विवाह असफल नहीं होते लेकिन सफल भी तभी होते हैं जब सही व्यक्ति से किया जाए । कुछ बातें जो हर तरह के विवाह में अहम् हैं वह हैं लड़के का सैटल्ड होना और अपनी गृहस्थी का बोझ स्वयं उठा पाने में सक्षम होना । इसके अलावा उसका चरित्रवान होना भी उतना ही जरूरी है । बाकी स्वभाव के छोटे मोटे गुण दोषों के लिए तो दोनों को ही सामंजस्य करना पड़ता है तभी विवाह सफल होकर पति पत्नी दोनों का जीवन सुखमय बनाता है ।

यहां जज्बात और रोमांस को रुलआउट नहीं किया जा रहा है । न ही विवाह को जोड़ तोड़ का गणित ठहराया जा रहा है । प्रेम जीवन का सौंदर्य है लेकिन इसे गलत व्यक्ति पर जाया करना उचित नहीं । आपका भविष्य, सुख का अधिकार आपका अपना है, इसे महत्व दें । जज्बात रोमांस को इस

पर हावी न होने दें । साथ ही प्रैक्टिकल, हिसाबी, और मैटरऑफ फैक्ट भी न बनें कि जीवन में स्याह सफेद के अलावा कोई रंग ही न रहे ।

प्रेम विवाह न सही तो विवह के बाद प्रेम कर देखिए, ये ज्यादा मजा देगा । इसमें छुप-छुप कर मिलने की उत्तेजना न सही सुरक्षा का ठोस आधार होगा । बाकी अपनी कल्पनाओं के पंख फैलायें ।

●●

कैरियर और विवाह क्या चल सकते हैं साथ-साथ ?

औरत ने अपनी पोजीशन मजबूत बनाई है, इसमें दो राय नहीं । बहुत कुछ अच्छा हुआ है इस राह में लेकिन बहुत से कांटे भी मिले हैं ।

सामाजिक मान्यताएं सवालों के घेरे में जब आ जाती हैं तो तर्क वितर्क का सिलसिला शुरू हो जाता है । कुतर्क ज्यादा सामने आते हैं । किसी एक बात को तरजीह देते हम उसके दूसरे पहलू से आंखें मूंद लेते हैं ।

सामाजिक रीति रिवाज, तौर तरीके कोई विज्ञान के फार्मूलों की तरह तो हैं नहीं जिन पर चलने से मनवांछित परिणाम मिलें । समय, परिस्थिति और परिणाम को देखते हुए ही उन पर चला जा सकता है ।

पुरुष प्रधान या स्त्री प्रधान समाज, इस परिकल्पना का आधार ही गलत है । समाज को तो दोनों की ही जरूरत है । एक के बगैर दूसरा अधूरा है ।

आज की आधुनिक नारी की पहचान है उसका कैरियर । कैरियर के प्रति वह सजग है । मेहनत, लगन और प्रतिभा में भी वह कम नहीं । फिर क्यों न वह कैरियर को लेकर शिखर तक पहुंचने की चाह रखे, ऐसा वह सोचती है ।

नारी के पास दूसरा विकल्प है एक सुरक्षित आरामदेह जिन्दगी । एक संपन्न व्यक्ति की पत्नी बनकर, एक होममेकर बनने के बाद वह आराम से बच्चे पाल सकती है, काफी हद तक तनावरहित जिन्दगी गुजार सकती है लेकिन यहां उसकी कोई पहचान नहीं बनती । वह सिर्फ मिसेज सो एंड सो के नाम से ही जानी जाती है । यह बात कभी-कभी उन्हें खलती है ।

बाद में बच्चों के पढ़ाई के लिए बाहर चले जाने पर जीवन में एक सूनापन आ जाता है । तब उसे लगता है कि काश वह भी कोई जॉब कर रही होती तो जीवन में ऊब न रहती ।

यह मानव मनोविज्ञान है कि हमारे पास जो नहीं होता, वह हमें ज्यादा आकर्षित करता है । जो हमारे पास होता है, उसकी हमें कद्र नहीं होती । हाउसवाइफ अगर ऐसा सोचती हैं तो नौकरीपेशा औरतें उन्हें ज्यादा सुखी मानती हैं । 'इन्हें हमारी तरह कोई वर्क टेंशन नहीं है । घर पर रहने से आराम से घर चला सकती हैं । ताला देखकर कोरियर, कुकिंग गैस और न जाने कितनी जरूरी चीजें लौटकर नहीं जाती । बच्चे और पति भी काम समय पर हो जाने से संतुष्ट रहते हैं ।

कैरियर वुमन की सबसे बड़ी त्रासदी है एक सुखी संतुष्ट विवाहित जीवन का अभाव । सामंजस्य बराबरी से नहीं आता । इसके लिए पलड़ा झुका होना जरूरी है । ध्यान दें । झुकता वही है जो सॉलिड है, भारी है । झुकने से औरत की इज्जत कम नहीं होती । यह गुण कैरियर वुमन में कम ही देखने को मिलेगा ।

उसकी योग्यता पति का पौरुष हजम नहीं कर पाता क्योंकि पुरुष की सोच इसी तरह कडीशंड है । उसका यही स्वरूप है । इसके लिये हम उसे किसी भी तरह दोष नहीं दे सकते । प्रकृति के स्त्री पुरुष को लेकर कुछ शाश्वत नियम हैं । ये नियम अगर टूटते हैं तो उससे होने वाले खामियाजे के लिए भी हमें तैयार रहना पड़ेगा । फिर रोना कैसा ।

स्त्री के हक, आजादी उसकी अस्मिता को लेकर जागरूकता आई तो वह उच्च शिक्षा की हकदार बनी । पढ़ाई ने उसे महत्वाकांक्षी बनाया । महत्वाकांक्षा के पीछे भागते वह खुदगर्ज बन गई जो होना ही था क्योंकि महत्वाकांक्षा अन्य सभी गुणों को सोख लेती है । महत्वाकांक्षी को अपने और अपने ध्येय के सिवा कुछ दिखाई नहीं देता ।

कुछ कैरियर तो फिर भी ठीक हैं उसके लिए, लेकिन ऑटो चालना, टैक्सी ड्राइवर, बस, रेलवे इंजन, ट्रक ड्राइवर, ट्रैफिक पुलिस की नौकरी करके वे सिर्फ बेरोजगारी और अपोजिट सेक्स में आक्रोश को ही जन्म देगी । बढ़ते अपराधों का कारण भी परोक्ष में उसका बराबरी का दावा ही है ।

सारा पारिवारिक ढांचा ही आज बिखर गया है । अकेलापन बढ़ रहा है । नतीजन मानसिक रोग छूत की बीमारी की तरह फैलने लगे हैं ।

औरत के आगे बढ़े कदम अब पीछे हटाना नामुमकिन है । कैरियर की चाह में अगर एक सुखद वैवाहिक जीवन का सपना अधूरा रह जाता है तो

उसे गम नहीं करना चाहिए। यह राह तो उसने स्वयं चुनी है। पुरुष जो भी सोचे, उसको लेकर वह अपनी शर्तें उस पर डिक्टेट नहीं कर सकती। पुरुष को पूरा हक है वह जैसी चाहे लड़की पसंद करे। बहुत हुआ नारी का यह चित भी मेरी पट भी मेरी का खेल। वह औरत के हाथ का खिलौना नहीं बन सकता।

बढ़िया कैरियर बनाते जब वह यौवन व आकर्षण गंवा बैठती हैं तब कोई मॉडल सा सजीला बांका जवान तो उसे दूल्हे के रूप में मिलने से रहा। फिर, लड़कों से बराबरी करते यह भी सोचें कि, 'उसके लिए तो हर मुकाम पर खूबसूरत युवक शादी के लिए तैयार मिलेगे अगर वह कैरियर में सक्सेसफुल है, मोटी तनख्वाह लेती है।' लेकिन, लड़की के लिए तो उसका कैरियर ही विवाह में बाधक बन जाता है। देखते भालते कोई क्यों मुसीबत में पड़ना चाहेगा अगर वह स्वयं आर्थिक रूप से सक्षम हैं।

कैरियररिस्ट लड़की को शादी के लिए तैयार गरीब बेरोजगार हैंडसम युवक बहुत मिल जाएंगे। वह क्यों नहीं उन्हीं में से किसी को चुन ले। उसे भी तो अपने से ज्यादा कमानेवाला युवक ही चाहिए।

ये सब बातें आज इतनी उलझ गई है कि सोच जवाब दे जाती है। कुंआरी प्रौढ़ाओं की बढ़ती संख्या, महानगरों में उनका अकेले रहना और अकेले रहते साथी की डेस्परेट खोज में विवाहित स्त्रियों के घर उजाड़ना, एक्सट्रा मेरिटल अफेयर्स को बढ़ावा देना और समलैंगिकता जैसी असामाजिक बातों को अपनाकर समाज को दूषित करना लम्बे समय तक अविवाहित रहने का नतीजा है।

एक नॉर्मल खुशहाल जीवन के लिए विवाह करना जरूरी है। जीवन का सफर अकेले तय नहीं होता। 'नाइन टू फाइव' वाला जॉब विवाहित जीवन की खुशहाली में निस्संदेह बाधक है, खासकर जब घर में बच्चे आ जाते हैं तथा बूढ़े सास ससुर की या अन्य ऐसी कोई जिम्मेदारी हो। औरत के नौकरीपेशा होने में बुराई नहीं। बुरा तब है जब घर गौण बन जाता है। औरत सुपरवुमन बन कर घर व बाहर की जिम्मेदारी समान रूप से उठाने में सक्षम हो जाए, तब कैरियर और विवाह जरूर चल सकेंगे साथ-साथ।

●●

कितना मेल कराते हैं बेमेल विवाह

आम पारंपरिक घरों में लड़कियां आज भी बोझ समझी जाती हैं जो जितना जल्दी उतर जाए उतना ही अच्छा समझा जाता है। लड़कियां जहां किशोरावस्था में आई नहीं कि मां-बाप को उनके विवाह की चिंता होने लगती है।

गांवों में इसीलिए छोटी उम्र में ही लड़कियां ब्याह दी जाती हैं। राजस्थान मध्यप्रदेश के छोटे-छोटे गांवों में तो एक खास दिन (आखातीज) हजारों की संख्या में बालक-बालिकाओं का विवाह रचाया जाता है। इस समय चूंकि बच्चे नासमझ होते हैं, उनके विवाह में उनकी मर्जी का कोई सवाल ही नहीं होता।

कई बार गांवों में छोटी-छोटी लड़कियां बड़ी उम्र के दुहाजू तक से ब्याह दी जाती थी। कभी किसी बूढ़े बीमार और यहां तक कि मरणासन व्यक्ति तक से उनका विवाह अपनी बला टालने के उद्देश्य से कर दिया जाता था।

यहां याद आती है मारवाड़ की एक घटना जिसमें एक वृद्ध दम्पति का वारिस बनाने के लिए अपने मृत पुत्र की तस्वीर से विवाह करवा कर एक मासूम लड़की को घर में बहू बनाकर ले आते हैं। कहना न होगा उसे अपना जीवन महज बतौर एक विधवा के गुजारना पड़ा।

लड़कियों के प्रति होने वाले इस अत्याचार के विरोध में समाज सुधारकों ने आवाज उठाई और राजा राममोहन राय के प्रयत्नों से समाज में इस विषय को लेकर चेतना जागृत हुई। शारदा एक्ट बना जिससे लड़के-लड़की की शादी की उम्र तय की गई। इससे बाल-विवाह एवं बेमेल विवाह कानूनन अपराध माना जाने लगा जिसके विरुद्ध कानूनी कार्यवाही की जा सकती है।

गरीब तबके में बेमेल विवाह आर्थिक कारणों से होता है किन्तु धनिक वर्ग के साथ ऐसी कोई मजबूरी नहीं होती लेकिन बेमेल विवाह यहां भी खूब

हो रहे हैं । काफी हद तक इसका कारण आज की स्वार्थपरक उपभोक्ता संस्कृति है ।

मनोवैज्ञानिकों की धारणा है कि स्वेच्छा से अपने से बहुत बड़ी उम्र के पुरुष से विवाह करने वाली लड़कियां उनमें फादर फिगर तलाशती हैं । अक्सर वे टूटे हुए परिवारों की या जहां माता-पिता में कभी बनी न हो ऐसे घरों से होती हैं । लेकिन एक बहुत ही स्पष्ट कारण है बड़ी उम्र के पुरुषों का पैसा, पावर और वैभव जिससे लड़कियां उनकी ओर आकर्षित होती हैं और जीवन के ऐशो आराम का लुत्फ उठाने उससे जुड़ी सुरक्षा की चाह में उनसे विवाह कर उनकी हर चीज पर अपना आधिपत्य जमा लेती हैं ।

नाम देती हैं वे इसे प्यार का जो प्यार फायदा देखकर सोच समझकर किया जाए वो क्या वास्तव में प्यार होता है ? यह प्यार नहीं सुविधा है गणित है । इधर इस तरह के बेमेल विवाहों के बहुत से उदाहरण हैं । प्रसिद्ध सितार वादक रविशंकर और सुकन्या के बहुचर्चित विवाह के बाद एन.टी. रामाराव और लक्ष्मी पार्वती का विवाह भी एक ऐसा ही बेमेल विवाह हुआ था ।

प्रसिद्ध फिल्म डाइरेक्टर मुजफ्फरअली-मीरा, फिल्म एक्टर्स विनोद खन्ना-कविता, ओम पुरी-नंदिता कुछ और उदाहरण हैं । मीरा और नंदिता का कहना है कि विवाह के लिए वे उम्र को कोई खास महत्व नहीं देती । उन्हें अपने पतियों से दीवानगी की हद तक प्यार हो गया था ।

आज की आधुनिकाओं में यह धारणा काम करती है कि बड़ी उम्र के मेच्योर पुरुष जिन्हें हर तरह का अनुभव होता है केवल वे ही अच्छे प्रेमी और पति साबित होते हैं । एक कम उम्र पति का प्यार भले ही कितना भी सच्चा हो लेकिन उसके साथ गृहस्थी बनाने जोड़ने के लिए काफी जहमत करनी पड़ती है जिसमें प्यार व्यार सब हवा होने लगता है ।

इनकी बातों में कितनी सच्चाई है यह विस्तृत चर्चा का विषय है जिसे मनोवैज्ञानिक ही सही रूप में विश्लेषित कर सकते हैं लेकिन यह निश्चित है कि 'ऑल देट ग्लिटर्स इज नॉट गोल्ड ।' हर वो चीज जो ऊपर से चमकती दिखाई दे सोना नहीं होती । मन का तालमेल, मैत्री भाव अपने हमउम्र साथी से बेहतर होता है । फिर इस तरह का बेमेल विवाह करने वाली लड़कियां जब अपने पूर्ण यौवन के दिनों में होती हैं पति काफी बूढ़े और अशक्त हो जाते हैं जिनकी वो इज्जत भले ही करती हों लेकिन प्यार ? उनके बीच शायद

ही पनपता हो ।

अब यह कहना कि चूंकि हम एक स्वतंत्र देश के वासी हैं यहां पर हर किसी को अपनी इच्छानुसार जीवनसाथी चुनने का अधिकार है । बूढ़ा हो या जवान इसमें किसी का दखल क्यूं लेकिन व्यक्ति की आजादी समाज ही सुरक्षित रखता है और ये कार्य वह तभी कर सकता है जब वह स्वयं आजाद हो । कोई भी गलत संदेश देने वाला उदाहरण अनुकरणीय नहीं होना चाहिए क्योंकि अमीना जैसी न जाने और कितनी लड़कियां इसका शिकार बन जाती हैं ।

●●

विवाह के लिए नैतिक सौन्दर्य भी देखें

मधु स्वभाव से बहुत प्यारी लड़की है लेकिन उसके काले रंग और मोटे नयन-नक्श के कारण घर में सभी उसे 'अगली डकलिंग' कहकर बुलाते है। इस व्यवहार से उसमें हीन भावना घर कर गई है। वह सबसे अलग-थलग, बुझी और उदास रहने लगी है। वैसे वह बेहद प्रतिभा सम्पन्न है, कोई भी गाना सुनकर ठीक उसकी कॉपी कर लेती है, उसके कण्ठ में गजब की मिठास है और स्वर-लय का उसे कुदरती ज्ञान है लेकिन अच्छी सूरत न होने पर उसकी सीरत की कोई कद्र नहीं।

जब उसे विवाह के लिए लड़के वाले देखने आते है तो उसकी सूरत देखते ही सब उसे अस्वीकार कर देते है, मानो वह कोई डिफेक्टिव पीस हो। गृह कार्यों में उसकी निपुणता, पढ़ाई-लिखाई, उसकी प्रतिभा किसी को नजर नहीं आती।

सच पूछा जाए तो सुंदरता देखने वाले की आंखों में होती है। सुंदरता के मापदण्ड सबके लिए एक जैसे नहीं। किसी को सांवला रंग लुभाता है तो किसी को गोरा, किसी को लंबी लड़की पसंद है तो दूसरा उसे खंभे और ताड़ जैसी कहता है लेकिन नैतिक सौन्दर्य के लिए जो गुण होने चाहिए, वे शाश्वत है और उनमें कोई मतभेद नहीं होता।

असुंदर और फूहड़ लगने वाली लड़की कैसे कभी-कभी न सिर्फ पति का बल्कि घर भर का मन मोह लेती है। अपने नैतिक सौन्दर्य के बल पर ही न! जबकि बेहद सुंदर, स्मार्ट और ऊपर से सलीकेदार लगने वाली लड़की भी अपनी कूटनीतिज्ञ चालबाजी, खुदगर्जी, छलकपट के कारण अपने लिए किसी के मन में कोई जगह नहीं बना पाती।

नैतिक सौन्दर्य देर-सवेरे अपने को सिद्ध करके ही रहता है। व्यवहारिक

पटल पर महज शारीरिक सौन्दर्य काम नहीं आता, जो कि सिर्फ चमड़ी तक सीमित होता है, जैसा कि अंग्रेजी में कावत है 'ब्यूटी इज ओनली स्किन डीप'। शारीरिक सौन्दर्य तो यौवन के साथ ही ढ़ल जाता है या किसी भी कारण से बिगड़ सकता है। आंखों पर मोटा चश्मा लग सकता है, शरीर स्थूलकाय हो सकता है, चेहरे पर सफेद दाग हो सकते है या कोई और कारण से क्षतिग्रस्त होकर बदसूरती में बदल सकता है किन्तु नैतिक सौन्दर्य अमर है, शाश्वत है, जीवन पर्यन्त बना रहता है, इसका कोई कुछ नहीं बिगाड़ सकता। अपनी छटा बिखेरते हुए यह अंधेरों में भी उजाले फैलाता है।

जितने भी महान् व्यक्ति हुए है, वे अपने शारीरिक सौन्दर्य के कारण कभी नहीं जाने गए। मदर टेरेसा, सरोजिनी नायडू, फ्लोरेंस नाइटेंगल ने अपना नाम अपने नैतिक सौन्दर्य के कारण ही रोशन किया है।

क्या सुंदर लड़कियां ही घर को स्वर्ग बनाने में सफल होती है या असुंदर लड़कियां घर को स्वर्ग बनाने में नाकाबिल होती है ? हर व्यक्ति ये बात जानता है कि इसका उत्तर नकारात्मक ही होगा। मानव सौन्दर्य बोध की समझ उसके परिवार, अच्छे संस्कार, व्यक्तित्व, माहौल, सही शिक्षा पर ही निर्भर करती है।

यह सच है कि कोई भी बुद्धि जीव अपनी पसंद का आधार कुशाग्र बुद्धि वाला व्यक्तित्व ही रखेगा। बाह्य सौन्दर्य किन्तु मंद बुद्धि उसे कभी आकर्षित नहीं करेगा। कलाकार कला के जानकार को, संगीतकार संगीत के ज्ञाता को। लेकिन प्रतिभा सम्पन्न होना एक बात है और एक अच्छा इंसान होना अलग। अच्छे इंसान के लिए नैतिक ज्ञान होना आवश्यक है। ये संस्कारों द्वारा तो प्राप्त किया ही जाता है, इसके अलावा यह भी देखा गया है कि कुछ लोग कुदरती तौर पर अच्छे होते है, कुछ लोग बुरे। जिस किसी को भी अच्छे-बुरे इंसान की पहचान होगी, वो जिन्दगी में धोखा नहीं खाएगा।

यह एक विड़म्बना है कि कितनी ही युवतियां अच्छे स्वभाव की सर्वगुण सम्पन्न होने पर भी सिर्फ बाहरी रूप के कारण ही मानसिक यंत्रणा के दौर से गुजरती है। बार-बार अपने प्रति प्रकृति द्वारा किया गया अन्याय याद दिलाए जाने से उनमें विद्रोह, झुंझलाहट, गुस्सा, मानसिक रोग, आत्महत्या जैसी विकृतियां पनपने लगती है।

हकीकत तो यह है कि असुंदर होने का भ्रम या अहसास सही सोच का

प्रतीक नहीं। सही सोच तो गहराई से उस सच के भीतर जाना है, जो प्रकृति का सत्य है, शाश्वत सत्य है। नैतिक सौन्दर्य तो वह खुशबू है, जिसकी भीनी-भीनी सुगंध वैवाहिक जीवन को सदा महकाए रखेगी।

●●●